TRAITÉ THÉORIQUE ET PRATIQUE

DU

LEVÉ DES PLANS

ET DE

L'ARPENTAGE

PRÉCÉDÉ

D'UNE INTRODUCTION RENFERMANT LES ÉLÉMENTS
DE TRIGONOMÉTRIE RECTILIGNE, LES RÈGLES DU CALCUL LOGARITHMIQUE
ET DES NOTIONS SUR L'OPTIQUE,

Par H. GOUGET (d'Andelot)

CONTRÔLEUR DES CONTRIBUTIONS DIRECTES,

Membre correspondant de la Société d'Émulation du Doubs.

PARIS,	ORLÉANS,
André SAGNIER,	Eug. CHENU Fils,
LIBRAIRE-ÉDITEUR,	IMPRIMERIE ADMINISTRATIVE,
Carrefour de l'Odéon, 7.	Rue Croix-de-Bois, 21.

1870.

TRAITÉ THÉORIQUE & PRATIQUE

DU

LEVÉ DES PLANS

ET DE

L'ARPENTAGE.

Le dépôt exigé par la loi a été effectué.

Les exemplaires non revêtus des signatures de l'Auteur et de l'Éditeur seront réputés contrefaits, et tout contrefacteur ou débitant de contrefaçons sera poursuivi suivant la rigueur des lois.

TRAITÉ THÉORIQUE ET PRATIQUE

DU

LEVÉ DES PLANS

ET DE

L'ARPENTAGE

PRÉCÉDÉ

D'UNE INTRODUCTION RENFERMANT LES ÉLÉMENTS
DE TRIGONOMÉTRIE RECTILIGNE, LES RÈGLES DU CALCUL LOGARITHMIQUE
ET DES NOTIONS SUR L'OPTIQUE,

Par H. GOUGET (D'ANDELOT)

CONTRÔLEUR DES CONTRIBUTIONS DIRECTES,

Membre correspondant de la Société d'Émulation du Doubs.

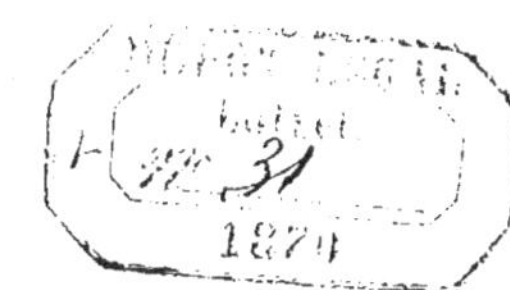

ORLÉANS.

E. CHENU, IMPRIMEUR DES CONTRIBUTIONS DIRECTES & DU CADASTRE.

1870.

PRÉFACE.

Le titre de cet ouvrage fait suffisamment comprendre le but que nous nous sommes proposé : la *théorie* et la *pratique* du levé des plans et de l'arpentage.

Dans les démonstrations théoriques, nous avons cherché à réunir toujours deux qualités qui nous paraissent également essentielles : une forme aussi élémentaire que possible, et une rigueur suffisante pour permettre d'aborder avec sûreté les opérations les plus délicates de la géodésie.

Mais, comme notre traité s'adresse spécialement à ceux qui veulent se livrer à la pratique des opérations sur le terrain, nous avons dû diriger tous nos efforts vers l'application, en tâchant de prévoir et d'enseigner à vaincre toutes les difficultés d'exécution qui embarrassent l'opérateur inexpérimenté, lui font perdre un temps précieux, et l'exposent trop souvent à fournir un travail inexact et insuffisant.

Les géomètres du cadastre général de la France ont fait faire à la science du levé des plans des progrès considérables, soit en apportant des idées nouvelles, soit en perfectionnant les procédés déjà connus. Instruit par leurs leçons, nous avons pu choisir, parmi les méthodes éprouvées par une longue pratique, celles qui sont en même temps les plus sûres, les plus simples et les plus avantageuses.

L'ouvrage est précédé d'une introduction renfermant les éléments de trigonométrie rectiligne, les règles du calcul logarithmique, et diverses notions d'optique : trois ordres de connaissances qu'il faut absolument posséder pour être à même d'approfondir dans toutes ses parties la science des opérations sur le terrain.

TABLE DES MATIÈRES.

INTRODUCTION.

TRIGONOMÉTRIE RECTILIGNE. — RÈGLES DU CALCUL LOGARITHMIQUE. — NOTIONS SUR L'OPTIQUE.

I. Trigonométrie rectiligne.

CHAPITRE I.

ÉTUDE DES LIGNES TRIGONOMÉTRIQUES.

CHAPITRE II.

CONSTRUCTION ET USAGE DES TABLES TRIGONOMÉTRIQUES.

CHAPITRE III.

RÉSOLUTION DES TRIANGLES.

II. Règles du Calcul logarithmique.

CHAPITRE I.

PRINCIPES.

CHAPITRE II.

APPLICATIONS NUMÉRIQUES.

III. Notions d'Optique.

CHAPITRE I.

PROPRIÉTÉS GÉNÉRALES DE LA LUMIÈRE.

CHAPITRE II.

INSTRUMENTS A OCULAIRES DONNANT DES IMAGES VIRTUELLES.

TRAITÉ THÉORIQUE ET PRATIQUE
du
LEVÉ DES PLANS
et de
L'ARPENTAGE.

LIVRE Ier.

Préliminaires.

NOTIONS GÉNÉRALES. — PRINCIPES ET DÉFINITIONS.

LIVRE II.

Mesure des Distances et des Angles.

CHAPITRE I.

MESURE DES DISTANCES.

CHAPITRE II.

MESURE DES ANGLES.

LIVRE III.

Levé des Plans.

CHAPITRE I.

LEVÉ DES DÉTAILS.

CHAPITRE II.

LEVÉ DU CANEVAS A LA CHAÎNE.

CHAPITRE III.

LEVÉ AU GRAPHOMÈTRE.

CHAPITRE IV.

LEVÉ A LA BOUSSOLE.

CHAPITRE V.

LEVÉ A LA PLANCHETTE.

CHAPITRE VI.

LEVÉ PAR ALIGNEMENTS OU PAR DIRECTIONS.

CHAPITRE VII.

LEVÉ DU PLAN D'UNE VILLE.

CHAPITRE VIII.

ENSEMBLE DES OPÉRATIONS D'UN LEVÉ DE PLAN EN COMBINANT TOUS LES PROCÉDÉS DÉCRITS ISOLÉMENT.

CHAPITRE IX.

DESSIN DES PLANS.

CHAPITRE X.

VÉRIFICATION DES PLANS.

LIVRE IV.

L'Arpentage.

CHAPITRE 1er.

OPÉRATIONS SUR LE TERRAIN.

CHAPITRE II.

MESURES DES SURFACES OU CONTENANCES SUR LE TERRAIN.

CHAPITRE III.

PARTAGE DES TERRAINS. — BORNAGE.

CHAPITRE IV.

CALCUL DES CONTENANCES SUR LES PLANS.

CHAPITRE V.

NIVELLEMENT.

LIVRE V.

La Triangulation.

FIN DE LA TABLE.

INTRODUCTION.

Trigonométrie rectiligne. — Règles du calcul logarithmique. — Notions sur l'optique.

I. TRIGONOMÉTRIE RECTILIGNE.

CHAPITRE Ier.

Étude des lignes trigonométriques.

1. DÉFINITION ET OBJET DE LA TRIGONOMÉTRIE.

1. La trigonométrie est, dans le véritable sens du mot, la *résolution* des triangles.

Résoudre un triangle, c'est calculer à l'aide des tables *trigonométriques* les *angles* et les *côtés* de ce triangle, lorsqu'on a un nombre suffisant de données pour le déterminer.

La trigonométrie a pour objet :

1° L'étude des lignes trigonométriques ;

2° La construction des tables trigonométriques ;

3° La recherche des formules qui permettent d'opérer, à l'aide de ces tables, la résolution des triangles.

2. MESURE DES ANGLES OU DES ARCS.

2. La géométrie nous apprend que, dans un même cercle ou dans des cercles égaux, le rapport de deux angles au centre est le même que le rapport des arcs interceptés entre leurs côtés.

On peut donc substituer la mesure des arcs à la mesure des angles.

Pour évaluer plus facilement les arcs, on divise la circonférence (¹) en 360 parties égales appelées *degrés*; le degré en 60 parties égales appelées *minutes*; la minute en 60 parties égales appelées *secondes*; les portions de secondes sont évaluées en fractions décimales de seconde.

Les degrés, minutes et secondes s'indiquent par les signes °, ', ", placés à côté de la partie droite supérieure du chiffre qui en exprime le nombre. Ainsi,

$$45° \ 27' \ 15", \ 12$$

désigne un arc de 45 degrés, 27 minutes, 15 secondes et 12 centièmes de seconde.

La demi-circonférence vaut 180°; l'angle droit ou le quart de la circonférence vaut 90°; la moitié de l'angle droit vaut par conséquent 45°.

3. DÉFINITION DES LIGNES TRIGONOMÉTRIQUES.

3. Le sinus d'un arc est le rapport au rayon, de la perpendiculaire abaissée de l'une des extrémités de l'arc sur le diamètre qui passe par l'autre extrémité :

Si nous désignons l'arc AM (fig. 1) par a, nous avons :

$$\text{sinus } a = \frac{MP}{OA}.$$

(¹) Nous ferons usage de la division de la circonférence en 360 degrés qui est la plus usitée.

La tangente d'un arc est le rapport au rayon, de la portion de tangente comprise entre l'origine de l'arc et le prolongement du diamètre qui passe par l'autre extrémité :

$$\text{tangente } a = \frac{AT}{OA}.$$

La sécante d'un arc est le rapport au rayon, du rayon passant par l'une des extrémités de l'arc et prolongé jusqu'à sa rencontre avec la tangente :

$$\text{sécante } a = \frac{OT}{OA}.$$

4. Si au point O nous élevons la perpendiculaire OB, l'angle AOB sera droit, et l'angle BOM sera le complément de l'angle AOM.

Le sinus du complément d'un arc s'appelle *cosinus;*

La tangente du complément d'un arc s'appelle *cotangente;*

La sécante du complément d'un arc s'appelle *cosécante;*

Pour représenter ces nouvelles lignes trigonométriques, abaissons du point M la perpendiculaire MQ, et élevons au point B la perpendiculaire BS, nous aurons pour l'arc BM :

$$\text{sinus} = \frac{MQ}{OB}, \quad \text{tangente} = \frac{BS}{OB}, \quad \text{sécante} = \frac{OS}{OB}.$$

En remplaçant le rayon OB par le rayon OA, et la ligne MQ par son égale OP, nous avons :

$$\text{cosinus } a = \frac{OP}{OA}, \quad \text{cotangente } a = \frac{BS}{OA}, \quad \text{cosécante } a = \frac{OS}{OA}.$$

Les lignes trigonométriques se désignent par abréviation : sin a, tang ou tg a, séc a, cos a, cot a, coséc a.

5. Si nous prenons, pour rayon de l'arc a, *l'unité linéaire*, l'expression des lignes trigonométriques de cet arc devient :

$$\sin a = MP, \quad \cos a = OP,$$
$$\text{tang } a = AT, \quad \cot a = BS,$$
$$\text{séc } a = OT, \quad \text{coséc } a = OS.$$

4. SIGNES DES LIGNES TRIGONOMÉTRIQUES.

6. Avant de parler des lignes trigonométriques *négatives*, c'est-à-dire affectées du signe — , il est nécessaire d'entrer dans quelques explications sur la mesure des longueurs dans *un sens* ou dans *l'autre* à partir d'un *point fixe :* soit la ligne MN (fig. 2) droite ou courbe. Si nous prenons sur cette ligne, à partir du point fixe O, diverses longueurs OA, OB,... etc., il faudra donner aux nombres représentant ces longueurs le signe $+$ ou le signe — , suivant que les longueurs seront portées dans un sens ou dans l'autre par rapport au point fixe O ; c'est-à-dire que les longueurs prises à partir du point O dans un sens (celui qu'on voudra) dans le sens ON, par exemple, seront exprimées par des quantités *positives*, les autres, celles prises dans le sens OM, par des quantités *négatives*. Ainsi les longueurs OA, OA'... sont représentées par des quantités *positives*, les longueurs OB, OB'... le sont par des quantités *négatives*.

7. Prenons le point A (fig. 1) pour l'origine commune des arcs et posons les conventions suivantes :

Les sinus et les tangentes situées au-dessus du diamètre AA' seront *positifs ;* situés au-dessous, ils seront négatifs :

Sin MP est *positif ;* sin NP est *négatif ;*

Tang AT est *positive ;* tang AT' est *négative.*

Les cosinus et les cotangentes seront *positifs* à *droite* du diamètre BB', et *négatifs à gauche* de ce diamètre.

Cos OP est *positif ;* cos OP' est *négatif ;*

Cotang BS est *positive ;* cotang BS' est *négative.*

Les sécantes et les cosécantes sont *positives* quand elles renferment l'extrémité de l'arc qui détermine leur direction, et *négatives* quand elles ne renferment pas cette extrémité.

8. Il est facile de voir que d'après ces conventions les lignes trigonométriques des arcs de 0° à 90° sont toutes positives, et que les lignes trigonométriques des arcs de 90° à 180° sont toutes négatives à l'exception du sinus et de la cosécante qui restent positifs.

5. LIGNES TRIGONOMÉTRIQUES DES ARCS SUPPLÉMENTAIRES.

9. Si par le point M (fig. 4) nous menons la parallèle MM' au diamètre AA', nous obtiendrons l'arc A'M' égal à l'arc AM ; par conséquent l'arc AM' est supplémentaire de l'arc AM.

Dans le cercle dont le rayon est 1, la circonférence entière est exprimée par $2\,\pi$ et la demi-circonférence par π.

Désignons l'arc AM par a ; l'arc AM' sera désigné par $\pi-a$.

Il est évident par suite de l'égalité des triangles que ces arcs ont :

Leurs sinus MP et M'P' égaux ;

Leurs cosinus OP et OP' égaux ;

Leurs tangentes AT et AT' égales, etc.

Mais d'après les conventions posées plus haut, les lignes trigonométriques de l'arc $\pi-a$ sont toutes *négatives* à l'exception du sinus et de la cosécante qui sont *positifs*.

On a donc :

$$
\begin{aligned}
\sin\ (\pi-a) &= \ \sin\ a\ ;\\
\tang\ (\pi-a) &= -\ \tang\ a\ ;\\
\sec\ (\pi-a) &= -\ \sec\ a\ ;\\
\cos\ (\pi-a) &= -\ \cos\ a\ ;\\
\cot\ (\pi-a) &= -\ \cot\ a\ ;\\
\cosec\ (\pi-a) &= \ \cosec\ a\ ;
\end{aligned}
$$

D'où le principe suivant :

Deux arcs supplémentaires ont leurs lignes trigonométriques égales, mais de signes contraires, à l'exception du sinus et de la cosécante qui ont le même signe.

10. Nous ne considérerons pas les arcs plus grands que 180°, puisque c'est toujours entre 0° et 180° que sont compris les angles des triangles ; du reste, il serait facile de démontrer qu'on peut toujours ramener un arc plus grand que 90° à dépendre des lignes trigonométriques d'un arc moindre que 90°.

6. RELATIONS ENTRE LES LIGNES TRIGONOMÉTRIQUES D'UN MÊME ARC.

11. Prenons un arc dont l'extrémité est située dans le premier quadrant et désignons cet arc par a (fig. 1), nous avons :

$$\text{Sin } a = \text{MP, tang } a = \text{AT, séc } a = \text{OT ;}$$
$$\text{Cos } a = \text{OP, cotang } a = \text{BS, coséc } a = \text{OS.}$$

Le triangle rectangle OMP donne :

$$\overline{\text{MP}}^2 + \overline{\text{OP}}^2 = \overline{\text{OM}}^2,$$

ou

$$(1) \qquad \sin^2 a + \cos^2 a = 1.$$

La similitude des triangles OMP et OAT donne :

$$\frac{\text{AT}}{\text{MP}} = \frac{\text{OA}}{\text{OP}}, \quad \text{et} \quad \frac{\text{OT}}{\text{OA}} = \frac{\text{OA}}{\text{OP}} ;$$

d'où

$$(2) \qquad \text{tang } a = \frac{\sin a}{\cos a},$$

et

$$(3) \qquad \text{séc } a = \frac{1}{\cos a}.$$

De la considération des côtés homologues des triangles semblables OBS et OMQ on déduit :

$$\frac{\text{BS}}{\text{BO}} = \frac{\text{MQ}}{\text{OQ}}, \quad \text{et} \quad \frac{\text{OS}}{\text{OM}} = \frac{\text{OB}}{\text{OQ}} ;$$

d'où

$$(4) \qquad \cot a = \frac{\cos a}{\sin a},$$

et

$$(5) \qquad \text{coséc } a = \frac{1}{\sin a}.$$

Les formules (2) (3) (4) (5) font voir que les lignes trigonométriques d'un arc sont exprimées *rationnellement* au moyen du *sinus* et du *cosinus* de cet arc. De plus elles sont générales.

7. EXPRESSION DU SINUS ET DU COSINUS D'UN ARC EN FONCTION DE LA TANGENTE DE CET ARC.

12. Les cinq formules précédentes peuvent servir à calculer successivement les lignes trigonométriques en fonction de l'une d'elles.

Nous allons le faire seulement pour le *sinus* et le *cosinus*.

Prenons les formules (1) et (2) :

$$(1)\ \sin^2 a + \cos^2 a = 1 ; \qquad (2)\ \tang a = \frac{\sin a}{\cos a},$$

La seconde donne :

$$\sin a = \tang a \cos a.$$

En élevant au carré on obtient :

$$\sin^2 a = \tang^2 a \cos^2 a;$$

Mais

$$\cos^2 a = 1 - \sin^2 a,$$

Donc

$$\sin^2 a = \tang^2 a\ (1 - \sin^2 a),$$

ou

$$\sin^2 a\ (1 + \tang^2 a) = \tang^2 a;$$

D'où

$$(6) \qquad \sin a = \pm\ \frac{\tang a}{\sqrt{1 + \tang^2 a}}.$$

Pour obtenir la valeur de $\cos a$ substituons cette valeur

$$\sin^2 a = \tang^2 a \cos^2 a$$

dans (1) ; il vient :

$$\tang^2 a \cos^2 a + \cos^2 a = 1,$$

puis

$$\cos^2 a\ (1 + \tang^2 a) = 1,$$

et enfin

$$\cos^2 a = \frac{1}{1 + \tang^2 a},$$

d'où

$$(7) \qquad \cos a = \pm\ \frac{1}{\sqrt{1 + \tang^2 a}}.$$

Si l'arc est moindre que 90°, on prend le signe $+$, et le signe $-$ lorsque l'arc est compris entre 90° et 180°.

8. EXPRESSION DU SINUS ET DU COSINUS DE LA SOMME OU DE LA DIFFÉRENCE DE DEUX ARCS EN FONCTION DE LEURS SINUS ET DE LEURS COSINUS.

13. Prenons AM (fig. 3) $= a$, MN $= b$; l'arc AMN $= a + b$; prenons ensuite MN$' =$ MN et traçons la corde NN$'$; l'arc AN$' = a - b$.

Menons par le point K, IK parallèle à OA et KH parallèle à MP; puis N$'$R parallèle à OA.

$$\sin a = \text{MP}, \ \cos a = \text{OP}; \ \sin b = \text{NK}, \ \cos b = \text{OK},$$

(A) $\qquad \sin(a + b) = \text{NG} = \text{NI} + \text{IG} = \text{NI} + \text{KH}.$

La similitude des triangles NIK et OMP donne

$$\frac{\text{NI}}{\text{OP}} = \frac{\text{NK}}{\text{OM}}, \text{ ou } \frac{\text{NI}}{\cos a} = \frac{\sin b}{1},$$

d'où $\qquad\qquad \text{NI} = \sin b \cos a.$

De même la similitude des triangles équiangles KOH et MOP donne

$$\frac{\text{KH}}{\text{MP}} = \frac{\text{OK}}{\text{OM}}, \text{ ou } \frac{\text{KH}}{\sin a} = \frac{\cos b}{1},$$

d'où $\qquad\qquad \text{KH} = \sin a \cos b.$

En substituant les valeurs de NI et KH dans (A) on a :

(8) $\qquad \sin(a + b) = \sin a \cos b + \cos a \sin b.$

Pour la valeur de $\sin(a\text{-}b)$ on a :

(B) $\qquad \sin(a\text{-}b) = \text{N}'\text{L} = \text{KH} - \text{KR} = \text{KH} - \text{NI},$

d'où

(9) $\qquad \sin(a\text{-}b) = \sin a \cos b - \cos a \sin b.$

Les valeurs de $\cos(a + b)$ et de $\cos(a\text{-}b)$ sont :

(C) $\quad \cos(a + b) = \text{OG} = \text{OH} - \text{GH} = \text{OH} - \text{IK};$

(D) $\quad \cos(a\text{-}b) = \text{OL} = \text{OH} + \text{HL} = \text{OH} + \text{RN}' = \text{OH} + \text{IK}.$

La similitude des triangles équiangles **OKH** et **OMP** donne :

$$\frac{OH}{OP} = \frac{OK}{OM}, \text{ ou } \frac{OH}{\cos a} = \frac{\cos b}{1},$$

d'où
$$OH = \cos a \cos b.$$

De la similitude des triangles **IKN** et **OMP** on tire

$$\frac{IK}{MP} = \frac{NK}{OM}, \text{ ou } \frac{IK}{\sin a} = \frac{\sin b}{1},$$

d'où
$$IK = \sin a \sin b.$$

Remplaçons les valeurs de **OH** et de **IK** dans (C) et (D) ; on trouve :

$$(10) \qquad \cos(a+b) = \cos a \cos b - \sin a \sin b ;$$

$$(11) \qquad \cos(a-b) = \cos a \cos b + \sin a \sin b.$$

À l'aide des mêmes constructions de triangles semblables on démontrerait aisément que les formules (8) (9) (10) (11) sont générales.

9. EXPRESSION DE LA TANGENTE DE LA SOMME OU DE LA DIFFÉRENCE DE DEUX ARCS EN FONCTION DE LEURS TANGENTES.

14. Si dans la relation

$$\tan a = \frac{\sin a}{\cos a}$$

on remplace l'arc a par l'arc $a+b$, on obtient

$$\tan(a+b) = \frac{\sin(a+b)}{\cos(a+b)} = \frac{\sin a \cos b + \cos a \sin b}{\cos a \cos b - \sin a \sin b}.$$

Divisons les deux termes de la fraction par

$$\cos a \cos b,$$

puis supprimons les facteurs communs, nous aurons :

$$\tan(a+b) = \frac{\dfrac{\sin a}{\cos a} + \dfrac{\sin b}{\cos b}}{1 - \dfrac{\sin a}{\cos a} \times \dfrac{\sin a}{\cos b}},$$

Mais à cause de

$$\frac{\sin a}{\cos a} = \operatorname{tang} a, \quad \frac{\sin b}{\cos b} = \operatorname{tang} b,$$

on a

$$(12) \qquad \operatorname{tang} (a + b) = \frac{\operatorname{tang} a + \operatorname{tang} b}{1 - \operatorname{tang} a \operatorname{tang} b}.$$

On trouverait de même

$$(13) \qquad \operatorname{tang} (a - b) \frac{\operatorname{tang} a - \operatorname{tang} b}{1 + \operatorname{tang} a \operatorname{tang} b}.$$

15. *Expressions de* $\sin 2a$, $\cos 2a$, $\operatorname{tang} 2a$.

Les formules (8) (10) (12) deviennent, si nous faisons $a = b$,

$$(14) \qquad \sin 2a = 2 \sin a \cos a;$$

$$(15) \qquad \cos 2a = \cos^2 a - \sin^2 a;$$

$$(16) \qquad \operatorname{tang} 2a = \frac{2 \operatorname{tang} a}{1 - \operatorname{tang}^2 a}.$$

16. *Problème.* — Calculer $\sin \frac{1}{2} a$ et $\cos \frac{1}{2} a$ en fonction de $\cos a$.

En remplaçant dans la formule (15) a par $\frac{1}{2} a$ on trouve :

$$(17) \qquad \cos a = \cos^2 \tfrac{1}{2} a - \sin^2 \tfrac{1}{2} a.$$

Si nous appliquons la formule (1) à l'arc $\frac{1}{2} a$ nous obtenons :

$$(A) \qquad 1 = \cos^2 \tfrac{1}{2} a + \sin^2 \tfrac{1}{2} a.$$

Ajoutons (17) et (A) membre à membre, nous aurons :

$$(18) \qquad 1 + \cos a = 2 \cos^2 \tfrac{1}{2} a,$$

d'où

$$\cos^2 \tfrac{1}{2} a = \frac{1 + \cos a}{2},$$

d'où enfin

$$(19) \qquad \cos \tfrac{1}{2} a = \pm \sqrt{\frac{1 + \cos a}{2}}.$$

Lorsqu'on retranche l'équation (17) de l'équation (A) on obtient :

$$(20) \qquad 1 - \cos a = 2 \sin^2 \tfrac{1}{2} a;$$

d'où
$$\sin^2 \tfrac{1}{2} a = \frac{1 - \cos a}{2},$$

d'où enfin

$$(21) \qquad \sin \tfrac{1}{2} a = \pm \sqrt{\frac{1 - \cos a}{2}}.$$

10. TRANSFORMATION DE LA SOMME OU DE LA DIFFÉRENCE DE DEUX SINUS ET DE DEUX COSINUS EN UN PRODUIT.

17. Prenons les formules

$$\sin (a + b) = \sin a \cos b + \cos a \sin b;$$
$$\sin (a - b) = \sin a \cos b - \cos a \sin b.$$

Ajoutons-les puis retranchons-les membre à membre, nous aurons :

$$(A) \qquad \sin (a + b) + \sin (a - b) = 2 \sin a \cos b,$$
$$(B) \qquad \sin (a + b) - \sin (a - b) = 2 \cos a \sin b.$$

Posons
$$a + b = p, \qquad \text{d'où } a = \tfrac{1}{2} (p + q),$$
$$a - b = q, \qquad\qquad b = \tfrac{1}{2} (p - q).$$

En remplaçant a et b par ces valeurs dans (A) et (B), nous trouvons :

$$(22) \qquad \sin p + \sin q = 2 \sin \tfrac{1}{2} (p + q) \cos \tfrac{1}{2} (p - q);$$
$$(23) \qquad \sin p - \sin q = 2 \cos \tfrac{1}{2} (p + q) \sin \tfrac{1}{2} (p - q).$$

De même si nous combinons par addition et soustraction les formules

$$\cos (a + b) = \cos a \cos b - \sin a \sin b,$$
$$\cos (a - b) = \cos a \cos b + \sin a \sin b,$$

nous obtenons :

$$(A) \qquad \cos (a + b) + \cos (a - b) = 2 \cos a \cos b,$$
$$(B) \qquad \cos (a - b) - \cos (a + b) = 2 \sin a \sin b.$$

Remplaçant a et b par leurs valeurs, on trouve :

$$(24) \quad \cos p + \cos q = 2 \cos \tfrac{1}{2} (p + q) \cos \tfrac{1}{2} (p - q),$$

$$(25) \quad \cos q - \cos p = 2 \sin \tfrac{1}{2} (p + q) \sin \tfrac{1}{2} (p - q).$$

18. La division membre à membre des égalités

(22) et (23) conduit à une formule employée dans la résolution des triangles ;

$$(A) \qquad \frac{\sin p + \sin q}{\sin p - \sin q} = \frac{2 \sin \tfrac{1}{2} (p + q) \cos \tfrac{1}{2} (p - q)}{2 \cos \tfrac{1}{2} (p + q) \sin \tfrac{1}{2} (p - q)},$$

$$= \frac{\sin \tfrac{1}{2} (p + q)}{\cos \tfrac{1}{2} (p + q)} \times \frac{\cos \tfrac{1}{2} (p - q)}{\sin \tfrac{1}{2} (p - q)},$$

Mais

$$(B) \qquad \frac{\sin \tfrac{1}{2} (p + q)}{\cos \tfrac{1}{2} (p + q)} = \tang \tfrac{1}{2} (p + q);$$

et

$$(C) \qquad \frac{\cos \tfrac{1}{2} (p - q)}{\sin \tfrac{1}{2} (p - q)} = \cot \tfrac{1}{2} (p - q).$$

Maintenant si nous multiplions membre à membre les formules (2) et (4), nous aurons

$$\tang\, a \cot a = \frac{\sin a \cos a}{\cos a \sin a} = 1\,;$$

d'où

$$\cot a = \frac{1}{\tang\, a}\,;$$

Substituant cette valeur dans (C), il vient

$$(D) \qquad \frac{\cos \tfrac{1}{2} (p - q)}{\sin \tfrac{1}{2} (p - q)} = \cot \tfrac{1}{2} (p - q) = \frac{1}{\tang \tfrac{1}{2} (p - q)}.$$

Remplaçant dans (A) les valeurs trouvées dans (B) et dans (D), on obtient :

$$(26) \qquad \frac{\sin p + \sin q}{\sin p - \sin q} = \frac{\tang \tfrac{1}{2} (p + q)}{\tang \tfrac{1}{2} (p - q)}.$$

CHAPITRE II

Construction et usage des Tables trigonométriques.

1. PRINCIPES PRÉLIMINAIRES.

19. PRINCIPE Iᵉʳ. — Dans le premier quadrant tout arc est plus grand que son sinus et plus petit que sa tangente.

Soit l'arc AM (fig. 4) que nous désignerons par a, soient MP son sinus et AT sa tangente; menons la corde AM,

$$a > \text{AM},$$

or

$$\text{AM} > \text{MP},$$

donc à fortiori

(1) $$a > \sin a.$$

Du point T menons la tangente TI, nous avons

$$\text{arc AMI} < \text{AT} + \text{TI};$$

Mais l'arc AM est la moitié de l'arc AMI et $\text{AT} = \text{TI}$;

Donc

$$\text{AM} < \text{AT},$$

ou

(2) $$a < \text{tang } a.$$

20. PRINCIPE II. — Dans le premier quadrant un arc diminué du quart de son cube est plus petit que le sinus de cet arc.

Prenons la formule (14) et faisons $a = \frac{1}{2} a$, il vient

(1) $$\sin a = 2 \sin \tfrac{1}{2} a \cos \tfrac{1}{2} a;$$

or

$$\text{tang } \tfrac{1}{2} a = \frac{\sin \frac{1}{2} a}{\cos \frac{1}{2} a},$$

d'où

$$\sin \tfrac{1}{2} a = \text{tang } \tfrac{1}{2} a \cos \tfrac{1}{2} a.$$

Remplaçaht dans (1) $\sin \frac{1}{2} a$ par cette valeur, on obtient

$$\sin a = 2 \tang \tfrac{1}{2} a \cos^2 \tfrac{1}{2} a.$$

D'après le premier principe

$$\tang \tfrac{1}{2} a > \tfrac{1}{2} a.$$

Si donc on substitue $\frac{1}{2} a$ à $\tang \frac{1}{2} a$ on diminue le second membre de l'égalité et l'on trouve

$$\sin a > a \cos^2 \tfrac{1}{2} a;$$

Mais $\qquad\qquad \cos^2 \tfrac{1}{2} a = 1 - \sin^2 \tfrac{1}{2} a;$

Donc $\qquad\qquad \sin a > a\, (1 - \sin^2 \tfrac{1}{2} a).$

En remplaçant $\sin \frac{1}{2} a$ par $\frac{1}{2} a$ on diminue encore le second membre de l'inégalité et nous aurons a fortiori

$$\sin a > a\, (1 - \tfrac{1}{4} a^2),$$

ou

(1) $\qquad\qquad \sin a > a - \tfrac{1}{4} a^3.$

21. Principe III. — Dans le premier quadrant la valeur du cosinus d'un arc est comprise entre les deux limites $1 - \frac{1}{2} a^2$ et $1 - \frac{1}{2} a^2 + \frac{1}{16} a^4$.

En effet

(A) $\qquad\qquad \cos a = \cos^2 \tfrac{1}{2} a - \sin^2 \tfrac{1}{2} a;$

mais $\qquad\qquad \cos^2 \tfrac{1}{2} a = 1 - \sin^2 \tfrac{1}{2} a.$

Substituant cette valeur dans (A), il vient

(B) $\qquad\qquad \cos a = 1 - 2 \sin^2 \tfrac{1}{2} a.$

Si nous remplaçons $\sin \frac{1}{2} a$ par une quantité plus grande $\frac{1}{2} a$, nous trouvons

(1) $\qquad\qquad \cos a > 1 - \tfrac{1}{2} a^2.$

Dans l'inégalité $\sin a > a - \frac{1}{4} a^3$ faisons $a = \frac{1}{2} a$, nous aurons

$$\sin \tfrac{1}{2} a > \tfrac{1}{2} a - \tfrac{1}{4} \left(\tfrac{1}{2} a \right)^3.$$

Élevant au carré, il vient

$$\sin^2 \frac{1}{2} a > \frac{1}{4} a^2 - \frac{1}{2^5} a^4 + \frac{1}{2^{10}} a^6,$$

et a fortiori

$$\sin^2 \frac{1}{2} a > \frac{1}{4} a^2 - \frac{1}{2^5} a^4.$$

Remplaçons dans (B) $\sin^2 \frac{1}{2} a$ par la quantité plus petite $\frac{1}{4} a^2 - \frac{1}{2^5} a^4$; nous avons

$$(2) \qquad \cos a < 1 - \frac{1}{2} a^2 + \frac{1}{16} a^4.$$

2. CONSTRUCTION DES TABLES TRIGONOMÉTRIQUES.

22. Remarquons d'abord que si nous connaissons les sinus et les cosinus d'un arc, nous pourrons toujours déterminer les quatre autres lignes trigonométriques de cet arc au moyen des relations établies sous les n^{os} (2) (3) (4) (5).

De plus pour deux arcs *supplémentaires*, les sinus sont égaux et de même signe ; les cosinus sont égaux et de signe contraire ; nous pouvons donc ramener le calcul des sinus et cosinus des arcs compris entre 90° et 180° à celui des sinus et cosinus des arcs compris entre 0° et 90°.

Enfin deux arcs *complémentaires* ayant les mêmes lignes trigonométriques, on peut se borner à calculer les sinus et cosinus des arcs compris entre 0° et 45°.

Dans les tables les plus complètes, on a calculé les sinus et cosinus de tous les arcs de 10 secondes en 10 secondes depuis 0 jusqu'à 45 degrés.

23. *Calcul du sinus de l'arc de* 10 *secondes.*

Pour calculer la valeur du sinus de l'arc de 10 secondes, cherchons préalablement le nombre qui exprime la longueur de l'arc de 10 secondes dans le cercle dont le rayon est *l'unité.*

La circonférence qui a pour rayon l'unité est exprimée par π ou

$$3,141592653589793\ldots$$

Mais la circonférence renferme 64800 dizaines de secondes, donc

$$\text{arc } 10'' = \frac{3.141592653589793}{64800} =$$

$$= 0.000048481368110\ldots$$

On a $\qquad \sin a < a, \text{ et } \sin a > a - \tfrac{1}{4}\, a^3 ;$

Mais ici $\qquad a < 0.00005 .$

Élevant au cube et prenant le quart, il vient

$$\tfrac{1}{4}\, a^3 < 0,00000000000032 ;$$

par conséquent,

$$\sin 10'' < 0.000048481368110,$$

$$\sin 10'' > 0,000048481368078.$$

Les douze premières décimales communes de ces deux limites donnent la valeur du sinus de l'arc de 10 secondes à moins d'une demi-unité du treizième ordre décimal, et l'on peut écrire

$$\sin 10'' = 0,000048481368\mathbf{1}.$$

24. *Calcul du cosinus de l'arc de* 10 *secondes.*

Nous avons les deux limites :

$$\cos a > 1 - \tfrac{1}{2}\, a^2,$$

$$\cos a < 1 - \frac{1}{2}\, a^2 + \frac{1}{16}\, a^4,$$

Puisque
$$a_4 < 0.00005,$$

$\frac{1}{16} a^4$ est plus petit qu'une unité du 17e ordre décimal, d'où il suit que

$$1 - \tfrac{1}{2} (\text{arc } 10'')^2$$

est une valeur de cos a approchée à moins d'une demi-unité du 18e ordre décimal.

En se bornant à 13 décimales on peut écrire :

$$\cos 10'' = 0,\,9\,9\,9\,9\,9\,9\,9\,9\,8\,8\,2\,4\,8.$$

25. *Sinus et cosinus des arcs de 10 secondes en 10 secondes.*

Si l'on additionne membre à membre les formules

$$\sin\,(a + b) = \sin a \cos b + \cos a \sin b,$$
$$\sin\,(a - b) = \sin a \cos b - \cos a \sin b,$$

on trouve

$$\sin\,(a + b) + \sin\,(a - b) = 2 \sin a \cos b;$$

ou bien

$$(\mathrm{A}) \qquad \sin\,(a + b) = 2 \sin a \cos b - \sin\,(a - b).$$

On a ainsi une relation entre les sinus des arcs, $a + b$, a, $a - b$, qui sont en *progression arithmétique* dont la raison est b.

Connaissant le sinus et le cosinus de la raison, on peut obtenir successivement les sinus de tous les arcs de la progression ; en effet, posons $a = mb$, la formule (A) donne

$$\sin\,(m + 1)\,b = 2 \cos b \sin mb - \sin\,(m - 1)\,b ;$$

b étant constamment égal à $10''$, cette formule donne

pour $m = 1,$ $\sin 20'' = 2 \cos 10'' \sin 10'',$

pour $m = 2,$ $\sin 30'' = 2 \cos 10'' \sin 20'' - \sin 10'',$

pour $m = 3,$ $\sin 40'' = 2 \cos 10'' \sin 30'' - \sin 20'',$

et ainsi de suite.

De même si l'on additionne membre à membre les formules

$$\cos (a + b) = \cos a \cos b - \sin a \sin b,$$

$$\cos (a - b) = \cos a \cos b + \sin a \sin b,$$

on trouve

$$\cos (a + b) + \cos (a - b) = 2 \cos a \cos b,$$

$$\cos (a + b) = 2 \cos a \cos b - \cos (a - b).$$

Posons $a = mb$; nous avons

$$\cos (m + 1) b = 2 \cos b \cos mb - \cos (m - 1) b ;$$

A l'aide de cette formule on pourra calculer successivement $\cos 20''$, $\cos 30''$ etc.

26. Tangentes et cotangentes.

La formule

$$\operatorname{tang} a = \frac{\sin a}{\cos a}$$

donnera au moyen des calculs effectués les tangentes des arcs de $10''$ en $10''$ jusqu'à $45°$.

La formule

$$\cot a = \frac{1}{\operatorname{tang} a}$$

permettra de calculer les cotangentes.

27. Les *sécantes* et les *cosécantes* étant très-peu employées, et pouvant d'ailleurs être facilement calculées à l'aide du sinus et du cosinus, ne sont pas inscrites dans les tables.

28. *Logarithmes des lignes trigonométriques.*

Les nombres trigonométriques exprimés en partie du rayon pris pour unité s'appellent *sinus naturels*, *cosinus naturels*, etc. Mais comme dans les applications numériques on opère toujours par logarithmes, au lieu de composer les tables avec ces valeurs, on a préféré y inscrire leurs logarithmes dans le système dont la base est 10.

A l'exception des logarithmes tangentes des arcs au-dessus de 45°, et par suite, des logarithmes cotangentes des arcs au-dessous de 45°, les rapports trigonométriques sont des fractions du rayon et ont des logarithmes *négatifs*.

Dans les tables de Callet, pour éviter l'emploi des caractéristiques négatives qui cependant est bien préférable, on a ajouté 10 à tous les logarithmes négatifs ;

Ainsi les caractéristiques négatives

$$\overline{1}, \quad \overline{2}, \quad \overline{3}, \quad \overline{4}\ldots\ldots\ldots \quad \overline{9}$$

sont remplacées par

$$9, \quad 8, \quad 7, \quad 6\ldots\ldots\ldots \quad 1.$$

Les logarithmes tangentes des arcs plus grands que 45°, ainsi que les logarithmes cotangentes des arcs plus petits que 45°, n'ont pas été augmentés de 10 unités.

Cela posé, au lieu d'écrire

$$\log \sin 20° = 9,5\,3\,4\,0\,5\,1\,7,$$

nous écrirons

$$\log \sin 20° = \overline{1},5\,3\,4\,0\,5\,1\,7,$$

Mais nous écrirons comme dans les tables

$$\log \tan 46° = 0,0\,1\,5\,1\,6\,2\,8.$$

3° DISPOSITION DES TABLES TRIGONOMÉTRIQUES DE CALLET.

29. Deux parties sont à distinguer.

Première partie. — La première partie présente les logarithmes des sinus et des tangentes des arcs, de *seconde* en *seconde* pour les cinq premiers degrés, et par conséquent aussi les logarithmes des cosinus et des cotangentes des arcs de 85° à 90°.

Chaque page à gauche ne contient que les logarithmes sinus et cosinus ; chaque page à droite, que les logarithmes tangentes et cotangentes.

Pour les sinus et les tangentes, on a inscrit :

1° Les degrés hors du cadre en haut de chaque page ;

2° Les minutes dans la première ligne en haut ;

3° Les secondes dans la première colonne à gauche.

Pour les cosinus et les cotangentes, on a inscrit :

1° Les degrés hors du cadre en bas ;

2° Les minutes dans la première ligne en bas ;

3° Les secondes dans la dernière colonne à droite.

Ouvrons la table ; soit à gauche la page présentant 3 degrés hors du cadre en haut, et 30′ à la première ligne horizontale ; nous pourrons lire à la page à gauche :

$$\log \sin \quad 3° \, 30' \, 10'' = 8{,}7860194,$$
$$\log \cos 86° \, 24' \, 10'' = 8{,}7975593 \, ;$$

mais nous devons écrire

$$\log \sin 3° \, 30' \, 10'' = \overline{2}{,}7860194,$$
$$\log \cos 86° \, 24' \, 10'' = \overline{2}{,}7975593.$$

De même à la page à droite nous pourrons lire

$$\log \tang 3° \, 30' \, 10'' = 8{,}7868315$$
$$\log \cotang 86° \, 24' \, 10'' = 8{,}7984158 \, ;$$

mais nous devons encore écrire

$$\log \tang 3° \, 30' \, 10'' = \overline{2}{,}7868315$$
$$\log \cotang 86° \, 24' \, 10'' = \overline{2}{,}7984158$$

30. *Deuxième partie.* — Cette deuxième partie présente les logarithmes des sinus, tangentes, cosinus et cotangentes de 10 secondes en 10 secondes pour tous les degrés du quart du cercle.

1° Pour les arcs au-dessous de 45° on a inscrit :

Les degrés hors du cadre *en haut;*

Les minutes d'espace en espace dans la première colonne *à gauche ;*

Les secondes de 10 en 10 dans la deuxième colonne *à gauche ;*

Les mots *sinus, cosin, tang, cotang* sur la première ligne en haut en tête de leur colonne respective.

Les nombres de degrés vont en augmentant de *gauche* à *droite.*

Les nombres de minutes et secondes vont en augmentant de *haut* en *bas.*

2° Pour les arcs au-dessus de 45° on a inscrit :

Les degrés hors du cadre *en bas ;*

Les minutes dans la dernière colonne *à droite ;*

Les secondes dans l'avant-dernière colonne *à droite ;*

Les dénominations *cosin, sinus, cotang, tang,* sur la dernière ligne *au bas* de leur colonne respective.

31. *Différences tabulaires.* — Une petite colonne portant en haut et en bas l'indication *dif* ou simplement *d* se trouve placée à droite de chacune des trois premières colonnes de logarithmes de chaque page. Chaque nombre inscrit dans ces colonnes exprime la différence des deux logarithmes entre lesquels il est placé.

La première des colonnes dont il s'agit présente les différences des logarithmes sinus ; la deuxième, les différences des logarithmes cosinus ; la troisième, la différence des logarithmes tangentes.

Cette dernière colonne est intitulée *dif com,* c'est-à-dire différences communes parce que les différences des logarithmes cotangentes sont les mêmes au signe près que les différences des logarithmes des tangentes correspondantes.

4° USAGE DES TABLES TRIGONOMÉTRIQUES. (¹)

32. *Premièrement.* — Trouver le logarithme d'une ligne trigonométrique d'un arc donné.

Il peut se présenter deux cas :

1° L'arc donné est dans la table ;

2° L'arc donné n'est pas dans la table.

1ᵉʳ Cas. Trouver le logarithme sinus d'un arc donné et renfermé dans la table.

Exemple I. — Trouver le logarithme sinus 28° 21′ 30″.

Cherchons la page qui présente 28° en haut en dehors du cadre, 21′ dans la première colonne à gauche, 30″ dans la deuxième colonne à gauche, et lisons sur la même ligne horizontale qui porte 30″ et dans la colonne intitulée en haut *sinus* le résultat suivant :

$$\log \sin 28° \, 21′ \, 30″ = \overline{1},6\,7\,6\,6\,7\,9\,3.$$

Exemple II. — Trouver le logarithme sinus 63° 15′ 40″.

En suivant la même marche que précédemment, mais en entrant dans la table par en bas on trouve

$$\log \sin 63° \, 15′ \, 40″ = \overline{1},9\,5\,0\,8\,8\,3\,7.$$

2° Cas. Trouver le logarithme sinus d'un arc donné et non renfermé dans la table.

Exemple I. — Trouver le logarithme sinus 24° 46′ 35″,4. Nous trouvons d'abord dans la table

$$\log \sin 24° \, 46′ \, 30″ = \overline{1},6\,2\,2\,2\,7\,2\,0.$$

(¹) M. Dupuis a publié dernièrement une édition des tables de Callet dans laquelle il a mis les logarithmes trigonométriques exacts (dont les caractéristiques n'ont pas été forcées de dix unités).

Pour obtenir la modification à opérer sur ce logarithme ainsi trouvé en négligeant 5″,4 nous aurons recours aux différences tabulaires, en considérant les *différences des logarithmes sinus comme proportionnelles aux différences des arcs correspondants*. Cette proportionnalité qui n'est pas exacte permet de compter sur un degré d'approximation suffisant.

Prenons la différence tabulaire 456 et disons :

Pour 10″ de plus il faudrait ajouter 456 unités du 7e ordre décimal au log sinus trouvé ; mais 5″,4 sont les $\frac{54}{100}$ de 10″ ; donc pour une augmentation de 5″,4 le logarithme augmentera de $\frac{54}{100}$ de 456 ; il faut donc multiplier 456 par 54, séparer 2 décimales et ajouter le résultat au logarithme de la table. Voici les opérations :

$$\begin{array}{ll} \log \sin 24° 46' 30'' = 1.6222720 & \quad 456 \\ \text{plus pour } 5'',4 \qquad\qquad 246 & \quad\; 54 \\ \cline{2-2} & \; 1824 \\ \overline{1.6222966} & \; 2280 \\ & \overline{246,24} \end{array}$$

Pour abréger on dispose l'opération comme il suit :

$$\log \sin 24° 46' 35'',4 = \overline{1}.6222966\ldots\ldots 2720\ldots\ldots \quad 456$$
$$246 \qquad\qquad 54$$
$$\overline{}$$
$$1824$$
$$2280$$

Exemple II. — Trouver le logarithme sinus de 65° 24′ 2″, 1.8.

$$\log \sin 65° 24' 02'',18 = \overline{1},9586787\ldots\ldots 6767\ldots\ldots \quad 96$$
$$20 \qquad\qquad 218$$
$$\overline{}$$
$$768$$
$$96$$
$$192$$

Au produit de la différence tabulaire par les secondes et fractions de secondes, il faut séparer *autant de décimales qu'il y a de chiffres à la droite des unités de secondes plus une.*

33. **1ᵉʳ Cas.** Trouver le logarithme cosinus d'un arc donné renfermé dans la table.

Exemple I. — Trouver le logarithme cosinus 41° 27′ 40″.

En entrant dans la table par en haut on trouve immédiatement
$$\log \cos 41° 27′ 40″ = \overline{1},8747168.$$

Exemple II. — Trouver le logarithme cosinus de 48° 19′ 30″.

En entrant dans la table par en bas on trouve :
$$\log \cos 48° 19′ 30″ = \overline{1},8227593.$$

2ᵉ Cas. Trouver le logarithme cosinus d'un arc donné non renfermé dans la table.

Exemple I. — Trouver le logarithme cosinus 38° 15′ 26″,15.

On trouve d'abord
$$\log \cos 38° 15′ 20″ = 1,8950118.$$

Il faudrait faire subir à ce logarithme une diminution pour arriver à celui de cosinus 38° 15′ 26″,15. Mais pour éviter la soustraction qui n'entre pas dans la nature du calcul logarithmique, au lieu de considérer l'arc par *défaut*, prenons le par *excès* et disons :
$$\log \cos 38° 15′ 30″ = 1,8949952 ;$$

pour passer du logarithme de cet arc au logarithme de l'arc proposé cherchons l'excès de 10″ sur 6″,15 ; cet excès est de 3″,85 ou de $\frac{385}{1000}$ de 10″ ; la différence tabulaire est de 166. Pour une diminution de 10″ il faudrait ajouter une différence de 166 ; pour une diminution de 3″,85 il faudra seulement ajouter le $\frac{385}{1000}$ de 166 ; multiplions donc 166 par 385, et ajoutons au logarithme cosinus de l'arc par *excès* le résultat de la multiplication après avoir séparé trois décimales. Voici les opérations :

$$\log \cos 38°15′26″,15 = \overline{1},8950016\ldots\ldots\ 9952\ldots\ldots\ 166$$

$$64 \qquad\qquad 385$$

$$\overline{\qquad\qquad}$$

$$830$$

$$1328$$

$$498$$

EXEMPLE II. — Trouver le logarithme cosinus 54° 15′ 34″,12.

log cos 54°15′34″,12 = $\overline{1}$,7964317...... 4163...... 262
154 588
—————
2096
2096
1310

34. — *Trouver le logarithme tangente d'un arc donné.*

La marche à suivre est la même que pour le sinus, si ce n'est qu'en lisant les degrés au bas de la page on a la vraie caractéristique.

EXEMPLE I. —

log tang 23° 10′ 11″,47 = $\overline{1}$,6314212..... 4127...... 583
85 147
—————
4081
2332
583

EXEMPLE II. —

log tang 65° 47′ 7″,8 = 0,3470558...... 0119...... 563
439 78
—————
4504
3941

35. — *Trouver le logarithme cotangente d'un arc donné.*

La marche à suivre est la même que pour le cosinus ; en lisant les degrés en haut de la page on a la vraie caractéristique.

EXEMPLE I. —

log cot 17° 28′ 45″,6 = 0,5018242...... 7919...... 735
323 44
—————
2940
2940

EXEMPLE II. —

log cot 73° 17′ 24″,12 = $\overline{1}$,4774165...... 3715..... 765
450 588
—————
6120
6120
3825

36. — Les formules

$$\sec a = \frac{1}{\cos a}$$

$$\operatorname{coséc} a = \frac{1}{\sin a}$$

donnent respectivement

$$\log \sec a = - \log \cos a,$$

$$\log \operatorname{coséc} a = - \log \sin a.$$

On pourra donc lire dans la table les sécantes et les cosécantes bien qu'elles n'y soient pas inscrites.

37. *Secondement.* — Trouver l'arc correspondant au logarithme d'une ligne trigonométrique donnée.

1er Cas. Trouver l'arc correspondant à un logarithme renfermé dans la table.

Exemple 1. — Trouver l'arc correspondant au log sin $\overline{1},6309253$.

En parcourant la table dans les colonnes qui portent soit en *haut* soit en *bas* le titre *sinus* on trouve le logarithme; ensuite on prend sur l'alignement *à gauche* le nombre des secondes dans la colonne des secondes, puis soit sur l'alignement soit en remontant la colonne, le nombre des minutes dans la colonne des minutes et enfin les degrés hors du cadre en haut; nous trouvons

$$\log \sin \overline{1},6309253 = \log \sin 25° 18' 30''.$$

Exemple II. — Trouver l'arc correspondant au log sin $\overline{1},9875672$.

Lisons les degrés en bas, les minutes soit sur l'alignement à droite soit en descendant la colonne, puis les secondes sur l'alignement à droite, et écrivons :

$$\log \sin \overline{1},9875672 = \log \sin 76° 24' 20''.$$

Dans la pratique on met ordinairement le doigt au-dessous du logarithme, puis on lit successivement les degrés, minutes et secondes.

2° Cas. Trouver l'arc correspondant à un logarithme non renfermé dans la table.

Exemple 1. — Trouver l'arc correspondant au log sin $\overline{1}$,5 8 6 7 5 2 3.

Prenons dans la table le logarithme qui approche le plus par *défaut* du logarithme proposé;

c'est $\overline{1}$, 5 8 6 7 3 3 2 qui correspond à 22° 42′ 50″.

La différence entre le logarithme et celui qui le suit immédiatement est 503; la différence entre le logarithme tabulaire et le logarithme proposé est 191. Ayant admis la proportionnalité entre les différences des logarithmes sinus et celles des arcs qui leur correspondent, nous pouvons établir la proportion suivante :

$$\frac{x}{10''} = \frac{191}{503} \quad \text{d'où } x = \frac{191 \times 10}{503} = 3'', 79.$$

Ajoutons 3″,79 à l'arc trouvé plus haut et nous aurons 22° 42′ 53″,79 pour l'arc cherché.

Règle : Pour trouver les unités de secondes et les fractions décimales de seconde, on met un zéro à la suite de la différence entre le logarithme proposé et le logarithme tabulaire qui en approche le plus par défaut; on divise ensuite le résultat par la différence tabulaire en poussant le quotient jusqu'aux centièmes.

Les opérations peuvent être disposées d'après le type de calcul suivant :

$$\overline{1},5867523 = \log \sin 22° 42′ 53″,79$$

$$
\begin{array}{r|l}
332 & \\
\hline
1910 & 503 \\
4010 & \overline{3.79} \\
4890 & \\
363 & \\
\end{array}
$$

EXEMPLE II. — Trouver l'arc correspondant au log sin $\overline{1},9435341$.

$$1,9435341 = \log \sin 61^\circ 24' 41'',82$$

5320
210 | 115
950 | 1.82
300
70

38. — Trouver l'arc correspondant à un logarithme cosinus donné.

1er CAS. Le logarithme cosinus est renfermé dans la table.

EXEMPLE 1. — $\overline{1},9445480 = \log \cos 28^\circ 20' 30''$.

EXEMPLE II. — $\overline{1},6785078 = \log \cos 61^\circ 30' 40''$.

2° CAS. Le logarithme cosinus n'est pas renfermé dans la table.

La marche à suivre est la même que pour le sinus excepté toutefois que le quotient de la division, au lieu d'être ajouté doit être retranché.

Mais pour éviter une soustraction on peut opérer comme il suit :

On cherche dans la table le logarithme qui approche le plus par *excès* du logarithme proposé ; on divise la différence suivie d'un zéro par la différence tabulaire, enfin on ajoute le quotient à l'arc qui correspond au logarithme approché par excès et l'on obtient l'arc demandé.

EXEMPLE : $\overline{1},7806843 = \log \cos 52^\circ 52' 41'',94$

6897
540 | 278
2620 | 1.94
1180
68

39. — Trouver l'arc correspondant à un logarithme tangente quelconque.

EXEMPLE I. — $\overline{1},8718726 = \log \tan 36° 40' 05'',45.$

$$
\begin{array}{c|c}
8486 & \\
\hline
2400 & 440 \\
2000 & 5,45 \\
2400 & \\
200 & \\
\end{array}
$$

EXEMPLE II. — $0,1262532 = \log \tan 53° 12' 47'',90.$

$$
\begin{array}{c|c}
2185 & \\
\hline
3470 & 439 \\
3970 & 7.90 \\
19 & \\
\end{array}
$$

40. — Trouver l'arc correspondant à un logarithme cotangente quelconque.

La marche à suivre est absolument la même que pour le cosinus.

41. — Quant aux sécantes et aux cosécantes, on pourrait déterminer l'arc correspondant à leur logarithme au moyen des logarithmes sinus et cosinus.

CHAPITRE III

Résolution des Triangles.

1. PRINCIPES RELATIFS AUX TRIANGLES RECTANGLES.

42. — Dans la suite nous désignerons les angles des triangles par les lettres A, B, C, et par $a, b, c,$ les côtés respectivement opposés à ces angles.

Soit le triangle rectangle ABC (fig. 5).

Du point C comme centre avec l'hypoténuse CB pour rayon décrivons l'arc BM.

Nous avons par définition

$$\frac{AB}{CB} = \sin\ C, \text{ ou } \frac{c}{a} = \sin\ C;$$

d'où

(A) $$c = a \sin\ C;$$

Nous avons de même

$$\frac{AC}{BC} = \cos\ C, \text{ ou } \frac{b}{a} = \cos\ C,$$

d'où

(B) $$b = a \cos\ C.$$

Nous pouvons donc formuler le principe suivant :

Premier principe : **Dans tout triangle rectangle, un côté de l'angle droit est égal à l'hypoténuse multipliée par le sinus de l'angle opposé ou par le cosinus de l'angle aigu adjacent.**

43. — En divisant (A) par (B) on obtient :

$$\frac{c}{b} = \text{tang}\ C, \text{ et } c = b\ \text{tang}\ C,$$

ou bien $$c = b \cot B.$$

Second principe : **Dans tout triangle rectangle, un côté de l'angle droit est égal à l'autre côté multiplié par la tangente de l'angle aigu opposé au premier côté, ou par la cotangente de l'angle aigu opposé au second côté.**

2. PRINCIPES RELATIFS AUX TRIANGLES QUELCONQUES.

44. — Soit le triangle ABC (fig. 6).

Du sommet C, abaissons la perpendiculaire CD sur le côté opposé. Il peut se présenter deux cas selon que cette perpendiculaire tombe en dedans ou en dehors du triangle.

Dans le premier cas le triangle ABC est la somme des deux triangles rectangles BCD et ACD.

Le triangle BCD donne :

$$CD = a \sin B ;$$

Le triangle ACD donne :

$$CD = b \sin A ;$$

De ces deux égalités on tire :

$$a \sin B = b \sin A ;$$

d'où

$$\frac{\sin A}{a} = \frac{\sin B}{b}.$$

Dans le second cas (fig. 7), le triangle ABC est la différence des deux triangles rectangles BCD et ACD.

Le triangle BCD fournit

$$CD = a \sin B.$$

Le triangle ACD donne

$$CD = b \sin CAD.$$

L'angle CAD étant le supplément de l'angle CAB a le même sinus; on peut donc remplacer sin CAD par sin CAB ou sin A et écrire

$$CD = b \sin A.$$

Les deux égalités précédentes fournissent

$$\frac{\sin A}{a} = \frac{\sin B}{b}.$$

On démontrerait de même que

$$\frac{\sin B}{b} = \frac{\sin C}{c},$$

et l'on aurait définitivement :

$$\frac{\sin A}{a} = \frac{\sin B}{b} = \frac{\sin C}{c}.$$

D'où l'on déduit ce principe :

Premier principe : Dans un triangle quelconque, les sinus des angles sont proportionnels aux côtés opposés.

45. — Soit le triangle ABC (fig. 6).

Du sommet C abaissons la perpendiculaire CD sur le côté opposé ; la géométrie nous enseigne que

$$\overline{BC}^2 = \overline{AB}^2 + \overline{AC}^2 - 2\,AB \times AD$$

ou $\qquad\qquad a^2 = b^2 + c^2 - 2\,c.AD\,;$

mais dans le triangle rectangle ACD

$$AD = b \cos A\,;$$

En remplaçant AD par $b \cos A$ on a

$$a^2 = b^2 + c^2 - 2\,bc \cos A.$$

Soit le triangle ABC (fig. 7) où l'angle A est obtus, la géométrie apprend que

$$a^2 = b^2 + c^2 + 2\,c.AD\,;$$

mais dans le triangle ADC

$$AD = b \cos A.$$

De plus, les deux angles CAB et CAD valent 180° ; leurs cosinus sont donc égaux et de signes contraires

$$\cos CAD = -\cos CAB = -\cos A,$$

d'où $\qquad\qquad AD = -b \cos A.$

En remplaçant AD par sa valeur on obtient

$$a^2 = b^2 + c^2 - 2\,bc \cos A.$$

Second principe : Dans un triangle quelconque, le carré de l'un des côtés est égal à la somme des carrés des deux autres côtés moins le double produit de ces deux côtés par le cosinus de l'angle compris.

3. RÉSOLUTION DES TRIANGLES RECTANGLES.

46. — Six éléments constituent un triangle, trois angles et trois côtés.

Pour qu'un triangle soit *déterminé*, il faut connaître trois éléments parmi lesquels doit se trouver au moins un côté.

Dans un triangle rectangle l'angle droit est toujours connu ; si de plus on connaît l'un des angles aigus on obtiendra l'autre en retranchant de 90° l'angle connu.

Il y a quatre cas à considérer dans les triangles rectangles.

47. — 1er Cas (fig. 8). Les données sont l'*hypothénuse* a et l'*angle aigu* B. Les inconnues sont C, b, c.

De la relation
$$B + C = 90°$$

on tire

(1)
$$C = 90° - B.$$

Le premier principe relatif aux triangles rectangles donne

(2)
$$b = a \sin B ;$$

(3)
$$c = a \cos B.$$

48. — 2e Cas. Les données sont un côté b et un angle aigu B. Les inconnues sont C, a, c.

(1)
$$C = 90° - B.$$

Le principe
$$b = a \sin B$$

donne

(2)
$$a = \frac{b}{\sin B}.$$

Le deuxième principe relatif aux triangles rectangles fournit

(3)
$$c = b \cot B.$$

49. — 3ᵉ Cas. Les données sont un côté b et l'hypoténuse a ; les inconnues sont B, C, c.

Du principe $\qquad b = a \sin B,$

on tire

(1) $\qquad\qquad \sin B = \dfrac{b}{a}\ ;$

on a dès lors

(2) $\qquad\qquad C = 90° - B,$

(3) $\qquad\qquad c = a \cos B.$

50. — 4ᵉ Cas. Les données sont les deux côtés b et c.

Les inconnues sont $\qquad a, B, C.$

Le principe $\qquad b = c \, \text{tang} \, B$

conduit à

(1) $\qquad\qquad \text{tang} \, B = \dfrac{b}{c}\ ;$

On a aussi

(2) $\qquad\qquad C = 90° - B,$

ou bien $\qquad \text{tang} \, C = \dfrac{c}{b}.$

Le principe $\qquad b = a \sin B$

donne

(3) $\qquad\qquad a = \dfrac{b}{\sin B}.$

4. FORMULES DE VÉRIFICATION POUR LES TRIANGLES RECTANGLES.

51. — Les formules de vérification permettent de découvrir, s'il y a lieu, les erreurs commises dans les calculs, et d'apprécier le degré d'approximation avec lequel les inconnues ont été déterminées.

1er Cas. *Données :* a et **B.**

Inconnues : **C,** b et c.

La formule

$$(1) \qquad \tang C = \frac{c}{b}$$

permettra de vérifier les inconnues b et c calculées.

52. — **2e Cas.** *Données :* b et **B.**

Inconnues : **C,** a et c.

Dans le triangle rectangle ABC nous avons

$$b^2 = a^2 - c^2;$$

mais $\qquad a^2 - c^2 = [(a + c)\ (a - c)]^2,$

d'où

$$(1) \qquad b = \sqrt{(a + c)\ (a - c)}.$$

53. — **3e Cas.** *Données :* $b,\ a$.

Inconnues : **B, C,** c.

Dans le triangle rectangle ABC on a

$$c^2 = a^2 - b^2;$$

mais $\qquad a^2 - b^2 = [(a + b)\ (a - b)]^2,$

d'où

$$(1) \qquad c = \sqrt{(a + b)\ (a - b)}.$$

54. — **4e Cas.** *Données :* b et c.

Inconnues : **B, C,** a.

Les angles B et C devront égaler 90°,

$$B + C = 90°.$$

Le côté a sera vérifié par $b = \sqrt{(a + c)\ (a - c)}.$

5. RÉSOLUTION DES TRIANGLES QUELCONQUES.

55. — Nous avons quatre cas à considérer.

1er Cas (fig. 9). *Données :* un côté et deux angles, a, B, C ;

Inconnues : un angle et deux côtés, A, b, c.

L'angle inconnu s'obtient immédiatement par la formule

$$(1) \qquad A = 180° - (B + C).$$

D'après le principe de la proportionnalité des côtés et des sinus des angles opposés on a

$$\frac{\sin A}{a} = \frac{\sin B}{b},$$

d'où

$$(2) \qquad b = \frac{a \sin B}{\sin A},$$

on trouverait de même

$$(3) \qquad c = \frac{a \sin C}{\sin A}.$$

56. — *Calcul de la surface.* Désignons par S cette surface et par h la hauteur AP

$$(A) \qquad S = \tfrac{1}{2}\, a\, h$$

Dans le triangle rectangle APC

$$h = b \sin C.$$

Mais

$$b = \frac{a \sin B}{\sin A},$$

d'où

$$h = \frac{a \sin B \sin C}{\sin A}.$$

Remplaçant dans (A) h par sa valeur, on obtient

$$(1) \qquad S = \tfrac{1}{2}\, a^2\, \frac{\sin B \sin C}{\sin A}.$$

57. — 2ᵉ Cᴀs. *Données* : Deux côtés et l'angle compris : a, b, C.

Inconnues : Deux angles et un côté : A, B, c.

De la relation $\qquad$ $A + B + C = 180°,$ $\qquad$ on tire :

$$A + B = 180° - C.$$

On a donc la somme des deux angles inconnus ; prenons pour inconnue auxiliaire $A - B$ leur différence.

Le principe de la proportionnalité des côtés et des sinus des angles opposés donne :

$$\frac{\sin A}{a} = \frac{\sin B}{b}.$$

On a aussi d'après l'arithmétique

$$\frac{\sin A - \sin B}{a - b} = \frac{\sin A + \sin B}{a + b},$$

ou bien

$$\frac{\sin A - \sin B}{\sin A + \sin B} = \frac{a - b}{a + b}.$$

Mais d'après la formule trouvée au n° 18 nous avons :

$$\frac{\sin A - \sin B}{\sin A + \sin B} = \frac{\tan \frac{1}{2}(A - B)}{\tan \frac{1}{2}(A + B)},$$

d'où

$$\frac{\tan \frac{1}{2}(A - B)}{\tan \frac{1}{2}(A + B)} = \frac{a - b}{a + b},$$

ce qui donne

$$\tan \frac{1}{2}(A - B) = \frac{a - b}{a + b} \tan \frac{1}{2}(A + B),$$

ou bien en remplaçant $\tan \frac{1}{2}(A - B)$ par la cotangente de l'angle C supplémentaire,

$$(1) \qquad \tan \frac{1}{2}(A - B) = \frac{a - b}{a + b} \cot \frac{1}{2} C.$$

On a ainsi la valeur de la demi-différence et de la demi-somme de A et B.

Or, d'après l'arithmétique, étant données la somme et la différence de deux nombres, le plus grand est égal à la demi-somme de ces deux nombres et le plus petit est égal à leur demi-différence.

Si donc on pose

$$\tfrac{1}{2} (A + B) = S,$$
$$\tfrac{1}{2} (A - B) = D,$$

on aura

$$A = S + D,$$
$$B = S - D.$$

Pour trouver le côté c on a

$$c = \frac{a \sin C}{\sin A}.$$

On peut encore obtenir une autre formule.

La suite des rapports

$$\frac{c}{\sin C} = \frac{a}{\sin A} = \frac{b}{\sin B}$$

donne

$$\frac{c}{\sin C} = \frac{a + b}{\sin A + \sin B},$$

d'où

$$c = \frac{(a + b) \sin C}{\sin A + \sin B}.$$

Le dénominateur $\sin A + \sin B$ peut être considéré comme le produit de $2 \sin \tfrac{1}{2} (A + B)$ par $\cos \tfrac{1}{2} (A - B)$, ou bien encore comme le produit de $2 \cos \tfrac{1}{2} C$ par $\cos \tfrac{1}{2} (A - B)$.

Le facteur $\sin C$ est le produit de $2 \sin \tfrac{1}{2} C$ par $\cos \tfrac{1}{2} C$.

Substituant et divisant haut et bas par $2 \cos \tfrac{1}{2} C$, il vient

$$(2) \qquad c = \frac{(a + b) \sin \tfrac{1}{2} C}{\cos \tfrac{1}{2} (A - B)}.$$

58. — Quant à la surface, on a

$$S = \tfrac{1}{2} a h.$$

Le triangle rectangle APC donne

$$h = b \sin C,$$

d'où

$$(1) \qquad S = \tfrac{1}{2}\, a b \sin C.$$

59. — 3° cas. *Données :* Deux côtés et l'angle opposé à l'un d'eux

$$A, a, b.$$

Inconnues : Deux angles et un côté, B, C, c.

On a immédiatement

$$(1) \qquad \sin B = \frac{b \sin A}{a},$$

$$(2) \qquad C = 180° - (A + B),$$

$$(3) \qquad c = \frac{a \sin C}{\sin A}.$$

60. — 4ᵉ cas. *Données :* Les trois côtés a, b, c.

Inconnues : Les trois angles A, B, C.

La formule $\quad a^2 = b^2 + c^2 - 2 b c \cos A,$

donne

$$(A) \qquad \cos A = \frac{b^2 + c^2 - a^2}{2 b c};$$

mais

$$\cos \tfrac{1}{2} A = \sqrt{\frac{1 + \cos A}{2}}, \quad \sin \tfrac{1}{2} A = \sqrt{\frac{1 - \cos A}{2}};$$

En substituant à $\cos A$ sa valeur (A), et en réduisant au même dénominateur, il vient

$$\cos \tfrac{1}{2} A = \sqrt{\frac{2 b c + b^2 + c^2 - a^2}{4 b c}} = \sqrt{\frac{(b+c)^2 - a^2}{4 b c}} = \sqrt{\frac{(a+b+c)(-a+b+c)}{4 b c}};$$

$$\sin \tfrac{1}{2} A = \sqrt{\frac{2 b c - b^2 - c^2 + a^2}{4 b c}} = \sqrt{\frac{a^2 - (b-c)^2}{4 b c}} = \sqrt{\frac{(a+b-c)(a-b+c)}{4 b c}}.$$

Si nous posons $\qquad a + b + c = 2\,p,$

nous aurons $\qquad a + b - c = 2\,(p - c),$
$$a - b + c = 2\,(p - b),$$
$$- a + b + c = 2\,(p - a),$$

d'où

$$\sin \tfrac{1}{2}\,A = \sqrt{\frac{(p - b)\,(p - c)}{b\,c}},$$

$$\cos \tfrac{1}{2}\,A = \sqrt{\frac{p\,(p - a)}{b\,c}}.$$

Divisant ces deux formules membre à membre on obtient

$$\operatorname{tang} \tfrac{1}{2}\,A = \sqrt{\frac{(p - b)\,(p - c)}{p\,(p - a)}}.$$

Un simple changement de lettres donne

$$\operatorname{tang} \tfrac{1}{2}\,B = \sqrt{\frac{(p - a)\,(p - c)}{p\,(p - b)}}$$

$$\operatorname{tang} \tfrac{1}{2}\,C = \sqrt{\frac{(p - a)\,(p - b)}{p\,(p - c)}}.$$

61. — Pour la surface du triangle nous avons

$$S = \tfrac{1}{2}\,b\,c \sin A,$$

mais

(A) $\qquad \sin A = 2 \sin \tfrac{1}{2}\,A \cos \tfrac{1}{2}\,A$

Or, nous connaissons les valeurs de $\sin \tfrac{1}{2}\,A$ et de $\cos \tfrac{1}{2}\,A$ en fonction des trois côtés. Portons ces valeurs dans (A)

$$\sin A = \frac{2}{b\,c}\,\sqrt{p\,(p - a)\,(p - b)\,(p - c)},$$

d'où

$$S = \sqrt{p\,(p - a)\,(p - b)\,(p - c)}.$$

§ 6. FORMULES DE VÉRIFICATION POUR LES TRIANGLES.

62. — 1er CAS. *Données : a, B, C.*

Inconnues : A, B, c.

On peut retrouver les données B et C par la formule

$$\tan \tfrac{1}{2} (B - C) = \frac{b - c}{b + c} \, \cot \tfrac{1}{2} A.$$

63. — 2e CAS. *Données : a, b, C.*

Inconnues : A, B, c.

Le côté c pourra s'obtenir par la formule

$$c = \frac{a \sin C}{\sin A}.$$

64. — 3e CAS. *Données : A, a, b.*

Inconnues : c, C, B.

La formule

$$\tan \tfrac{1}{2} A = \sqrt{\frac{(p - b)(p - c)}{p(p - a)}}$$

permettra de retrouver l'angle donné A.

65. — 4e CAS. *Données : a, b, c.*

Inconnues : A, B, C.

Les trois angles ayant été trouvés indépendamment les uns des autres, on en fait la somme qui doit égaler à très-peu près 180°.

II. RÈGLES DU CALCUL LOGARITHMIQUE.

CHAPITRE 1er.

Principes.

66. — Nous ne donnerons pas la théorie mathématique des logarithmes ; cette théorie est, du reste, exposée par les progressions dans tous les traités d'arithmétique ; nous voulons seulement rappeler les règles de l'emploi pratique des logarithmes.

67. — 1° Le logarithme d'un produit s'obtient en faisant la somme algébrique des logarithmes des facteurs.

68. — 2° Le logarithme d'une puissance d'un nombre s'obtient en faisant le produit algébrique du logarithme de ce nombre par le degré de la puissance.

69. — 3° Le logarithme d'un quotient s'obtient en faisant la différence algébrique du logarithme du dividende avec le logarithme du diviseur.

70. — 4° Le logarithme d'une racine d'un nombre s'obtient en faisant le quotient algébrique du logarithme de ce nombre par l'indice de la racine.

Voyons donc comment on peut *ajouter*, *soustraire*, *multiplier* et *diviser* les logarithmes.

71. — ADDITION. Pour faire l'addition des logarithmes qui correspond à la multiplication des nombres, on ajoute les parties décimales positives en faisant la retenue, s'il y a lieu ; puis on fait la somme

algébrique de cette retenue *positive* et des caractéristiques *positives*
ou *négatives*.

Ajoutons les logarithmes suivants :

$$\overline{1},9997034$$
$$1,5449358$$
$$\overline{3},1600069$$
$$0,0479646$$

$$\overline{2},7526107$$

À l'avant dernière colonne nous trouvons 17 dixièmes, c'est-à-dire
7 dixièmes que nous écrivons plus une unité que nous retenons ; puis
passant à la colonne des caractéristiques nous disons : 1 (de retenue)
— 1, 0 ; 1 — 3, — 2 ; — 2 + 0, — 2.

72. SOUSTRACTION. On remplace ordinairement dans l'ensemble
d'un calcul logarithmique une soustraction par une addition ; pour
cela on a recours au complément du logarithme à retrancher.

Deux logarithmes sont *complémentaires* l'un de l'autre, lorsque
leur somme algébrique se réduit à zéro.

Ainsi, le logarithme   2,1983821
a pour complément $\overline{3}$,8016179
                        ____

                        0,0000000

Pour trouver le complément d'un logarithme, il suffit d'ajouter
une unité *positive* à la caractéristique du logarithme et de changer le
signe du résultat, puis de retrancher successivement de 9 chacun des
chiffres de la partie décimale à l'exception du dernier à droite qu'il
faut retrancher de 10.

Ainsi, dans l'exemple cité plus haut nous disons : 2 + 1 = 3, — 3 ;
1 de 9, 8 ; 9 de 9, 0 ; 8 de 9, 1 ; 3 de 9, 6 ; 8 de 9, 1 ; 2 de 9, 7 ;
1 de 10, 9.

Pour faire la soustraction du logarithme on ajoute son complément.

Supposons qu'il s'agisse de retrancher le logarithme suivant :

Exemple I. Log A $= 3,9372556$.

Pour avoir — log A, nous disons : 3 plus 1 font 4 et pour soustraire — 4; 9 de 9, 0; 3 de 9, 6; 7 de 9, 2; 2 de 9, 7; 5 de 9, 4; 5 de 9, 4; 6 de 10, 4; et nous obtenons :

$$- \log A = \overline{4},0627444\,;$$

et en ajoutant — log A, on aura par le fait soustrait logarithme A.

Exemple II. — Soit à soustraire

$$\log B = \overline{2},9602815\,;$$

Disons : $\overline{2} + 1, \overline{1}$; et pour la soustraction $+ 1$, et écrivons

$$- \log B = 1,0397185.$$

Règle : Pour opérer la soustraction d'un logarithme, on ajoute une unité positive à la valeur relative de la caractéristique et l'on change le signe ; on écrit à la suite le complément de la partie décimale à l'unité et enfin on additionne le résultat ainsi obtenu avec les autres logarithmes.

73. Multiplication. On applique simplement la multiplication algébrique.

$$\text{Soit } \log A = \overline{2},9602815\,;$$

pour trouver le logarithme de A^4 nous avons à multiplier le nombre $\overline{2},9602815$ par 4. La multiplication de la partie décimale donne $0,8411260$ avec 3 de retenue ; nous disons $\overline{2} \times 4 = \overline{8}$ plus 3 de retenue $\overline{5}$, et nous obtenons :

$$\log A^4 = \overline{5},8411260.$$

74. Division. La division des logarithmes qui correspond à l'extraction des racines ne présente pas de difficulté si la caractéristique positive ou négative est en valeur *absolue multiple du diviseur*.

Ainsi, pour prendre le 1/3 de

$$\overline{3},6463338$$

nous disons : le tiers de $\overline{3}$ est $\overline{1}$; le tiers de 6 est 2 ; le tiers de 4 est de 1 pour 3 ; le tiers de 16 est 5 pour 15 ; ainsi de suite, et nous avons pour résultat :

$$\overline{1},2154446.$$

Si la caractéristique n'est pas un multiple du diviseur, il peut se présenter deux cas : la caractéristique est positive ou négative. Le premier cas n'offre aucune difficulté.

Si la caractéristique est négative on opère comme il suit :

Soit à prendre le cinquième du logarithme $\overline{3},1459601$.

En augmentant la valeur absolue de la caractéristique d'un nombre d'unités suffisant pour qu'elle devienne un multiple de 5, nous pourrons dire :

le cinquième de $\overline{5}$ est $\overline{1}$.

Mais en ajoutant 2 unités à la valeur absolue de la caractéristique, nous avons réellement soustrait 2 unités ; par compensation ajoutons à la partie décimale 2 unités qui valent 20 dixièmes et disons : le cinquième de 21 est 4 pour 20 ; le cinquième de 14 est 2 pour 10 ; ainsi de suite, nous trouverons :

$$\overline{1},4291920.$$

Règle : Pour diviser un logarithme à caractéristique négative, on augmente la valeur absolue de la caractéristique d'un nombre d'unités suffisant pour qu'elle devienne un multiple exact du diviseur ; on divise la caractéristique et l'on écrit le quotient surmonté du signe — ; puis on convertit en dixièmes les unités ajoutées à la caractéristique pour les joindre aux dixièmes de la partie décimale que l'on divise comme à l'ordinaire.

CHAPITRE II

Applications Numériques.

75. Nous allons résoudre quelques triangles pour apprendre au lecteur à calculer le plus simplement possible, et lui indiquer le moyen de disposer ses calculs de manière à en rendre la vérification facile pour lui-même ou pour d'autres.

TRIANGLES RECTANGLES.

1er Cas.

Données :	Formules :	Résultats :
$a = 953,25$	$C = 90° - B$	$C = 41° 22' 44'',8$
	$b = a \sin B$	$b = 715,273$
$B = 48° 37' 15'',2$	$c = a \cos B$	$c = 630,134$

Calcul de C.

$$
\begin{array}{r}
90° 00' 00'' \\
B = 48° 37' 15'',2 \\
\hline
C = 41° 22' 44'',8
\end{array}
$$

Calcul de b.

$$
\begin{array}{l}
\log a = 2,9792068 \\
\log \sin B = \overline{1},8752651 \\
\hline
\log b = 2,8544719 = \log 715,273
\end{array}
$$

2555   185
96   5.2

4700   370
19   925
18

Calcul de c.

$$
\begin{array}{l}
\log a = 2,9792068 \\
\log \cos B = \overline{1},8202266 \\
\hline
\log c = 2,7994334 = \log 630,134
\end{array}
$$

2152   239
114   4.8

4302   1912
32   956
28

Vérification : $\operatorname{tang} C = \dfrac{c}{b}$

$$\log c = 2,7994334$$
$$- \log b = \overline{3},1455281 \quad \log b = 2,8544719$$
$$\log \operatorname{tang} C = \overline{1},9449615 = \log 41^\circ 22' 44'',78 \ (\text{diff. } 0'',02)$$

$$9442$$

$$
\begin{array}{c|c}
2030 & 424 \\
3340 & \overline{4.78} \\
3720 & \\
328 & \\
\end{array}
$$

2ᵉ Cas.

Données :	Formules :	Résultats :
$b = 738.43$	$C = 90^\circ - B$	$C = 46^\circ 9' 03'',3$
$B = 43^\circ 20' 56'',7$	$a = \dfrac{b}{\sin B}$	$a = 1075,735$
	$c = b \cot B$	$c = 782,259$

Calcul de C.

$$
\begin{array}{r}
90^\circ 00' 00'' \\
B = 43^\circ 20' 56'',7 \\
\hline
C = 46^\circ 39' 03'',3 \\
\end{array}
$$

Calcul de a.

$$\log b = 2,8683093$$
$$- \log \sin B = 0,1633965 \quad \log \sin B = \overline{1},8366035 \ \ldots \ 5886 \ \ldots \ 223$$
$$149 \qquad 6.7$$
$$\log a = 3,0317058 = \log 1075,735 \qquad \overline{4564} \quad \overline{1338}$$

$$6912$$
$$
\begin{array}{c}
146 \\
122 \\
\hline
240 \\
203 \\
\end{array}
$$

Calcul de c.

$$\log b = 2,8683093$$
$$\log \cot B = 0,0250413 \ \ldots \ \ldots \ \ldots \ 0274 \ \ldots \ 422$$
$$139 \qquad 3,3$$
$$\log c = 2,8933506 = \log 782,259 \qquad \overline{1266} \quad \overline{1266}$$

$$3456$$
$$
\begin{array}{c}
50 \\
50 \\
\end{array}
$$

Vérification : $\qquad b = \sqrt{(a + c)\,(a - c)}$

$a = 1075.735$

$\qquad\qquad \log\,(a + c) = 3{,}2690443 \ \ldots \ldots \ldots \ldots \ 0223$

$\qquad\qquad \log\,(a - c) = 2{,}4675726 \ \ldots \ldots \ 5637 \ldots \ldots \ 211$

$c = \ \ 782{,}259 \qquad\qquad\qquad\qquad\qquad\qquad\quad 89 \qquad\qquad 94$

$$\overline{}\ 5{,}7366169$$

$a + c = 1857{,}994$

$\qquad\qquad \log\,b = 2{,}8683084 = \log\,738{,}428 \ (\text{diff. } 0{,}002)$

$a - c = 293{,}476 \qquad\qquad\qquad 3035$

$$\qquad\qquad\qquad\qquad \overline{}$$

$$\qquad\qquad\qquad\qquad 49$$

$$\qquad\qquad\qquad\qquad 47$$

TRIANGLES QUELCONQUES.

1ᵉʳ Cas.

Données :	Formules :	Résultats :
$a = 1205.25$	$A = 180 - (B + C)$	$A = 59^\circ\,59'\,50'',5$
$B = 59^\circ\,11'\,13'',2$	$b = \dfrac{a \sin B}{\sin A}$	$b = 1195{,}286$
$C = 60^\circ\,48'\,56'',3$	$c = \dfrac{a \sin C}{\sin A}$	$c = 1215{,}065$

Calcul de A.

$$180^\circ\,00'\,00''$$
$$B + C = \underline{120\ \ 00'\,09'',5}$$
$$A = 59^\circ\,59'\,50'',5$$

Calcul de b.

$\log a = 3{,}0810772 \ \ldots \ldots \ldots \ldots \ldots \ldots \ldots \ 0591$
$$\qquad\qquad\qquad\qquad\qquad\qquad\qquad\qquad\qquad 181$$
$\log \sin B = \overline{1}{,}9339141 \ \ldots \ldots \ldots \ldots \ldots \ 9101 \quad 126$
$-\ \log \sin A = 0{,}0624809 \quad \log \sin A = \overline{1}{,}9375191 \,\ldots 5185 \ldots 121 \quad\ 40 \quad 3{,}2$
$$\qquad\qquad\qquad\qquad\qquad\qquad\qquad\qquad 6 \qquad\qquad\qquad \overline{}$$
$$\qquad\qquad\qquad\qquad\qquad\qquad\qquad 0.5 \qquad\qquad 252$$
$$\qquad\qquad\qquad\qquad\qquad\qquad\qquad\qquad\qquad\qquad 378$$
$\log b = 3{,}0774722 = \log 1195{,}286 \qquad\qquad 605$
$$4406$$
$$\overline{316}$$
$$292$$
$$\overline{240}$$

Calcul de c.

$$\log a = 3{,}0810772$$
$$\log \sin C = \overline{1}{,}9410417 \quad \ldots \ldots \ldots \ldots \ 0343 \quad \ldots \ldots \ldots \ 118$$
$$- \log \sin A = 0{,}0624809 \qquad\qquad\qquad 74 \qquad\qquad\qquad 6{,}3$$
$$\overline{\qquad\qquad\qquad\qquad} \qquad\qquad\qquad\qquad\qquad\qquad 354$$
$$\log c = 3{,}0845998 = \log 1215{,}065 \qquad\qquad\qquad\qquad\qquad 708$$
$$5763$$
$$235$$
$$215$$
$$200$$

Vérification :
$$\tan \tfrac{1}{2}(C - B) = \frac{c - b}{c + b}\, \cot \tfrac{1}{2} A.$$

$$
\begin{aligned}
c &= 1215{,}065 \\
b &= 1195{,}286 \\
c - b &= 19{,}779 \\
c + b &= 2410{,}351 \\
\tfrac{1}{2} A &= 29^\circ\,59'\,55'',25
\end{aligned}
$$

$$\log (c - b) = 1{,}2962043$$
$$\log \cot \tfrac{1}{2} A = 0{,}2385837 \ \ldots \ldots \ldots \ldots \ldots \ldots \ldots \ 5606 \quad 487$$
$$- \log (c + b) = \overline{4}{,}6179196 \quad \log (c + b) = 3{,}3820804 \quad 0711 \quad 231 \quad 475$$
$$\qquad\qquad\qquad\qquad\qquad\qquad\qquad\qquad\qquad\qquad 91$$
$$\qquad\qquad\qquad\qquad\qquad\qquad\qquad\qquad\qquad\qquad 18 \qquad\qquad\quad 2435$$
$$\log \tan \tfrac{1}{2}(C - B) = \overline{2}{,}1527076 = \log \tan 0^\circ\,48'\,51'',59 \qquad\qquad 3409$$
$$4717 \quad | \quad 14799 \qquad\qquad\qquad\qquad\qquad\qquad\qquad 1948$$
$$23590 \quad | \quad 1'',59$$
$$87910$$
$$139150$$
$$5959$$

$$
\begin{aligned}
\tfrac{1}{2}(C + B) &= 60^\circ\,00'\,04'',75 \\
\tfrac{1}{2}(C - B) &= 0^\circ\,48'\,51'',59 \\[2pt]
\hline
C &= 60^\circ\,48'\,56'',34 \quad (\text{Diff. en plus } 0'',04) \\
B &= 59^\circ\,11'\,13'',16 \quad (\text{Diff. en moins } 0'',04)
\end{aligned}
$$

Surface du Triangle.

Formule :   Résultats :
$$S = \tfrac{1}{2}\, \frac{a^2 \sin B \sin C}{\sin (B + C)} \qquad\qquad S = 628870$$

$$\log a = 3{,}0810772$$
$$\log a = 3{,}0810772$$
$$\log \sin B = \overline{1}{,}9339141$$
$$\log \sin C = \overline{1}{,}9410417$$
$$- \log 2 = \overline{1}{,}6989700 \quad \log 2 = 0{,}3010300$$
$$- \log \sin (B + C) = 0{,}0624809 \quad \log \sin (B + C) = \overline{1}{,}9375191 \qquad 5185 \quad 121$$
$$\qquad\qquad\qquad\qquad\qquad\qquad\qquad\qquad\qquad\qquad\qquad 5 \qquad 0{,}5$$
$$5{,}7985611 = \log 628870 \qquad\qquad\qquad\qquad\qquad\qquad\qquad 605$$
$$5609$$

Vérification : $S = \sqrt{p\,(p-a)\,(p-b)\,(p-c)}$

$$a = 1205,25$$
$$b = 1195,286$$
$$c = 1215,065$$
$$2\,p = 3615,601$$
$$p = 1807,800$$
$$p - a = 602,55$$
$$p - b = 612,514$$
$$p - c = 592,735$$

$$\log p = 3,2571504$$
$$\log (p-a) = 2,7799931$$
$$\log (p-b) = 2,7871160$$
$$\log (p-c) = 2,7728606$$
$$\overline{11,5971201}$$
$$\log S = 5,7985601 = \log 628869$$
$$5540$$
$$\overline{61}$$

$S = 628,869 \;(\text{Di f.} = 1)$

4ᵉ Cas.

Données :   Résultats :

$$a = 1012, » \qquad\qquad A = 77°\,14'\,10'',14$$
$$b = 688, » \qquad\qquad B = 40°\,05'\,13'',91$$
$$c = 949,20 \qquad\qquad C = 62°\,40'\,35'',91$$
$$\overline{179°\,59'\,59'',96}$$

Vérification : $180°$

Diff. $\overline{0°\,00'\,00'',04}$

Formules :

$$\operatorname{tang} \tfrac{1}{2}\,A = \sqrt{\frac{(p-b)\,(p-c)}{p\,(p-a)}}$$

$$\operatorname{tang} \tfrac{1}{2}\,B = \sqrt{\frac{(p-a)\,(p-c)}{p\,(p-b)}}$$

$$\operatorname{tang} \tfrac{1}{2}\,C = \sqrt{\frac{(p-a)\,(p-b)}{p\,(p-c)}}$$

Calcul de A.

$$a + b + c = 2p = 2679,20$$
$$p = 1339,60$$
$$p - a = 297,60$$
$$p - b = 651,60$$
$$p - c = 390,40$$

$$\log (p - b) = 2,8139811$$
$$\log (p - c) = 2,5915098$$
$$- \log p = \overline{4},8730249 \quad \log p = 3,1269751$$
$$- \log (p - a) = \overline{3},5263671 \quad \log (p - a) = 2,4736329$$
$$\overline{\overline{4},8048829}$$
$$\log \tan \tfrac{1}{2} A = \overline{1},9024414 = \log \tan 38° 37' 05'',069$$

$$4195$$

2190	432
3000	5,069
4080	
192	

Calcul de B.

$$\log (p - c) = 2,5915098$$
$$\log (p - a) = 2,4736329$$
$$- \log p = \overline{4},8730249$$
$$- \log (p - b) = \overline{3},1860189 \quad \log (p - b) = 2,8139811$$
$$\overline{\overline{1},1241865}$$
$$\log \tan \tfrac{1}{2} B = \overline{1},5620932 \quad \log \tan 20° 02' 36'',957$$

$$477$$

4550	654
6260	6,957
3740	
4700	
122	

Calcul de C.

$$\log (p - a) = 2,4736329$$
$$\log (p - b) = 2,8139811$$
$$- \log p = \overline{4},8730249$$
$$- \log (p - c) = \overline{3},4084902 \quad \log (p - c) = 2,5915098$$
$$\overline{\overline{1},5691291}$$
$$\log \tan \tfrac{1}{2} C = \overline{1},7845645 = \log \tan 31° 20' 17'',953$$

$$268$$

3770	474
4520	7,953
2540	
1700	
278	

FORMULES POUR LA RÉSOLUTION DES

TRIANGLES RECTANGLES.	TRIANGLES QUELCONQUES.

TRIANGLES RECTANGLES.

1er Cas — Données : a, B.

$$C = 90° - B$$
$$b = a \sin B$$
$$c = a \cos B$$

Vérification :
$$\tan C = \frac{c}{b}$$

2e Cas — Données : b, B.

$$C = 90° - B$$
$$a = \frac{b}{\sin B}$$
$$c = b \cot B$$

Vérification :
$$b = \sqrt{(a + c)(a - c)}$$

3e Cas — Données : b, a.

$$\sin B = \frac{b}{a}$$
$$C = 90° - B$$
$$c = a \sin C$$

Vérification :
$$c = \sqrt{(a + b)(a - b)}$$

4e Cas — Données : b, c.

$$\tan B = \frac{b}{c}$$
$$a = \frac{b}{\sin B}$$
$$\tan C = \frac{c}{b}$$

Vérification :
$$b = \sqrt{(a + c)(a - c)}$$

TRIANGLES QUELCONQUES.

1er Cas — Données : a, B, C.

$$A = 180° - (B + C)$$
$$b = \frac{a \sin B}{\sin A}$$
$$c = \frac{a \sin C}{\sin A}$$

Vérification :
$$\tan \tfrac{1}{2}(C - B) = \frac{c - b}{c + b} \cot \tfrac{1}{2} A$$

Surface :
$$S = \tfrac{1}{2} \frac{a^2 \sin B \sin C}{\sin (B + C)}$$

Vérification :
$$S = \sqrt{p(p - a)(p - b)(p - c)}$$

2e Cas — Données : a, b, C.

$$\tan \tfrac{1}{2}(A - B) = \frac{a - b}{a + b} \cot \tfrac{1}{2} C$$
$$\tfrac{1}{2}(A + B) = 90° - \tfrac{1}{2} C$$
$$A = \tfrac{1}{2}(A + B) + \tfrac{1}{2}(A - B)$$
$$B = \tfrac{1}{2}(A + B) - \tfrac{1}{2}(A - B)$$
$$c = \frac{(a + b) \sin \tfrac{1}{2} C}{\cos \tfrac{1}{2}(A - B)}$$

Vérification :
$$c = \frac{a \sin C}{\sin A}$$

Surface :
$$S = \tfrac{1}{2} a b \sin C$$

Vérification :
$$S = \sqrt{p(p - a)(p - b)(p - c)}$$

3e Cas — Données : A, b, c.

$$\sin B = \frac{b \sin A}{a}$$
$$C = 180° - (A + B)$$
$$c = \frac{a \sin C}{\sin A}$$

Vérification :
$$\tan \tfrac{1}{2} A = \sqrt{\frac{(p - b)(p - c)}{p(p - a)}}$$

Surface :
$$S = \tfrac{1}{2} a b \sin C$$

Vérification :
$$S = \sqrt{p(p - a)(p - b)(p - c)}$$

4e Cas — Données : a, b, c.

$$\tan \tfrac{1}{2} A = \sqrt{\frac{(p - b)(p - c)}{p(p - a)}}$$
$$\tan \tfrac{1}{2} B = \sqrt{\frac{(p - a)(p - c)}{p(p - b)}}$$
$$\tan \tfrac{1}{2} C = \sqrt{\frac{(p - a)(p - b)}{p(p - c)}}$$

Vérification :
$$A + B + C = 180°$$

Surface :
$$S = \sqrt{p(p - a)(p - b)(p - c)}$$

Vérification :
$$S = \tfrac{1}{2} a b \sin C$$

III. NOTIONS D'OPTIQUE.

CHAPITRE Ier.

Propriétés générales de la Lumière.

76. — L'application pratique de la géométrie exigeant l'emploi de quelques instruments d'optique, il est nécessaire que l'opérateur connaisse bien les règles théoriques qui ont présidé à leur construction.

Il doit être à même de remédier aux dérangements accidentels qu'ils peuvent éprouver, et surtout ne pas être exposé à commettre des erreurs qui détruiraient l'exactitude qu'on est en droit d'attendre de ces instruments.

77. — *Hyppothèses sur la lumière.* Deux hypothèses ont été admises pour expliquer les phénomènes de la lumière.

L'*hypothèse de l'émission*, due à Newton, suppose que les corps lumineux laissent émaner, par un rayonnement dans tous les sens, des particules d'un fluide impondérable qui traverse les corps transparents et n'est arrêté dans sa marche que par les corps opaques.

L'*hypothèse des ondulations*, dont Descartes nous a donné l'idée première, suppose qu'un corps lumineux est le siège de mouvements vibratoires qui se propagent de proche en proche et finissent par arriver à l'organe de la vue, à travers un fluide répandu partout qu'on nomme *éther*.

Dans cette hypothèse, la propagation de la lumière est assimilée à celle du son.

Bien que l'hypothèse des ondulations soit aujourd'hui généralement admise, nous emploierons néanmoins des expressions empruntées à l'hypothèse de l'émission ; d'ailleurs les phénomènes lumineux dont nous avons à parler peuvent être étudiés indépendamment de toute discussion théorique.

78. — *Lois de la réflexion.* La lumière se propage en ligne droite dans un milieu homogène.

On nomme *rayon lumineux* une direction rectiligne quelconque suivie par la lumière qui se propage.

On appelle *faisceau lumineux* ou *pinceau lumineux* un ensemble de rayons lumineux.

Lorsqu'un rayon lumineux AB (fig. 10) rencontre une surface polie MN, il change brusquement de direction, en faisant avec la normale BP un angle de réflexion PBC égal à l'angle d'incidence ABP.

On appelle plan d'incidence le plan déterminé par le rayon incident AB et la normale BP.

Le rayon réfléchi reste dans le plan d'incidence.

Ce plan est perpendiculaire à la surface réfléchissante puisqu'il contient sa normale.

Le phénomène de la réflexion est donc soumis aux deux lois suivantes :

1° Le rayon incident et le rayon réfléchi sont dans un même plan perpendiculaire à la surface réfléchissante ;

2° L'angle de réflexion est égal à l'angle d'incidence.

79. — *Miroirs.* On appelle miroirs en optique toute surface suffisamment polie pour réfléchir la lumière.

Au point de vue de la nature de la surface réfléchissante, on distingue les *miroirs* métalliques et les *miroirs* étamés. Au point de vue de la forme de la surface réfléchissante, on distingue les miroirs *plans* et les miroirs *courbes*. Nous ne parlerons que des miroirs plans.

Un miroir plan donne des images symétriques des objets placés devant lui.

Considérons le point A (fig. 11) seulement et imaginons par ce point un plan quelconque perpendiculaire au miroir et le coupant suivant MN.

Soit le rayon incident AB ; au point d'incidence, élevons la normale BP qui est contenue dans le plan AMN mené par le point A que nous appelons plan d'incidence.

La première loi de la réflexion nous apprend que le rayon BC réfléchi est dans le plan d'incidence.

D'après la seconde loi, l'angle de réflexion PBC est égal à l'angle d'incidence ABP.

Maintenant si du point A nous abaissons la perpendiculaire AD, contenue dans le plan MN jusqu'à sa rencontre en A' avec le prolongement du rayon réfléchi BC, nous pouvons dire que les points A et A' sont symétriquement placés par rapport à la surface réfléchissante. En effet dans les deux triangles ABD et A'BD, le côté BD est commun ; les angles ADB et A'DB sont égaux comme droits ; les angles ABD et A'BD sont égaux puisque le premier est le complément de l'angle d'incidence et le second est égal à l'angle CBN, qui est lui même le complément de l'angle de réflexion ; les triangles considérés sont donc égaux, et le point A' est symétrique du point A.

Le raisonnement qui précède s'applique à un rayon quelconque émané du point A, que ce rayon soit situé dans le plan AMN ou dans tout plan perpendiculaire au miroir ; de sorte que les *prolongements* de tous les rayons réfléchis passent au point A'.

Nous admettrons donc comme acquis à l'expérience le principe suivant :

Lorsqu'un rayon lumineux a subi dans sa marche un ou plusieurs changements de direction, l'impression reçue par l'organe de la vision est celle que produirait un point lumineux situé quelque part sur le prolongement géométrique de la dernière direction.

Dans le cas particulier qui nous occupe, si l'œil est placé de manière à recevoir un certain nombre de rayons réfléchis, le point lumineux A d'où ils émanent semblera se trouver sur le prolongement géométrique de tous les rayons, c'est-à-dire au point A' qui appartient à tous les prolongements. Les points A, I, etc. de l'objet lumineux ou éclairé AI auront leurs images respectives aux points A', I' symétriquement placés par rapport au miroir.

80. — *Images réelles et images virtuelles.* Parmi les images dues à la réflexion on distingue les *images virtuelles* dont chaque point est déterminé par la rencontre des prolongements des rayons lumineux ; telle est l'image A'I' ; et les *images réelles* dont chaque point est dû à l'intersection des rayons lumineux *eux-mêmes* : telles sont les images des objets placés devant les miroirs sphériques concaves.

81. — *Lois de la réfraction.* On appelle *réfraction* de la lumière, la déviation qu'éprouve un rayon lumineux en passant d'un milieu dans un autre.

La réfraction est soumise aux deux lois suivantes :

1° Le rayon incident, la normale menée au point d'incidence et le rayon réfracté sont dans un même plan.

2° L'angle de réfraction est plus petit ou plus grand que l'angle d'incidence suivant que le corps réfringent est plus ou moins *dense* que le milieu que traversait d'abord la lumière, mais le rapport des sinus de l'angle d'incidence et de l'angle de réfraction est constant pour les mêmes milieux.

Ce rapport constant se nomme l'*indice de réfraction* du milieu dans lequel pénètre la lumière par rapport au milieu d'où elle sort.

82. — *Lentilles sphériques.* On donne le nom de lentilles sphériques à des verres terminés par deux surfaces sphériques, ou par une surface plane et une surface sphérique.

On distingue :

1° Les lentilles convergentes ;

2° Les lentilles divergentes.

83. — *Lentilles convergentes.* Nous n'avons à nous occuper que des lentilles convergentes biconvexes.

L'axe principal d'une lentille convergente biconvexe est la droite qui joint les centres des deux surfaces sphériques, ou en d'autres termes est la normale commune à ces deux surfaces.

La lentille convergente tend à ramener vers son axe principal les rayons qui la rencontrent.

Soient C (fig. 12) et C' les deux centres de courbure ; la ligne droite CC' sera l'axe principal. Soit LL' une section de la lentille par un plan conduit suivant l'axe principal ; supposons en outre que l'amplitude de la lentille soit très-petite, c'est-à-dire que l'angle formé par les lignes menées du centre de courbure aux deux bords L et L' de la lentille présente un très-petit nombre de degrés.

Le rayon RI arrivé au point d'incidence I rencontrant un milieu plus dense que l'air se réfractera pour faire avec la normale CI un angle plus petit que l'angle d'incidence, et, par conséquent, se rapprochera de cette normale ; ce même rayon arrivé au point d'émergence I', rentre dans un milieu moins dense que le verre et prend alors une direction I'X pour faire avec la normale C'I' un angle plus grand que l'angle d'incidence, et s'éloigne de la normale C'I'. Ces deux réfractions successives ont pour effet de ramener le rayon vers l'axe de la lentille. Ce rayon restera après les deux réfractions dans le plan qui passe par l'axe principal et sa direction primitive.

Pour plus de simplicité dans le tracé des rayons, au lieu de leur faire éprouver deux réfractions, l'une à la face d'entrée, l'autre à la face de sortie, nous supposerons la lentille réduite à un plan réfringent passant par ses bords et produisant le même effet que les deux réfractions successives.

84. — *Foyer principal.* Si nous considérons un rayon RI (fig. 13) parallèle à l'axe principal, ce rayon restant après la réfraction dans le plan qui passe par l'axe principal viendra couper cet axe en un certain point F. L'expérience et le calcul démontrent que tout autre rayon parallèle viendra après la réfraction passer au même point, pourvu que l'amplitude de la lentille soit très-petite. Ce point d'intersection qui est le même pour tous les rayons parallèles a reçu le nom de *foyer principal.*

La distance du foyer principal à la lentille s'appelle la distance *focale principale.*

8 5. — *Foyers conjugués.* Lorsqu'on place sur l'axe principal d'une lentille convergente à une distance plus grande que sa distance *focale principale* un corps lumineux, on peut recevoir de l'autre côté de la lentille sur un écran placé à une distance convenable, l'image *réelle* (1) de ce corps. On observe : 1° que l'image est renversée par rapport à l'objet ; 2° que le point de l'objet qui se trouve sur l'axe principal a son image sur cet axe ; 3° qu'un point situé au-dessous de l'axe a son image au-dessus et réciproquement.

Si l'objet lumineux est en A' (fig. 14), les rayons émanés de cet objet après avoir traversé la lentille viendront former une image au point A. Si l'objet est en A, l'image se formera en A'. Les points A et A' sont par conséquent réciproques *l'un* de *l'autre* et ont reçu le nom de *foyers conjugués.*

86. — *Centre optique.* Le centre optique est un point de la lentille qui jouit de cette propriété que tout rayon réfracté qui passe par ce point sort de la lentille parallèlement à sa direction primitive.

Si l'épaisseur de la lentille est négligeable et surtout si le rayon incident fait un petit angle avec l'axe principal, on peut considérer le rayon émergent comme se confondant avec le prolongement

---

(1) Les images dues à la réfraction sont réelles ou virtuelles (n° 80).

du rayon incident et exprimer ainsi la propriété dont jouit le centre optique :

Tout rayon lumineux qui passe au centre optique traverse la lentille en ligne droite.

87. — *Axes secondaires. Foyers conjugués sur un axe secondaire.* Soit O (fig. 15) le centre optique d'une lentille convergente et A un point lumineux situé en dehors de l'axe principal. Un rayon lumineux AO passant par le centre optique poursuivra sa marche en ligne droite; mais l'expérience nous a fait admettre que tous les rayons partis de A traversant la lentille vont se rencontrer en un même point pour y former une image réelle de A. Le point d'intersection A′ qui est le foyer conjugué de A se trouve sur la droite AOA′ qu'on appelle *l'axe secondaire* du point A.

On peut donc formuler ce principe :

Un point situé en dehors de l'axe principal mais à peu de distance a son foyer conjugué sur l'axe secondaire de ce point.

Pour obtenir la position du foyer conjugué de A, il suffira de tracer un rayon quelconque et de déterminer le point où il rencontre l'axe secondaire.

88. — *Images des objets placés devant les lentilles convergentes.* Soient LL′ (fig. 16) la section d'une lentille réduite à un simple plan réfringent; FF′ les foyers principaux; marquons sur l'axe principal les points D et D′ dont les distances au centre optique sont doubles de la distance focale principale OF. Menons l'axe secondaire AOA′ du point A; prenons un autre rayon AI dont la direction est parallèle à l'axe principal; ce rayon réfracté passera au foyer principal et coupera l'axe secondaire au point A′ qui est le foyer conjugué de A. On déterminerait de même le foyer conjugué de B; les points intermédiaires entre A et B auront évidemment leurs images aux différents points de la droite A′B′.

L'image A′B′ est *réelle*; elle est renversée par rapport à AB, parce que les axes secondaires se croisent au centre optique, de plus elle est *plus petite* que l'objet AB.

Si l'objet se rapproche de la lentille, l'image A′B′ s'en éloigne et grandit ; si au contraire AB s'éloigne du foyer, A′B′ s'en approche et diminue de grandeur.

Supposons l'objet AB (fig. 17) placé *entre le foyer principal* F′ *et la lentille*. Les rayons émanés de A, par exemple, ne peuvent plus se rencontrer et forment à droite de la lentille un faisceau divergent qui semble émaner de A′ où se rencontrent les prolongements géométriques des rayons lumineux. Si donc l'œil est placé dans ce faisceau, il apercevra en A′ une image virtuelle du point A ; l'image du point B sera en B′. Un observateur placé à droite de la lentille verra une *image virtuelle, droite et amplifiée de l'objet*. Cette image sera d'autant plus grande et plus éloignée de la lentille que l'objet sera plus rapproché du foyer principal.

CHAPITRE II

Instruments à oculaires donnant des images virtuelles.

89. — Loupe. — La loupe est un simple oculaire ou lentille convergente que l'on place devant l'œil pour donner des images virtuelles et amplifiées des objets.

Lorsque entre l'œil et l'objet on interpose une lentille convergente convenablement disposée, la marche des rayons émanés de l'objet AB (fig. 17) est modifiée de telle manière que ces rayons semblent partir des différents points d'un objet A′B′ plus grand placé à la distance de la vision distincte.

90. — *Lunette astronomique ou lunette d'instrument*. La lunette astronomique est le plus simple des instruments destinés à donner une plus grande extension à l'organe de la vue. Il présente un objectif convergent qui donne une image réelle de l'objet lumineux, et un oculaire convergent faisant fonction de loupe et donnant une image virtuelle à la distance de la vision distincte.

Soit L (fig. 18) l'objectif et L' l'oculaire ; l'objet situé à gauche de l'objectif est très-éloigné. La grande distance à laquelle se trouve cet objet permet de considérer comme parallèles les rayons partant d'un même point ; c'est pour cela que l'image réelle se forme, sinon au foyer principal, du moins en un point extrêmement rapproché de ce foyer.

L'oculaire L' a son foyer de gauche un peu au-delà de cette image près du foyer F. Il substitue à l'image réelle A, B, une image virtuelle A' B' droite par rapport à A' B', mais renversée par rapport à l'objet lui-même. En réglant d'une manière convenable la distance de l'oculaire à l'image réelle, on amène l'image virtuelle à la distance de la vision distincte pour l'œil placé derrière L'.

L'objectif est ordinairement fixé à l'extrémité d'un tube cylindrique en métal ; ce tube en reçoit un autre qui s'y engage à frottement et qui porte l'oculaire à l'extrémité opposée à l'objectif.

91. — *Champ de vision.* Le champ d'une lunette est l'espace qu'on découvre en y regardant, ou plutôt c'est l'espace dans lequel un point doit être compris pour que l'image de ce point puisse être vue par l'œil placé à l'oculaire.

Cet espace est limité par la nappe antérieure d'un cône ayant son sommet au centre optique de l'objectif et s'appuyant sur les bords de l'oculaire.

92. — *Axe optique d'une lunette. Réticule.* La lunette astronomique ou d'instruments doit servir, non-seulement à rendre plus nette la vision des objets, mais encore à fixer d'une manière précise la droite qui joint le point où se trouve l'observateur et la position de l'objet observé.

On détermine, à cet effet, la *ligne de visée* ou l'*axe optique* de la lunette au moyen d'un diaphragme ou disque métallique percé d'une ouverture circulaire en travers de laquelle sont tendus deux fils très-fins, perpendiculaires entre eux. Ce petit appareil porte le nom de *réticule* et se trouve placé dans le tube de l'oculaire au lieu même où se forme l'image réelle.

Pour viser un point on dirige la lunette de telle manière que l'image de ce point coïncide avec le croisement des deux fils du réticule. Or, nous savons qu'un point lumineux et son image donnée par une lentille sont toujours sur une même ligne droite passant par le centre optique de cette lentille ; par conséquent, si l'image d'un point coïncide avec le croisement des fils, on est certain que le point se trouve sur la droite qui unit le centre optique de l'objectif au point de croisement des fils du réticule. Cette droite que l'on cherche toujours à faire coïncider autant que possible avec l'axe de figure de l'instrument se nomme l'*axe optique de la lunette*.

93. — *Mise au point de la lunette.* On commence par placer l'oculaire, à l'aide de son tirage, de manière que les fils qui composent le réticule soient vus le plus distinctement possible et sans fatigue ; l'image virtuelle formée par l'oculaire est alors à la distance de la vision distincte pour l'observateur.

On enfonce ensuite plus ou moins le tube qui porte le réticule et l'oculaire, jusqu'à ce que l'on ait la vision claire et nette de l'objet sur lequel on veut pointer la lunette. Ces conditions remplies, la lunette est *dite au point*.

94. — *Correction de la parallaxe des fils.* La distance d'un objet à l'œil étant susceptible de varier entre certaines limites sans que la vision de cet objet cesse d'être distincte, on conçoit qu'il peut exister un certain intervalle entre le plan des fils du réticule et celui de l'image donnée par l'objectif ; bien que cette image et les fils soient vus à la fois distinctement. Or l'exactitude des opérations exige que cet intervalle soit sensiblement nul. On s'en assure en déplaçant l'œil autant que possible autour de l'ouverture de l'oculaire. Si dans ces mouvements de l'œil on voit la croisée des fils se projeter successivement sur différents points de l'objet, c'est une preuve qu'il existe un intervalle trop grand entre le plan des fils et celui de l'image de l'objet. Il faut alors modifier le tirage du réticule par tâtonnement jusqu'à ce qu'on n'observe plus les déplacements de la croisée des fils sur l'objet ; ces déplacements s'appellent parallaxe des fils.

Pour faciliter la correction de la parallaxe, on adapte au réticule une crémaillère que l'on peut faire mouvoir à l'aide d'un pignon dont l'axe se termine extérieurement par un bouton moletté.

FIN DE L'INTRODUCTION.

LIVRE PREMIER.

PRÉLIMINAIRES.

Notions générales. — Principes et Définitions.

1. Direction de la verticale; fil-à-plomb. — On sait que la terre et les mers présentent la forme d'un globe isolé de toutes parts dans l'espace et que ce globe a la figure d'un *ellipsoïde de révolution* (1).

De ce que la terre est isolée dans l'espace et que rien ne s'échappe de notre globe pour se porter dans l'immensité découle nécessairement ce principe, que la terre a la propriété d'attirer constamment vers son centre toutes les parties matérielles qui la composent, tous les corps qui sont à sa surface et tous ceux qui peuvent être placés autour d'elle à distance. La force qui sollicite les corps vers le centre de la terre est ce qu'on nomme *la pesanteur*. Or on appelle *verticale* la direction de la ligne droite que parcourt dans sa chute tout corps abandonné à l'action de la pesanteur.

Un appareil connu sous le nom de *fil-à-plomb*, ou de *perpendicule*, indique avec beaucoup de netteté la direction de la verticale.

---

(1) Solide engendré par une ellipse tournant autour de son petit axe. — On exprime aussi que la terre a cette figure en disant qu'elle est aplatie vers les pôles, ou si l'on veut, renflée à l'équateur.

Il consiste simplement en un fil à l'une des extrémités duquel on attache un corps pesant. Quant ce fil est retenu par son extrémité libre, il prend sous l'action de la pesanteur la direction de la verticale. Pour empêcher le fil-à-plomb d'osciller longtemps autour de sa position d'équilibre on le *calme* en le rapprochant soi-même de la position qu'il doit finalement occuper.

L'observation montre qu'en chaque point du globe *la verticale est perpendiculaire à la surface des eaux tranquilles*. Mais la surface d'équilibre des eaux qui recouvrent la plus grande partie du globe est sensiblement sphérique, et en raison de la grandeur du rayon de la terre, une portion très-petite de cette surface peut être considérée comme se confondant avec le plan tangent en un quelconque de ses points ; d'où l'on peut conclure qu'en chaque lieu la direction prolongée de la verticale passe par le centre de la terre.

2. Verticale d'un point. — Zénith. — Nadir. — La verticale d'un point est donc le prolongement du rayon qui, partant du centre de la terre, passe par ce point.

Supposons que la verticale d'un lieu soit indéfiniment prolongée vers le ciel et à travers le globe ; le point où il nous semble qu'elle perce la surface apparente du ciel est *le zénith* du lieu ; le point inférieurement opposé en est *le nadir*.

3. Deux verticales sont sensiblement dans un même plan. — Si l'on prend deux verticales rendues apparentes sous la forme de fils-à-plomb, on peut projeter exactement par la vision l'une de ces verticales sur l'autre. La projection a lieu d'une manière parfaite suivant toutes les directions et dans toute la longueur que le regard peut embrasser à la fois sur les fils observés ; d'où il résulte que ces fils sont dans un même plan.

4. Moyen de reconnaître si une ligne droite est verticale. — Deux verticales quelconques étant toujours dans un même plan, il-suffit, pour savoir si une droite est verticale, de projeter sur elle, par la vision, un fil-à-plomb dans deux directions autant que possible perpendiculaires. Si cette double épreuve réussit la droite est verticale.

5. **Surface de niveau.** — Une surface est dite *de niveau* lorsqu'elle peut être parcourue dans toutes les directions *sans descendre ni monter*. Cette condition exige que la surface soit perpendiculaire ou normale aux verticales de ses différents points. Or les verticales sont dirigées vers le centre de la terre ; donc une surface de *niveau* est une surface sensiblement sphérique concentrique à la surface terrestre. Telle est la surface d'équilibre des mers.

Pour les opérations qui nous occupent nous pouvons considérer les surfaces de niveau comme parallèles, et par suite, la normale à l'une de ces surfaces comme rencontrant normalement une quelconque d'entre elles.

6. **Droite horizontale.** — **Plan horizontal.** — On appelle *droite horizontale* toute droite menée par un point donné perpendiculairement à la verticale de ce point.

On conçoit qu'en raison de la grandeur du rayon de courbure de la terre, cette droite doit se confondre sensiblement sur une assez grande étendue avec la surface de niveau déterminée par le même point.

Tout plan conduit par un point perpendiculairement à la verticale de ce point prend le nom de plan horizontal.

Ce plan se confond pareillement jusqu'à une assez grande distance avec la surface de niveau passant par le point considéré.

7. **Horizon d'arpentage.** — **Limites de cet horizon.** — Quand on s'occupe de vastes opérations géodésiques, on doit tenir compte de la forme sensiblement sphérique de la terre ; mais dans les travaux ordinaires d'arpentage on considère le niveau comme un plan hori-

zontal tangent au point milieu de la portion que l'on veut décrire. Ce plan s'appelle *l'horizon d'arpentage.*

Il est bon de savoir dans quelles limites le plan tangent en un point du globe peut sans erreur sensible être considéré comme se confondant avec la surface. Or on établit par un calcul très-simple qu'en prenant un cercle de dix myriamètres de diamètre pour projection de la calotte sphérique correspondante on ne commet pas une erreur de 3 mètres sur la dimension totale. Ce chiffre est bien au-dessous des erreurs inévitables dans le levé d'un terrain d'une aussi vaste étendue. On peut donc, en toute sécurité, faire abstraction de la forme sphérique du globe et opérer comme si la terre était plate au lieu d'être ronde.

8. Niveau à perpendicule. — Pour reconnaître l'horizontalité d'une droite ou d'un plan on emploie divers instruments connus sous le nom de niveaux. Le niveau de maçon ou de charpentier, ou encore le niveau à perpendicule consiste en un châssis AOB (fig. 19) ayant la forme d'un triangle isocèle dont les côtés AO et OB sont prolongés quelque peu au-dessous de la base. Une règle OP part du sommet O et aboutit au milieu de la traverse CD ; elle porte la trace d'une perpendiculaire abaissée sur la ligne AB ; cette trace est appelée *ligne de foi.* Il est évident que si l'on place un fil-à-plomb au sommet O et que l'on pose l'appareil sur une ligne horizontale, la direction du fil-à-plomb ou du perpendicule tombant librement coïncidera avec la ligne de foi.

Pour vérifier si un plan est horizontal on y applique le niveau dans deux directions non parallèles ; si la double épreuve réussit, le plan est horizontal.

9. Niveau à bulle d'air. — Le niveau à bulle d'air (fig. 20) consiste en un tube de verre légèrement bombé qu'on remplit presqu'entièrement d'un liquide très-mobile tel que l'eau, l'éther, ou l'alcool, et qu'on ferme ensuite à la lampe à ses deux extrémités.

Le petit espace non rempli par le liquide est occupé par une bulle d'air (ou une bulle de vapeur, si l'on a eu soin de faire bouillir le liquide avant de fermer le tube), qui, en vertu de sa légèreté spécifique, tend constamment à occuper la partie la plus élevée du tube ; ce tube est, d'ailleurs, contenu dans une enveloppe de cuivre, fixée sur une planchette de même métal, qui sert de base. Lorsque cette base repose sur un plan horizontal, la bulle se tient entre deux *points de repère* marqués sur le tube ; des divisions de part et d'autre de ces points servent à apprécier les petites différences d'horizontalité. Dès lors, pour vérifier l'horizontalité d'un plan, il suffit de placer le niveau dans deux positions successives non parallèles, et de s'assurer que, chaque fois, il présente la bulle entre les deux points de repère.

Le niveau à bulle d'air, sous un volume bien moindre que celui du niveau à perpendicule, présente cet avantage que la bulle à l'abri des agitations de l'air s'arrête promptement dans sa position d'équilibre, et que, de plus, il peut être doué d'une très-grande sensibilité. En effet, le déplacement de la bulle est proportionnel au rayon de courbure du tube, et, si ce rayon est assez grand, l'arc parcouru par la bulle peut devenir appréciable pour une variation très-petite dans l'inclinaison du tube.

10. Niveau sphérique. — On construit un niveau à bulle d'air dans lequel le tube est remplacé par un vase circulaire dont le fond est plat, et la face supérieure, bombée en calotte sphérique. Lorsque le vase repose sur un plan horizontal, la bulle occupe une place déterminée par un trait circulaire.

11. Vérification du niveau à bulle d'air. — Pour vérifier l'exactitude d'un niveau à bulle d'air, on le place sur une règle, dont on élève peu à peu l'une des extrémités, jusqu'à ce que la bulle vienne se placer entre ses repères. Si l'appareil est juste, la règle est horizontale, et si l'on retourne le niveau bout à bout, sans déranger la règle, la bulle devra encore s'arrêter entre ses repères ; dans le cas contraire, le niveau est inexact. En effet, si la bulle s'arrête d'abord en m', puis après le retournement en m'', on comprend qu'aucun de ces deux points ne correspond à l'horizontale, et que le point qui remplit cette condition est précisément un autre point m, milieu de l'arc $m'm''$ décrit par la bulle pendant la vérification.

Lorsque les niveaux à bulle sont susceptibles d'être rectifiés, le tube est fixé sur la règle inférieure par une charnière (fig. 20) et une vis de rappel, au moyen de laquelle on peut élever ou abaisser l'extrémité correspondante de la quantité nécessaire pour que le niveau devienne exact.

12. Plan méridien. — Méridienne. — Perpendiculaire à la méridienne. — Points cardinaux. — On nomme *plan vertical,* ou simplement *vertical,* tout plan conduit suivant la verticale, et *plan méridien* d'un lieu, le vertical du lieu passant par l'axe polaire du globe terrestre.

La trace de ce plan, soit sur la surface de la terre, soit sur le plan horizontal, est ce que l'on nomme la *méridienne* du lieu ; elle se dirige du *nord* au *sud.*

La trace du vertical perpendiculaire au plan méridien s'appelle la *perpendiculaire à la méridienne ;* elle détermine deux points opposés, que l'on nomme *est* et *ouest.*

Le *nord* et le *sud,* l'*est* et l'*ouest,* constituent, pour le lieu considéré, ce que l'on appelle les *quatre points cardinaux.*

Si l'on suppose l'axe polaire du globe terrestre prolongé de part et d'autre, cet axe rencontrera deux points diamétralement opposés de la surface apparente du ciel. Nous pouvons considérer ces points, qu'on désigne sous le nom de *pôles célestes,* comme fixes pendant une longue suite de jours. Nous avons donc toujours, dans le ciel, un point par lequel passe le plan du méridien d'un lieu.

Actuellement, le *pôle boréal,* visible au-dessus de notre horizon, occupe une position très-voisine de l'*étoile polaire.*

13. Azimuths. — Distances zénithales. — On donne le nom d'*azimuth* à l'angle qu'un vertical forme avec le plan méridien.

Cet angle se mesure à partir de la direction *nord*, en tournant vers l'*est*, ou bien encore à partir de la direction *sud*, en tournant dans le même sens ; on le compte aussi, à droite et à gauche du méridien, de 0° à 180°

La *distance zénithale* d'un point est l'angle que la droite dirigée sur ce point fait avec la verticale ; cet angle est le complément de l'angle que la droite dirigée sur le point fait avec l'horizontale.

14. Projection d'un point, d'une ligne. — La *projection* d'un point sur un plan est le *pied* de la perpendiculaire abaissée du point sur le plan.

Ainsi, les points A, B, C, D (fig. 24), ont pour projection, sur le plan MN, les points *a, b, c, d*.

La projection d'une ligne sur un plan est le lieu des projections de tous les points de cette ligne sur le plan. La projection de la droite AB est évidemment la droite *ab*, qui joint les points *a, b*, projections des deux extrémités de la droite AB.

15. Ce qu'on entend par plan d'un terrain. — Les limites des propriétés, les sinuosités des chemins et des cours d'eau, les traces des murs et des bâtiments sur le sol, etc., déterminent sur le terrain une certaine figure que l'on nomme *le plan* du terrain, lorsque le terrain est uni et horizontal. Dans ce cas, on conçoit immédiatement la possibilité de construire sur le papier, sous des dimensions réduites, une figure géométriquement semblable à celle formée par le plan du terrain. Mais, quand la surface du sol est ondulée ou accidentée, on imagine que tous les points de cette surface sont ramenés à un même niveau sans sortir de leurs verticales respectives, c'est-à-dire sont projetés sur un plan horizontal, de manière à effacer entièrement les élévations et les dépressions du terrain, qui se trouve ainsi fictivement aplati ; et c'est la projection qui, dans ce cas, constitue le plan du terrain. Le plan de repère que l'on choisit pour y établir la projection des différents points du terrain est, comme nous venons de le dire, *le plan horizontal*.

Le plan d'un terrain n'est donc que le résultat des projections des différents points du terrain sur un plan horizontal.

Lorsque le terrain est plat et horizontal, les dimensions du terrain ne sont pas altérées sur le plan. Ainsi, la ligne AB (fig. 22), prise sur un terrain uni et horizontal, est égale à sa projection *ab* sur le plan MN; et si les lignes projetées sont égales à leurs projections, il est clair que la surface du terrain sera égale à la surface résultant des projections. Mais si le terrain est incliné ou inégal, la projection altérera les dimensions des lignes projetées. Ainsi, il est facile de voir que la ligne AB (fig. 23), placée dans un plan incliné, est plus grande que sa projection *ab* sur le plan horizontal MN, et que, dans ce cas, la surface résultant des projections sera plus petite que la surface du terrain.

16. Ce que c'est que lever le plan d'un terrain. — Lever le plan d'un terrain, c'est construire, sur le papier, une figure semblable à la figure formée par la projection des différents points de ce terrain sur un plan horizontal.

Le levé d'un plan comprend deux ordres d'opération :

1° *Le levé du plan proprement dit ;*

2° *Le rapport du plan.*

Le levé du plan proprement dit consiste à prendre sur le terrain, en les inscrivant sur un *croquis,* les mesures nécessaires pour déterminer géométriquement la figure formée par la projection de la surface du terrain sur un plan horizontal.

Le rapport du plan consiste à construire sur le papier, à l'aide des mesures prises sur le terrain, une figure semblable à la figure formée par le plan du terrain, et telle que le rapport de similitude soit égal à un rapport donné.

17 Échelles. — Le rapport de similitude que l'on établit entre la figure formée par les différents points du terrain et celle formée par les points homologues du plan s'appelle *échelle* du plan. Si le plan est, par exemple, au centième, on en conclut qu'un côté du plan est la centième partie de son homologue sur le terrain.

Par extension, on a donné le nom d'*échelles* aux lignes géométriques qui servent à faire connaître les longueurs des lignes du terrain au moyen de leurs homologues sur le plan ou réciproquement. Si l'opérateur n'est pas tenu de lever à une échelle plutôt qu'à telle autre, il peut lui-même choisir l'échelle à employer, suivant les circonstances.

Les échelles les plus souvent adoptées sont $\frac{1}{200}$, $\frac{1}{500}$, $\frac{1}{1000}$, $\frac{1}{2000}$, $\frac{1}{1250}$, $\frac{1}{2500}$, $\frac{1}{10000}$, dont les dénominateurs sont des diviseurs de 10,000.

On peut dire, sans toutefois le prétendre d'une manière absolue, que les échelles $\frac{1}{1000}$, $\frac{1}{2000}$, $\frac{1}{2500}$, sont employées pour les levés des places fortes, villes, routes, canaux, fortifications de campagne, plans du cadastre et, en général, pour tous les plans spéciaux.

18. Échelles graphiques. — Sous sa forme la plus simple, l'échelle consiste en une ligne droite AB (fig. 24) que l'on convient de considérer comme représentant, par exemple, 100 mètres ; on la divise en dix parties égales, représentant chacune 10 mètres ; puis on subdivise une de ces parties en dix parties égales, dont chacune représente le mètre ; quand aux subdivisions plus petites, on se borne à les évaluer par estime. A gauche, à partir du point O, on marque les divisions 10, 20, 30, 40..., etc.

Le double décimètre, divisé en millimètres et demi-millimètres, est une véritable échelle de 1 à 1000, lorsque le millimètre sur le papier représente un mètre sur le terrain ; de 1 à 2000, lorsque le demi-millimètre sur le papier représente 1 mètre sur le terrain.

De pareilles échelles sont fort commodes, lorsqu'elles sont construites sur les bords de règles taillées en biseau, de manière à pouvoir être appliquées facilement sur le plan, le long de la ligne à considérer.

19. Construction d'une Échelle de dixmes ou à transversales. — Supposons, pour fixer les idées, que l'unité de mesure soit le mètre et que l'échelle proposée soit $\frac{1}{1000}$.

Du rapport $\frac{1}{1000}$ nous concluons qu'un mètre sur le papier vaut 1000 mètres sur le terrain, et qu'ainsi 0^{m}001 sur le plan représente un mètre sur le terrain ; 0^{m}01, dix mètres ; 0^{m}1, cent mètres.

Traçons onze lignes parallèles et également écartées. Soit le système de parallèles comprises entre mn (fig. 25) et $m'n'$; élevons sur les parallèles la perpendiculaire AB, puis la seconde perpendiculaire CD, à une distance de 1 décimètre de la première ; la distance AC, ou BD, représente 100 millimètres sur le papier, ou 100 mètres sur le terrain. A partir du point C, portons dix fois la longueur d'un centimètre vers A ; divisons, de même, la droite BD en centimètres, à partir du point D ; enfin, unissons par des transversales, les divisions 1, 2, 3, 4.. etc... de la droite $m'n'$ aux divisions 0, 1, 2, 3, etc... de la droite mn.

L'échelle est terminée.

On démontrerait facilement, par des proportions, que les parties de parallèles comprises entre la perpendiculaire CD et la tranversale 1C, sont respectivement égales à 1, 2, 3...... dizièmes de centimètre ou, 1, 2, 3..... millimètres ; comme les millimètres sur l'échelle représentent des mètres sur le terrain, ces longueurs représenteront 1, 2, 3...... mètres.

Ainsi, par exemple, le triangle rectangle ECD et le triangle rectangle $a\,C\,b$ donnent la proportion

$$\frac{a\,b}{E\,D} = \frac{C\,b}{C\,D}, \text{ ou bien } \frac{a\,b}{10} = \frac{4}{10} ; \text{ d'où } ab = 4.$$

20. Compas. — Pour prendre les longueurs sur l'échelle, on se sert d'un compas à *pointes sèches*, c'est-à-dire un compas dont chacune des branches est garnie d'une pointe présentant une extrémité très-aiguë. La charnière du compas doit permettre d'en écarter plus ou moins les branches par un mouvement doux et parfaitement uniforme.

Si l'on veut prendre, sur l'échelle précédente, une longueur représentant 14 mètres, par exemple, on place une des pointes du compas au point b, sur la 4e parallèle intermédiaire, puis, l'autre pointe au point c, intersection de la 4e parallèle avec la transversale 2 — 1 ; on a :

$$cb = ca + ab = 10 + 4 = 14.$$

Si, au contraire, on veut connaître la longueur représentée par une ligne du plan, on prend d'abord cette longueur avec le compas ; puis on place une des pointes au point C ; supposons que l'autre pointe tombe au point m ; on fait alors glisser les deux pointes du compas, la première suivant CD, la 2e suivant mm', d'un mouvement uniformément accéléré, de manière à ce que les deux pointes passent sur chaque parallèle en même temps, jusqu'à ce que la 2e pointe rencontre une transversale ; soit la rencontre m'. La droite proposée $= m'd = m'p + pd = 30 + 6 = 36$; elle représente, par conséquent, 36 mètres.

Si la 2e pointe du compas tombe en m'', entre deux parallèles, la droite représente 36 mètres plus une fraction, qu'on évalue ordinairement par estime, soit $36^m 50$.

Il n'est pas difficile de voir que, dans la construction de l'échelle, l'écartement des parallèles est arbitraire, pourvu qu'il soit le même entre chacune d'elles ; mais que plus cet écartement sera grand, plus il sera facile d'apprécier les fractions d'unité.

21. Échelles en métal. — On se sert ordinairement, pour les travaux de détail et de rapport des plans, d'échelles en métal, dont l'usage est rigoureusement prescrit aux géomètres du cadastre.

Dans le but d'obtenir plus de précision dans l'appréciation, sur les échelles, des petites fractions d'unité, on avait imaginé de leur appliquer le principe du vernier, par la combinaison de deux échelles, dont l'une était susceptible de se mouvoir parallèlement à la première. Mais ce système d'échelles, jusqu'à présent, n'a pas prévalu.

On se contente d'apprécier par estime les fractions d'unité, et, avec un peu d'exercice, on obtient des résultats satisfaisants.

On ajoute sur l'échelle plusieurs centaines de mètres, de manière à permettre de prendre d'un seul coup de compas la longueur des lignes excédant 100 mètres.

Dans l'échelle de $\frac{1}{2000}$, 1 millimètre sur l'échelle représente évidemment 2 mètres sur le terrain.

Le principe que nous avons suivi plus haut pour construire l'échelle de $\frac{1}{1000}$, peut d'ailleurs servir à la construction de toutes les autres échelles. La figure 25 représente, en grandeur réelle, l'échelle de 1 à 2,000.

22. Vérification des Échelles. — L'exactitude d'une échelle dépend complétement de l'habileté du constructeur.

On peut vérifier les échelles à l'aide du compas, en voyant si, dans la même échelle, toutes les lignes qui doivent représenter les mêmes longueurs, sont rigoureusement égales, et si, dans plusieurs échelles, les différentes mesures concordent parfaitement.

23. Différence entre les plans et les cartes. — Une carte, comme un plan, est la représentation géométrique du terrain, mais à une échelle notablement plus petite ; en effet, le mot *carte* n'est employé que lorsqu'il s'agit d'espaces considérables, par exemple, d'un département, d'une province, etc.

Le plan représente toujours les détails d'une manière plus ou moins exacte, plus ou moins complète, suivant sa destination ; tandis que, dans une carte, la petitesse de l'échelle ne permet pas de rendre une foule de détails, dont on n'indique que les plus essentiels à l'aide de signes conventionnels destinés à rappeler les objets qu'ils représentent.

Ainsi, dans la carte de France de l'État-major, qui est à l'échelle de 1 à 80,000, des routes de 8 à 12 mètres, des rivières de 10 à 20 mètres de largeur, sont figurées par des zônes larges de 0,0007 à 0,0008, ce qui correspond à une largeur de 56 à 64 mètres sur le terrain.

Nous avons vu que, pour les plans, on projetait les différents points du terrain à lever sur un plan horizontal sans avoir égard à la rondeur de la terre ; mais, pour arriver à la description exacte d'une grande portion de terrain, on est obligé de tenir compte de la sphéricité du globe, et de projeter les différents points du terrain sur la surface sphérique des eaux moyennes de la mer. Ensuite, pour construire la carte, comme la terre ne présente pas une surface développable, on fait usage de différents systèmes particuliers de projections.

Ces quelques considérations nous paraissent suffisantes pour donner une idée de la différence caractéristique qui existe entre les plans et les cartes.

24. Problème général du levé des plans. — Les différents objets relevés sont représentés sur le plan par les lignes apparentes qui les terminent, c'est-à-dire les cours d'eau, par leurs rives, les chemins, par leurs bords, les maisons, groupes de maisons, édifices, par leurs contours, les propriétés, par leurs limites, etc....

De sorte que la figure formée par le plan d'un terrain se compose de lignes droites ou courbes et de points.

Une ligne droite est déterminée quand on a déterminé ses deux extrémités.

Une ligne courbe peut toujours être remplacée par une ligne brisée qui s'en écarte le moins possible, et sa détermination est ainsi ramenée à la détermination des extrémités des lignes droites formant la ligne brisée.

Le problème général du levé des plans peut donc se formuler ainsi :

Étant donnés un certain nombre de points sur le terrain, déterminer géométriquement les projections respectives de ces points, les uns par rapport aux autres, sur un plan horizontal.

Pour arriver à résoudre ce problème, on est obligé de voir tous les détails de très-près, d'établir sur le terrain un système de lignes droites dont les directions sont choisies de manière à passer à côté des détails ou à les circonscrire ; on rattache, ensuite, chacun des points du terrain, qui doivent figurer sur le plan, à la ligne d'opération la plus voisine.

L'ensemble des lignes auxiliaires auxquelles on rattache les détails, constitue ce qu'on appelle la *charpente géométrique* ou le *canevas topographique* du plan.

Lorsque le plan doit embrasser une grande étendue de terrain, on commence d'abord par choisir un certain nombre de points, qu'on imagine liés entre eux, de manière à former une suite ou un réseau de triangles juxtaposés, dont la réunion constitue ce qu'on nomme une *triangulation*.

La position de ces points doit être déterminée avec un très-haut degré de précision. Le canevas topographique peut, dès-lors, être rattaché sûrement aux lignes et aux points fondamentaux de la triangulation.

Nous avons, par conséquent, à étudier deux grands ordres d'opérations :

Les opérations du premier ordre ou la triangulation ;

Les opérations du second ordre ou le levé du canevas et des détails.

La triangulation précède, il est vrai, le levé du canevas et des détails, mais, comme elle sort de la classe des opérations ordinaires, nous en ferons l'objet du dernier livre de cet ouvrage.

Quant aux opérations du second ordre, nous allons les passer successivement en revue dans deux livres, dont l'un comprendra les opérations élémentaires, c'est-à-dire la mesure des distances et la mesure des angles ; et l'autre, l'exposition des divers procédés employés au levé des plans.

LIVRE II.

MESURE DES DISTANCES & DES ANGLES.

CHAPITRE Ier.

Mesure des Distances.

1° TRACÉ D'UNE DROITE SUR LE TERRAIN.

25. Alignement. — Ligne droite sur le terrain. — On dit que plusieurs points sont en ligne droite sur le terrain, lorsque leurs verticales sont comprises dans un même plan, sans qu'il soit nécessaire que ces points se trouvent sur une même droite géométrique dans le plan qui contient toutes leurs verticales. Par exemple, si l'on rend apparentes les verticales d'un certain nombre de points, et que l'on puisse projeter par la vision celle du premier ou du dernier point sur la file formée par les autres verticales, on dira que les points sont en ligne droite, ou bien que leurs verticales sont exactement alignées.

Les mots *alignement* ou *ligne droite* ont, par conséquent, le même sens dans la géométrie sur le terrain.

26. Jalons. — Dans les opérations d'arpentage, on trace les lignes droites au moyen de *jalons*. On donne ce nom à des baguettes de bois

pointues par le bas, pour être plus facilement enfoncées dans le sol.
et fendues par le haut, pour recevoir un morceau de papier blanc,
un petit drapeau, etc., destiné à rendre le jalon visible à une grande
distance. On se procure sur le lieu de l'opération, ou dans les bois
voisins, des jalons économiques de coudrier et de saule ; toutes les
essences qui donnent de longues branches droites, sont très-propres
à fournir des jalons.

Lorsqu'on tient à une grande exactitude, on emploie des piquets
de forme prismatique ou cylindrique, d'environ $1^{m}50$ de longueur,
sur 2 ou 3 centimètres d'épaisseur, ferrés par le bas, et portant un
signal destiné à faciliter la direction du rayon visuel. Quelques-uns
de ces jalons, façonnés avec soin, doivent même toujours faire partie
du matériel que l'opérateur emporte avec lui sur le terrain. Enfin,
on fait usage, pour marquer les extrémités des grands alignements,
de jalons très-élevés, désignés quelquefois sous le nom de *balises ;*
ce sont de longues perches ou mâts portant un petit drapeau ou tout
autre signal facile à apercevoir.

27, **Tracé d'une droite sur un terrain plat ou faiblement
ondulé.** — Soient les points A (fig. 26) et B, entre lesquels il s'agit
de tracer une droite ; si ces points ne sont pas trop éloignés l'un
de l'autre (de 50 à 60 mètres, par exemple), il suffit de planter
verticalement un jalon en chacun de ces points. Si les points A et B
sont plus éloignés, on fait planter à un aide un certain nombre de
jalons intermédiaires sur la droite qui joint ces points. A cet effet,
l'aide muni de jalons, et marchant de B vers A, s'arrête à une certaine distance de B, distance qu'il détermine en comptant un nombre
de pas fixé par l'opérateur, puis fait mine de planter un jalon.
L'observateur, placé à deux ou trois pas derrière le jalon A planté
bien verticalement, dirige un rayon visuel du jalon A au jalon B, et
fait signe à l'aide de porter le jalon à droite ou à gauche de la direction AB ; puis enfin, quand ce jalon lui cache exactement le jalon
planté en B, ce qui indique que le jalon à planter se trouve dans le
plan vertical du rayon visuel AB, il fait signe à l'aide de l'enfoncer

dans le sol. L'opérateur pourra, ainsi, faire placer autant de jalons que cela sera nécessaire pour suivre la ligne droite AB, sans s'écarter ni à droite ni à gauche de la direction de cette ligne. On dit alors que l'on a *tracé*, ou *jalonné l'alignement* ou la *droite* AB.

Pour qu'une droite soit bien jalonnée, il faut que l'observateur, placé à une petite distance du premier jalon et fermant un œil, couvre de ce premier jalon toute la file des autres ; ou bien, que dirigeant successivement *à droite* et *à gauche*, sur le jalon de l'extrémité opposée, un rayon visuel affleurant le premier jalon, il n'aperçoive, d'un côté, aucun jalon à droite, de l'autre, aucun jalon à gauche.

28. Jalonner une ligne en la parcourant. — Si du point A on veut, en allant vers B, jalonner la ligne AB, on fait placer un jalon en C dans la direction du point B, puis, en parcourant la ligne, on en place un en D, sur le prolongement du rayon visuel qui affleure les deux jalons A et C déjà plantés, et ainsi de suite jusqu'au point B.

Le même procédé permettra de prolonger un alignement donné AC. Il est bon de viser à une petite distance des jalons, et de faire passer le rayon visuel tangentiellement aux jalons, et alternativement *à droite* et *à gauche*.

On peut suivre de petites lignes sans le secours de jalons intermédiaires, en remarquant du point de départ, dans la direction de celui où l'on veut aboutir, quelques pieds d'arbres, quelques touffes d'herbe, etc... et en s'alignant sur ces objets. Mais quand les lignes sont longues, elles doivent toujours être jalonnées. En général, lorsque le terrain est découvert, il suffit de placer les jalons de 50 à 60 mètres de distance les uns des autres, et, pour de petites lignes, d'en placer un à chaque extrémité et un troisième vers le milieu.

29. Tracé d'un alignement lorsque d'une extrémité on ne peut apercevoir l'autre. — Si, à cause des inégalités du terrain, on ne peut du point A (fig. 27) apercevoir le point B, il faut alors chercher, dans l'alignement de ces points, un troisième point intermédiaire d'où l'on puisse voir les deux extrémités A et B de la ligne à jalonner.

Soit le point C'' intermédiaire, qui paraît être dans l'alignement AB. A une petite distance, on fait placer le jalon D'' dans la direction C''A, et l'on se rend alors au point D'', pour voir si les points D'', C'', B sont dans le même alignement. S'il n'en est pas ainsi, on fait planter le jalon C'' en C' dans la direction D''C'B, et l'on retourne ensuite au point C', pour voir si les points C', D'', A, sont dans le même alignement ; s'il n'en est pas encore ainsi, on fait placer dans la direction C'A le jalon D'' en D', et l'on se rend de nouveau au point D', pour recommencer la même série d'opérations ; et ainsi de suite, jusqu'à ce que, par un tâtonnement qui ne peut durer longtemps, on arrive à la véritable position des jalons C et D. Le concours de deux personnes abrége évidemment l'opération. Une fois la position des jalons C et D déterminée, il ne restera plus qu'à jalonner les lignes AD et CB comme à l'ordinaire.

On pourra, par le même procédé, jalonner une ligne qui doit passer par deux points que l'on aperçoit de part et d'autre du lieu où l'on se trouve, sans qu'il soit possible d'approcher de l'un ou de l'autre de ces points.

30. **Jalonner un alignement passant dans un ravin.** — Soit à jalonner l'alignement AB (fig. 28). Installons un fil-à-plomb au point A, et, pour éviter que la mobilité du fil soit un embarras, faisons plonger la masse extrême dans un verre d'eau. Plaçons-nous ensuite à une petite distance, de manière à voir le fil se projeter exactement contre le signal B ; tous les rayons visuels dirigés dans cette position et affleurant le fil-à-plomb détermineront sur le sol la trace du plan vertical passant par les points A et B, et les jalons plantés sur cette trace en C, D, E, etc. seront dans l'alignement AB.

Au lieu d'un fil-à-plomb, on peut se servir d'un grand jalon bien droit planté verticalement. En général, quand le terrain est très-accidenté, on est obligé de rapprocher les jalons beaucoup plus qu'on ne le ferait sur un terrain uni ; de telle sorte que le rayon visuel dirigé tangentiellement à deux d'entre eux en rencontre au moins un troisième. Dans ces circonstances, il est surtout très-important que les jalons soient plantés bien verticalement, et que leurs courbures, s'il ne sont pas droits, soient dans le plan vertical d'alignement.

31. Jalonner un alignement sur un terrain accidenté. — Le meilleur moyen pour jalonner sur un terrain accidenté une ligne d'une certaine longueur, c'est d'établir un fil-à-plomb à l'une des extrémités ; de diriger tangentiellement au fil des rayons visuels sur l'autre extrémité ; de déterminer, de cette manière, la position exacte de plusieurs points intermédiaires, et de jalonner ensuite les différentes parties de l'alignement. On comprend qu'en procédant ainsi on rend la direction de la ligne, dans son ensemble, indépendante des erreurs que l'on peut commettre, en descendant ou en montant dans les parties accidentées du terrain, et qu'en outre le jalonnage des vallées est beaucoup plus certain, attendu qu'il doit se raccorder, en deçà et au-delà, avec des points déjà déterminés. Nous laissons à la sagacité de l'opérateur le soin de faire planter à propos, tantôt sur les parties basses du terrain, tantôt sur les parties saillantes, de grands jalons qui faciliteront beaucoup le tracé de la ligne.

32. Trouver sur le terrain l'intersection de deux lignes jalonnées. — L'opérateur placé au point A (fig. 26) vise le point B ; un aide tenant un jalon aussi verticalement que possible, et placé en dehors de la ligne AB, marche contre cette ligne sur la direction MN ; puis s'arrête à un signal donné par l'opérateur au moment où celui-ci l'aperçoit sur l'alignement AB ; il plante son jalon, dont la pointe doit se trouver à l'intersection O des deux lignes proposées.

Un opérateur seul, en se dirigeant sur la ligne AB, arrive facilement, avec un peu d'exercice, à s'arrêter à l'instant où il paraît sur l'alignement MN, et à planter un jalon très-exactement au point O, intersection des deux lignes jalonnées.

33. Précautions à prendre pour planter les grands jalons. — Ces jalons doivent être plantés assez profondément pour que le vent ne puisse ni les pencher ni les renverser. On fait ordinairement un trou de 30 à 40 centimètres de profondeur, en ayant soin de tenir l'une des parois bien verticale. On plante le jalon en l'appuyant contre cette paroi ; puis, pour le rendre plus solide, on enfonce un fort piquet le long du jalon ; après quoi, il n'y a plus qu'à remplir le trou de terre ou de pierraille.

Il faut en outre que le jalon soit planté verticalement. L'opérateur peut avoir acquis assez de sûreté dans le coup d'œil pour satisfaire à cette condition sans le secours d'un instrument. Mais généralement on se sert d'un fil-à-plomb, que l'on projette sur le jalon dans deux directions autant que possible perpendiculaires l'une sur l'autre. Si le jalon n'est pas droit, il faut faire en sorte que la tête et le pied soient toujours dans une même verticale.

34. Instrument pour tracer les grands alignements. — Dans les opérations qui constituent le jalonnage, on peut se servir utilement de plusieurs instruments dans la construction desquels il entre un appareil visuel qui a pour fonction de diriger un rayon de visée. Mais, comme il existe un instrument spécial pour tracer avec précision les grands alignements, nous allons en donner la description et en faire connaître l'usage.

La pièce principale de l'instrument est une lunette, qui est disposée de manière à pouvoir basculer autour d'un axe horizontal, et dont la ligne de visée décrit un plan vertical perpendiculaire à cet axe. Cette lunette LL' (fig. 29) repose, par deux tourillons T et T', sur un support métallique composé d'une traverse horizontale AA', et de deux montants verticaux AC et A'C' ; des coussinets C et C' reçoivent les tourillons, qui sont rigoureusement de même diamètre, et dont les axes sont dans le prolongement l'un de l'autre. La traverse AA' du support est fixée, en son milieu M, sur un pivot qui peut tourner à frottement doux dans la colonne HH' ; cette colonne porte à sa partie supérieure un disque, et se termine inférieurement par une base dite *triangulaire*, munie de trois vis calantes V, V', V'', qui lui servent de pieds.

Le support de la lunette entraîne dans son mouvement azimuthal un bras B faisant corps avec lui, et portant une pince P dont les deux mâchoires embrassent le bord du disque. Une vis de pression K (73) permet de rapprocher à volonté les deux mâchoires de la pince, qui, serrant alors fortement le plateau circulaire, arrête le mouvement azimuthal de la lunette. Mais, en tournant une vis de rappel R (73), on peut encore imprimer au système de la lunette un mouvement très-doux et très-lent.

On installe l'appareil sur une plate-forme en bois, soutenue par trois pieds ordinairement formés chacun de deux branches. Ces branches, réunies à leur partie inférieure par des pointes en fer, s'articulent, dans la partie supérieure, à trois saillies ménagées au bord de la plate-forme.

On peut écarter plus ou moins les pieds, suivant les exigences du terrain, et les rendre ensuite immobiles, en serrant fortement des écrous à oreilles disposés à cet effet.

Sur la face supérieure du plateau en bois sont inscrustés trois petits disques de cuivre, dans lesquels sont creusées des rainures destinées à recevoir les vis calantes. Une forte vis de cuivre traverse la table, en son centre, et s'engage dans un écrou pratiqué à la partie inférieure de la colonne HH' ; elle comprime un ressort à boudin, dont la réaction tend à abaisser la tête de la vis, appuie ainsi fortement l'appareil contre le plateau en bois, et l'y retient dans une immobilité parfaite.

35. Moyen de régler le niveau de l'instrument. — L'instrument est accompagné d'un niveau mobile, dont la disposition permet de le placer à cheval sur les tourillons de la lunette, ou de l'y suspendre au moyen de deux crochets métalliques adaptés à la monture.

Ce niveau a d'abord besoin d'être réglé lui-même. A cet effet, on le place sur l'axe de rotation de la lunette, après avoir amené celle-ci dans une direction à peu près parallèle à l'alignement déterminé par les vis calantes V et V', par exemple ; puis on tourne la troisième vis V'', jusqu'à ce que la bulle soit entre ses repères. Si l'axe de rotation est parallèle à l'axe du niveau, c'est-à-dire horizontal, en retournant le niveau bout pour bout, on doit encore retrouver la bulle entre ses repères. S'il n'en est pas ainsi, c'est une preuve que les pieds du niveau ne sont pas égaux et que l'axe de rotation est incliné à l'horizon ; la correction se fait *moitié* avec la vis V'', *moitié* avec une vis placée à l'extrémité du niveau, et dont le but est de modifier la longueur relative de ses deux pieds. On procède ainsi, par tâtonnement, jusqu'à ce qu'on trouve la bulle entre ses repères pour les deux positions symétriques du niveau.

36. Marche à suivre pour rendre vertical l'axe du pivot. — Le niveau ainsi réglé, on fait faire un *demi-tour* au système de la lunette dans son mouvement azimuthal ; l'axe de rotation de la lunette est ainsi ramené dans la même direction. Si, pendant ce retournement, la bulle se déplace, on corrige l'écart partie avec la vis V'', partie avec une autre vis *v*, qui a pour fonction d'élever ou d'abaisser l'un des coussinets qui reçoivent les tourillons. Ensuite, par un *quart* de *tour*, on amène l'axe de rotation de la lunette dans une position à peu près perpendiculaire à la première.

En tournant les vis V et V' en sens contraire, la bulle arrive vite entre ses repères.

Si, dans ces deux épreuves, on avait placé l'axe de rotation dans des positions parfaitement perpendiculaires, l'axe du pivot serait vertical ; mais, comme on se contente de remplir cette condition à simple vue, il faut recommencer plusieurs fois les vérifications ; les écarts de la bulle diminuent successivement, et l'on arrive rapidement à la trouver entre ses repères, dans quelque azimuth qu'on place la lunette. Au reste, un écart de quelques divisions sur le tube du niveau est de peu d'importance. La seule condition qu'on doit

s'attacher à remplir en toute rigueur, c'est que l'axe de rotation de
la lunette soit parfaitement horizontal, lorsqu'on dirige celle-ci dans
le plan de l'alignement à tracer.

37. **Rectification de l'axe optique de la lunette et du réticule.** — Il reste encore à vérifier si l'axe optique de la lunette est
perpendiculaire à l'axe de rotation, de manière à décrire un plan vertical. Après avoir placé l'intersection des fils du réticule sur un point
éloigné, mais bien visible, on arrête le mouvement azimuthal. Enle-
vant ensuite la lunette, on retourne bout pour bout l'axe de rotation,
c'est-à-dire on fait tourner la lunette de 180° autour de son axe
optique, et on la replace sur les coussinets.

Si le point visé ne se trouve plus à l'intersection des fils, c'est une
preuve que l'axe optique n'est pas perpendiculaire à l'axe de rotation, et qu'il fait avec cette perpendiculaire un angle égal à la moitié
de l'écart observé. On corrige cette erreur, moitié avec la vis du réticule, moitié avec la vis de rappel du mouvement azimuthal.

S'il arrivait que l'axe optique, réglé pour un point éloigné, ne le
fût pas également pour un point rapproché, il faudrait faire rectifier
l'instrument par l'artiste constructeur.

Si le pointage se faisait toujours exactement à l'intersection des
fils, peu importerait la direction de ces fils ; mais, comme on pointe
généralement avec le fil vertical, il faut qu'il remplisse exactement
la condition de verticalité. On opère cette vérification en plaçant le
fil sur un fil-à-plomb. Si, en faisant mouvoir la lunette autour de son
axe de rotation, le fil reste constamment sur la ligne, il est vertical ;
s'il en était autrement, on desserrerait la vis qui fixe le réticule, puis
on le ferait tourner de manière à redresser le fil en question.

38. **Usage de l'instrument pour tracer un alignement déterminé.** — L'instrument ainsi réglé, on place la lunette dans la direction de la ligne à jalonner, puis on indique l'emplacement de chaque
jalon au moyen de signaux faits à l'aide de la main ou d'un petit
drapeau. Lorsqu'il s'agit de planter des jalons sur des points cachés

par des obstacles qui arrêtent la vue, le jalonneur doit se placer, soit sur les obstacles, soit sur des échelles, de manière à apercevoir les indications de l'opérateur ; il lui est dès lors facile de déterminer, à l'aide d'un fil-à-plomb, le point correspondant du sol.

Il sera très-avantageux de jalonner d'abord toutes les parties de l'alignement qui sont visibles, sauf à jalonner ensuite séparément les portions intermédiaires.

Il faudra avoir soin de repèrer la position des jalons dont l'emplacement aura présenté quelques difficultés.

Pour jalonner un alignement déterminé par deux points inaccessibles, on commence par trouver, à l'aide du procédé indiqué plus haut (29), un point intermédiaire de l'alignement. On y établit l'appareil, puis on fait planter des jalons de part et d'autre du point de station.

A peine est-il nécessaire d'ajouter que pour passer d'une direction à l'autre, il faut, si l'instrument le permet, faire basculer la lunette de manière à placer l'objectif du côté où était l'oculaire et vice versa ; ou bien, seulement soulever la lunette, et la replacer de telle sorte qu'elle remplisse les mêmes conditions.

2° MESURE D'UNE DROITE SUR LE TERRAIN.

39. Chaîne d'arpentage. — La chaîne d'arpentage a dix mètres de long ; elle se compose de 50 chaînons bouclés à leurs extrémités et réunis par des anneaux en fer, qui de mètre en mètre sont remplacés par des anneaux de cuivre ; la distance des centres de deux anneaux consécutifs est de deux décimètres ; les deux chaînons *extrêmes* ont une forme particulière, le tiers du chaînon est remplacé par une *poignée,* en gros fil de fer, dont la longueur fait partie de celle de la chaîne ; le milieu de la chaîne est indiqué par une petite tige de fer ou mieux de cuivre ; ajoutons qu'on ne peut jamais tendre la chaîne rigoureusement en ligne droite, et qu'alors on lui donne une longueur de 10 mètres et 5 ou 6 millimètres, pour compenser l'erreur en moins produite par le défaut de tension.

40. Décamètre à ruban d'acier. — La chaîne ordinaire, comme nous le verrons plus loin, présente plusieurs inconvénients. Pour obvier à ces inconvénients, on a essayé de recourir à diverses mesures, dont une seule a prévalu jusqu'à présent, c'est le décamètre à ruban d'acier. Il se compose d'un ruban d'acier long de 10 mètres, large de 10 à 12 millimètres, et assez mince pour que sa flexibilité permette de l'enrouler dans une gorge pratiquée à la surface latérale d'un petit cylindre en bois d'un décimètre de diamètre ; ce qui rend cette mesure très-portative. Chaque extrémité du ruban est supportée par un anneau terminé lui-même par une petite tige P (fig. 30), qui s'articule à une sorte de T en cuivre de manière à pouvoir tourner librement. Sur la face extrême de ce té, est pratiquée une petite rainure, dont la profondeur est égale au demi-diamètre des *fiches*. Les doubles décimètres et les mètres sont marqués, de chaque côté du ruban, par de petites rondelles de cuivre, assujetties par un clou rivé ; celles qui distinguent les mètres sont plus grandes et couvrent à peu près toute la largeur du ruban. Entre deux rondelles consécutives une petite ouverture circulaire indique le demi-double décimètre ou le décimètre. Le milieu du ruban est déterminé par un petit losange en cuivre.

41. Fiches. — Les fiches sont des tiges en gros fil de fer, d'environ 2 à 3 décimètres de longueur, pointues par le bas et recourbées en anneau par le haut ; elles servent à marquer les points d'application des extrémités de la chaîne.

42. Mesure d'une droite sensiblement horizontale. — Tous ceux qui ont vu arpenter connaissent déjà le moyen de mesurer les lignes sur le terrain ; mais, comme cette opération contribue essentiellement à l'exactitude des travaux du levé des plans, nous allons la développer, afin de rappeler les précautions à prendre pour obtenir des résultats satisfaisants. Nous le ferons avec d'autant plus de raison que plusieurs auteurs, dédaignant de s'occuper sérieusement de ces opérations élémentaires, sont tombés dans des erreurs grossières, qui établissent, d'une manière incontestable, qu'ils n'ont ni opéré ni vu opérer convenablement.

L'opérateur, saisissant une poignée de la chaîne, la tient fixée sur le sol contre le jalon planté au point de départ; le porte-chaîne, tenant d'une main la seconde poignée, et de l'autre, un paquet de *dix* fiches, se dirige dans l'alignement de la ligne à mesurer, tend la chaîne, et en marque la longueur par une première fiche qu'il plante en terre, aussi verticalement que possible, contre le bord *intérieur* de sa poignée. Les deux personnes se lèvent alors, et marchent en avant, en soulevant la chaîne, jusqu'à ce que l'arpenteur, arrivé à la première fiche, place contre cette fiche le bord *extérieur* de sa poignée; il fait planter une seconde fiche, enlève la première, arrive à la seconde, en fait planter une troisième, enlève la seconde, et ainsi de suite jusqu'à la fin de l'opération.

Le nombre des fiches *relevées* par l'opérateur indique le nombre de décamètres que contient la ligne; s'il y a un excédant, on compte, par anneaux de cuivre, le nombre de mètres, et par chaînons, le nombre de décimètres qu'il faut ajouter au résultat indiqué par les fiches; si l'on a besoin d'une plus grande approximation, on peut mesurer avec un mètre de poche la portion de longueur qui excéde un nombre exact de mètres.

Nous avons dit que le porte-chaîne avait dans la main *dix* fiches; c'est le nombre le plus généralement employé. Dès qu'il a planté sa *dixième* fiche, l'opérateur vient se placer vers cette fiche, marque le point où elle se trouve par deux traits croisés sur le sol, remet les dix fiches à l'aide, et inscrit sur un carnet une *portée* de 100 mètres; après quoi, à partir du dernier point marqué, commence, comme précédemment, un nouveau mesurage de cent mètres.

43. Mesure d'une droite inclinée sur l'horizon. — Si la droite AB (fig. 31) n'est pas horizontale, ce n'est pas cette droite qu'il s'agit de mesurer, mais sa projection A'B' sur un plan horizontal.

Pour mesurer cette ligne en *descendant* du point A vers B, l'opérateur appuie fortement la main sur le sol au point A, pendant que l'aide tend la chaîne horizontalement suivant AC″ dans la direction AB. Quand la hauteur du point C″ au dessus du terrain ne dépasse point la longueur d'une fiche, le porte-chaîne, tenant la fiche bien verticale, la plante au point C comme à l'ordinaire.

Mais, lorsque la pente est plus rapide, et que la hauteur C″C surpasse la longueur d'une fiche, l'aide doit être muni d'une fiche *plombée* dans sa partie inférieure, qu'il tient entre le pouce et l'index, pendant qu'il tend la chaîne horizontalement avec les quatre autres doigts engagés dans la poignée ; et, quand la fiche plombée, ainsi suspendue, est verticalement immobile, il la laisse tomber sans lui imprimer aucune espèce de mouvement ; il enlève ensuite la fiche plombée qu'il remplace par une fiche ordinaire.

De cette manière, ce ne sont pas les lignes obliques AC, CD..... qui ont chacune dix mètres de longueur, mais bien les lignes horizontales AC″, CD″... ou leurs projections A'C', C'D'..., en sorte que l'on n'a pas mesuré la distance AB, mais sa projection horizontale A'B' ; cette longueur AB est, comme on dit, *réduite à l'horizon*.

Telle est la manière de mesurer la droite AB en *descendant* du point A vers B ; voyons maintenant comment on peut la mesurer en *montant* du point B vers A. Dans ce cas, c'est l'opérateur qui doit élever la chaîne pour la rendre de niveau, et la tenir de manière à ce que l'extrémité de la poignée soit verticalement au-dessus du point de départ d'abord, puis de chacun des points où sont plantés successivement les fiches par l'aide qui marche le premier.

Si la hauteur BB″ au-dessus du sol ne dépasse point la partie extérieure de la fiche plantée, l'opérateur peut se servir utilement de cette fiche, plantée verticalement, pour tenir l'extrémité de la poignée elle-même verticalement au-dessus du point B, pendant que l'aide plante une autre fiche au point E. Mais lorsque la pente est plus rapide, l'opérateur plante à côté de la fiche un bâton bien droit, ou mieux une règle ferrée par le bout, tient la règle verticalement et élève la chaîne le long de cette règle. Celui qui a l'habitude des travaux sur le terrain, réussit facilement à placer la chaîne, à vue d'œil, verticalement au-dessus de la fiche ; mais l'emploi de la règle est nécessaire dans toutes les mesures de précision.

Enfin si, en montant comme en descendant, la pente est tellement rapide qu'on ne puisse pas tendre à la fois toute la chaîne, on en tend la moitié, ou même, seulement quelques mètres.

On comprend aisément que les mesures ainsi obtenues sont loin d'offrir le même degré d'exactitude, que celles effectuées sur un terrain horizontal ou faiblement incliné. Pour obtenir plus de précision, il faut substituer à la chaîne une forte règle, de 4 ou 5 mètres de longueur, que l'on appuie sur le sol par l'une des extrémités, et que l'on rend horizontale à l'aide d'un niveau. Une fiche plombée, ou mieux un fil-à-plomb, tombant librement à l'autre extrémité, détermine le point de départ de la portée suivante.

44. Chaînage avec le décamètre à ruban d'acier. — Le chaînage effectué avec le décamètre à ruban d'acier présente un degré d'exactitude bien supérieur à celui des chaînages ordinaires. La disposition des poignées aidant à planter les fiches verticalement, la légèreté du ruban lui-même, la facilité avec laquelle on peut le tendre horizontalement et dans la direction de la ligne à mesurer, permettent d'opérer avec de très-grands avantages.

On a prétendu qu'il n'était guère possible d'employer le décamètre à ruban d'acier autrement que déroulé tout entier, et que, dès lors, il était impropre aux opérations de détail. Nous dirons que nous l'avons employé nous-même exclusivement dans des levés de plans parcellaires de 60 à 80 hectares, et que nous n'avons jamais éprouvé la moindre difficulté pour le faire servir à toute espèce de mesurages. On pourrait d'ailleurs tendre le ruban d'acier sur la ligne d'opération, et élever les perpendiculaires avec une chaîne ordinaire.

Quoiqu'il en soit, nous n'hésitons pas à admettre la supériorité du décamètre à ruban, qui permet d'obtenir, sur les terrains découverts et peu accidentés, des résultats d'une précision remarquable.

45. Réduction d'une droite à l'horizon. — Lorsqu'on mesure une ligne sur un terrain uniformément incliné, on peut la mesurer en suivant l'inclinaison du terrain, et la réduire ensuite à l'horizon d'après le procédé suivant : Supposons qu'il s'agisse de réduire à l'horizon la droite inclinée CB (fig. 32). Soit BA la projection horizontale ; CA la verticale ; a l'angle d'inclinaison sur l'horizon. Le triangle rectangle ABC donne

$$BA = BC \times \cos a,$$

formule qui permet de calculer BA.

Soit proposé de trouver la projection horizontale d'une droite de 645 ^{m} 20 mesurée sur la pente 6° 25′ 10″.

Voici le calcul :

$$\log BC = 2,8096944$$
$$\log \cos 6°\,25'\,10'' = \overline{1},9972684$$
$$\log BA = 2,8069628 = \log 641^m\,154$$
$$9596$$
$$32$$

Pour réduire les lignes à l'horizon, on emploie fréquemment des tables qui donnent immédiatement les projections horizontales de toutes les longueurs mesurées sur une pente quelconque.

OBSERVATIONS GÉNÉRALES.

46. Le mesurage des lignes est, comme on vient de le voir, fort simple ; cependant, pour opérer convenablement, il faut avoir une grande habitude, et comme, en définitive, l'exactitude des travaux d'arpentage dépend surtout des résultats obtenus dans la mesure des distances, nous engageons le lecteur à ne pas perdre de vue les recommandations suivantes :

1° *Placer toujours exactement la chaîne dans l'alignement de la droite à mesurer.*

Si le porte-chaîne sort de l'alignement, l'arpenteur doit l'y faire rentrer par un signe de main, qui lui indique de porter la poignée de la chaîne et la fiche à droite ou à gauche.

2° *Tendre toujours également la chaîne et éviter avec soin de la tendre brusquement.*

Lorsque la chaîne n'est pas suffisamment tendue, la mesure devient trop courte, et le résultat du mesurage donne des nombres trop grands. Au contraire, lorsque la chaîne est trop fortement tendue, et surtout si on la tend brusquement, elle s'allonge, et le chaînage des lignes présente des nombres trop petits.

Lorsqu'une chaîne a éprouvé des altérations par suite d'un grand usage et de la traction fréquente qui tend à l'allonger, on peut la raccourcir en frappant légèrement les anneaux pour les faire rentrer sur eux-mêmes ; l'opération doit être faite plutôt vers le milieu que vers les extrémités, parce que c'est le milieu qui fatigue le plus, et qui s'allonge par conséquent davantage.

3° *Vérifier la chaîne avant de s'en servir et de temps à autre pendant le cours des opérations.*

Entre autres moyens, on peut marquer sur une surface plane, sur un mur, un plancher, etc., une longueur étalon de dix mètres, que la chaîne doit toujours conserver pour être exacte. Quelques géomètres ont deux chaînes, dont l'une n'est pas employée sur le terrain, mais qui sert à corriger les altérations que l'autre peut éprouver pendant le cours des travaux.

4° *S'assurer avec soin pendant le mesurage qu'aucun nœud ne diminue la longueur de la chaîne.*

Quelquefois les anneaux prennent une position qui s'oppose au développement successif des chaînons, et qui, par suite, diminue la longueur de la chaîne ; on dit alors que la chaîne se *noue*. Pour éviter cette cause d'erreur, le géomètre fait en sorte de ne pas marcher plus vite que l'aide, et, lorsqu'après une portée de 100 mètres il s'avance vers celui-ci pour lui rendre les fiches, il doit toujours lâcher la chaîne, et attendre, pour en reprendre la poignée, que l'aide ait marché de huit à neuf mètres.

5° *Planter toujours les fiches bien verticalement.*

Pour soustraire le mesurage aux erreurs que peut produire le défaut de verticalité des fiches, il faut que l'aide applique la poignée de la chaîne contre la fiche au point où doit s'arrêter l'enfoncement dans le sol (4 ou 5 centimètres de la pointe). Le point de départ du décamètre suivant se trouve ainsi indépendant de la condition de verticalité. De plus, si la fiche vient à être penchée, soit par la chaîne, soit par une cause quelconque, la déviation sera toujours moindre au pied de la fiche qu'à la tête. Il faut bien se garder de placer, comme le recommandent certains auteurs, les poignées de la chaîne à la tête des fiches ; ces auteurs ajoutent, il est vrai, qu'il faut alors tenir compte du raccourcissement dû à la flèche de courbure. Mais, outre la grande perte de temps que ce mode d'opérer entraînerait, il exposerait encore les résultats du mesurage à toutes les chances d'erreurs du moindre choc contre les fiches.

6° *En cas de rupture de la chaîne, n'en rattacher les morceaux et ne s'en servir qu'après s'être assuré que rien n'a été perdu.*

Quelquefois la chaîne se rompt, soit par la tension, soit en s'accrochant pendant la marche ; elle peut même se rompre en plusieurs endroits à la fois, et l'on conçoit qu'il est nécessaire de vérifier si aucune des parties n'a été perdue. Il est prudent d'emporter avec soi quelques anneaux et quelques chaînons de rechange.

7° *Si une fiche se perd, ce qui arrive fréquemment, ne la remplacer qu'après avoir vérifié et reconnu la partie de la ligne dans laquelle elle est tombée.*

47. Remarque. — Le décamètre à ruban d'acier éprouve beaucoup moins d'altération dans sa longueur que la chaîne ordinaire et ne peut pas se *nouer*; mais il présente un autre inconvénient, c'est de se casser assez facilement : cet accident, lorsqu'il arrive, ne peut pas être réparé sur le terrain.

48. Roulette. — Pour mesurer les lignes de peu d'étendue, on emploie parfois un ruban de fil imperméable, de 5 ou 10 mètres de long, divisé en mètres, décimètres et centimètres, le premier centimètre étant en outre divisé en millimètres. Ce ruban s'enroule dans une petite boîte cylindrique à l'aide d'une manivelle, tandisqu'un petit anneau de cuivre, attaché à l'extrémité extérieure, sert à le tirer, lorsqu'on doit en faire usage. Cet instrument porte le nom de *roulette*.

On fait aussi des roulettes à ruban d'acier, qui, comme le décamètre à ruban, ont l'inconvénient d'être fragiles.

49. Stadia. — On a proposé divers moyens d'obtenir la mesure des distances sans recourir au chaînage. Le procédé de la *stadia* est le seul qui pourrait, peut-être, offrir quelques avantages dans la pratique.

Malgré les perfectionnements ingénieux créés depuis quelques années par M. Porro, nous pensons que la méthode de la stadia ne pourrait pas être employée pour les opérations qui font l'objet de ce traité.

Au reste, M. Porro a exposé, lui-même, l'esprit de sa méthode d'une manière qui ne laisse rien à désirer dans son ouvrage :

La Tachéométrie ou l'art de lever les plans et de faire les nivellements avec beaucoup de précision et une économie de temps considérable, nouvelle édition, in-8°, Paris, 1858.

CHAPITRE II.

Mesure des Angles.

1° DES GONIOMÈTRES EN GÉNÉRAL.

50. Les instruments destinés à la mesure des angles sont compris sous le nom générique de goniomètres (1), et peuvent se rapporter à plusieurs types principaux ; mais tous les goniomètres se composent essentiellement d'organes élémentaires de même nature. Ces organes sont *l'appareil de visée,* qui sert à diriger le rayon visuel ; le *limbe ou cercle divisé,* sur lequel on évalue la mesure des angles ; l'*alidade,* qui marque sur le limbe les mouvements des rayons de visée pour passer d'une direction à une autre ; le *vernier,* qui donne plus de précision à la lecture des angles ; enfin, le *niveau,* à l'aide duquel on rend certains axes de rotation dans une position horizontale ou verticale.

On distingue dans les goniomètres trois types principaux :

Les instruments *ordinaires ;* les instruments *à réflexion* ou *à miroirs,* et les instruments *répétiteurs.*

Nous allons nous occuper tout d'abord du *graphomètre,* de *l'équerre d'arpentage* et du *pantomètre.* Quant à *la boussole* et à *la planchette,* nous n'en parlerons que dans le livre III, en exposant les procédés relatifs à ces appareils. Les instruments à réflexion sont surtout avantageux pour les observateurs qui ne peuvent pas avoir de stations fixes, et qui se trouvent, par exemple, sur le plancher oscillant d'un navire. Parmi ces instruments, nous ne signalerons que l'équerre à miroir, qui peut devenir un instrument très-utile dans le levé de certains détails. Nous passerons ensuite à l'étude

---

(1) Formé de deux mots grecs : γωνια, angle, μετρειν, mesurer.

des instruments répétiteurs. Nous n'entrerons pas dans de longs détails descriptifs de construction, persuadé qu'ils fatiguent le lecteur, et lui apprennent beaucoup moins que la simple vue de l'instrument.

2° GRAPHOMÈTRE.

51. Description. — Le graphomètre (fig. 33) se compose essentiellement d'un demi-cercle en métal dont le bord, appelé limbe, est divisé en 180°, avec des sous-divisions de demi-degrés ou de tiers de degrés. Une des extrémités de la demi-circonférence présente le zéro de la division, l'autre porte 180°. Souvent une deuxième graduation intérieure est numérotée en sens contraire, pour permettre d'estimer les arcs à partir de l'une ou de l'autre extrémité du limbe. Le diamètre AB, qui aboutit aux deux derniers traits de la division, présente à chacune de ses extrémités une lame métallique ou *pinnule,* perpendiculaire au plan du cercle, et percée d'une fente étroite ou *œilleton,* et d'une fente plus large ou *fenêtre,* au travers de laquelle est tendu un fil noir dans le prolongement de la fente étroite.

Les œilletons et les fenêtres sont disposés inversement, c'est-à-dire que l'œilleton d'une pinnule correspond à la fenêtre de la pinnule opposée.

Le diamètre AB muni de ses deux pinnules porte le nom d'*alidade fixe;* le plan déterminé par les fils des pinnules de cette alidade passe par la ligne 0°–180°, nommée *ligne de foi,* et s'appelle lui-même *plan de collimation.*

Une autre règle, également terminée par des pinnules et nommée *alidade mobile,* par opposition à la première, pivote sur le centre O du limbe, qu'elle peut parcourir à volonté; le plan déterminé par les fils des pinnules de l'alidade mobile passe par deux traits gravés sur les bords extrêmes de l'alidade; ces bords, taillés en biseau, longent intérieurement le cercle divisé, de telle sorte qu'on distingue facilement la division du limbe qui correspond à l'un des traits de l'alidade mobile.

Pour que le limbe puisse prendre des positions diversement inclinées autour de son centre, il est articulé avec le support à l'aide d'un mécanisme qu'on nomme, par imitation, *un genou*.

On distingue plusieurs espèces de genous ; ordinairement le genou du graphomètre est un genou *à coquilles*.

Au centre du limbe, et dans le prolongement de l'axe autour duquel tourne l'alidade mobile, est fixée une tige courte terminée par une petite sphère de cuivre.

Cette sphère est engagée entre deux *coquilles,* que l'on peut rapprocher plus ou moins à l'aide *d'une vis de pression.* La sphère saisie entre les deux coquilles reste dans une position stable ; mais si la vis est desserrée, elle peut tourner librement entre les coquilles ; ce qui permet d'incliner plus ou moins le plan du limbe.

Les coquilles se réunissent à la partie inférieure en une *douille* dans laquelle s'emmanche une pièce en bois. A cette pièce sont attachés, par des vis de pression, trois pieds susceptibles d'être écartés plus ou moins, selon les accidents du terrain, et d'être fixés pour supporter l'instrument dans une position convenable.

52. Mesure des angles horizontaux. — On commence par disposer les trois pieds du graphomètre autour du sommet de l'angle, de manière que le centre du limbe soit sur la verticale du point formant le sommet, condition dont on s'assure à l'aide d'un fil-à-plomb.

On fait mouvoir ensuite le plan du limbe, jusqu'à ce qu'il paraisse bien horizontal, puis on le fait tourner, dans cette position, jusqu'à ce qu'en regardant par les pinnules de l'alidade fixe, on aperçoive le fil de mire se projeter exactement sur le milieu du signal situé à l'extrémité d'un des côtés de l'angle ; on serre alors fortement la vis de pression, et l'on dirige l'alidade mobile de manière que le fil des pinnules partage le signal situé à l'extrémité de l'autre côté. Il n'y a plus qu'à lire sur le limbe le nombre des divisions exprimant la mesure de l'angle proposé.

Dans quelques graphomètres, on peut faire mouvoir à frottement le plan du limbe, indépendamment du genou, autour d'un pivot qui, à cet effet, traverse la boule du genou.

53. Mesure des angles verticaux. — On place le limbe dans un plan vertical à l'aide d'un fil-à-plomb suspendu librement le long de ce limbe ; puis, après avoir, comme précédemment, dirigé les deux alidades suivant les deux côtés de l'angle, on lit sur le limbe la mesure de cet angle.

S'il s'agissait de déterminer l'angle formé par un rayon visuel avec la verticale, on placerait le limbe de manière que la ligne de foi fût exactement dans la direction du fil-à-plomb.

Le complément de l'angle formé par un rayon visuel avec *la verticale* serait l'angle formé par ce rayon visuel avec *l'horizontale*.

54. Mesure des angles quelconques. — Après avoir placé le centre de l'instrument sur la verticale du sommet de l'angle, on manœuvre le limbe jusqu'à ce que les rayons visuels dirigés vers les deux signaux rasent la surface du limbe ; on fait coïncider les deux lignes de visée avec les deux côtés de l'angle et on lit la mesure. Nous verrons, dans le dernier livre de cet ouvrage, comment on peut *réduire à l'horizon* les angles ainsi observés.

55. Manière de rendre horizontal le plan du limbe. — Il arrive fréquemment que, dans les opérations ordinaires, on se contente de rendre le limbe horizontal, soit à vue d'œil, soit en dirigeant, à peu près du centre de l'instrument, des rayons visuels sur deux objets placés à une assez grande distance pour paraître à l'horizon ; lorsque ces rayons *arraseront* le limbe, l'horizontalité sera, en général, suffisamment établie.

Quand le graphomètre est muni d'une *boussole* (instrument dont nous parlerons plus tard), on peut juger, jusqu'à un certain point, si le limbe est horizontal en laissant l'aiguille tourner librement sur son pivot.

Mais posons comme principe que la condition d'horizontalité ne sera assurée qu'au moyen d'un niveau à bulle d'air, qui, placé sur le limbe dans deux positions successives non parallèles, devra toujours présenter la bulle entre ses repères.

56. Vernier ([1]). — Pour obtenir une régularité satisfaisante et pour éviter la confusion, on se borne ordinairement à diviser le limbe en demi-degrés ou, au plus, en quarts de degrés. Cette approximation étant loin d'être suffisante, on parvient à apprécier de petites fractions de la graduation écrite au moyen d'un appareil très-ingénieux connu sous le nom de *vernier*.

Le vernier s'applique indistinctement à la mesure des droites et à la mesure des arcs ; il est donc rectiligne ou curviligne ; l'explication étant la même pour l'un que pour l'autre, c'est du dernier que nous allons parler, puisque tel est celui qui s'adapte au graphomètre. Ce vernier consiste dans un petit arc de cercle divisé, et disposé à l'extrémité de l'alidade mobile.

Pour plus de simplicité dans l'explication du principe sur lequel repose le vernier, nous allons nous proposer, avec un cercle gradué en degrés, de trouver la valeur d'un angle à un dixième de degré près.

Soit à l'extrémité de l'alidade mobile une portion de cercle AB (fig. 34) ; supposons qu'à partir du trait marqué sur l'alidade, on a pris un arc de 9 degrés, qui a été partagé en dix parties égales. Il est clair que chaque division de l'arc AB ou du vernier vaut $\frac{9}{10}$ de degré, et que par conséquent la différence qui existe entre une division du vernier et une division du cercle est de $\frac{1}{10}$ de degré. Faisons coïncider le zéro du vernier avec le zéro du limbe. Le premier trait du vernier précédera de $\frac{1}{10}$ de degré le premier trait du limbe ; le deuxième trait précédera de $\frac{2}{10}$ de degré le deuxième

___
([1]) Pierre Vernier, géomètre français, fit connaître cet appareil en 1631.

trait du limbe, et ainsi de suite jusqu'au dixième trait du vernier, qui, précédant le dixième trait du limbe de $\frac{10}{10}$ de degré, coïncide précisément avec le 9ᵉ trait du limbe.

Supposons maintenant que, dans la mesure d'un angle, le trait de l'alidade mobile ou le zéro du vernier tombe au point a (fig. 35), entre la 41ᵉ division du limbe et la 42ᵉ. L'angle proposé a une valeur de 41° plus la fraction ba. Examinons quelle est la division du vernier qui coïncide avec une division du limbe ou qui s'en rapproche le plus ; c'est, par exemple, la troisième : la différence ef, entre le trait de la 2ᵉ division du vernier et le trait de la 43ᵉ division du limbe, est de $\frac{1}{10}$ de degré ; la différence cd, entre le trait de la 1ʳᵉ division du vernier et le trait de la 42ᵉ division du limbe, est de $\frac{2}{10}$ de degré ; enfin la différence ba est de $\frac{3}{10}$ de degré.

Ainsi l'angle proposé a une valeur de 41° $\frac{3}{10}$ de degré.

On voit que le nombre de dixièmes de degré compris dans la fraction est indiqué par la division du vernier qui est en coïncidence.

Ordinairement le limbe du graphomètre est divisé en degrés et demi-degrés, et le vernier construit avec un arc de 29 divisions du limbe que l'on partage en 30 parties égales ; dans ce cas, chaque division du vernier vaut les $\frac{29}{30}$ d'une division du limbe et en diffère, par conséquent, de $\frac{1}{30}$ de demi-degré ou de 1 minute. Le vernier donne alors les minutes. A chaque extrémité de l'alidade mobile se trouve adapté un vernier ainsi construit.

Règle générale pour lire la valeur d'un angle à l'aide du vernier. — Comptez d'abord sur le limbe le nombre des divisions comprises entre le zéro du limbe et le zéro du vernier : vous aurez un premier résultat ; comptez ensuite sur le vernier combien il y a de divisions depuis son zéro jusqu'au trait qui coïncide avec l'un de ceux du limbe ; multipliez le chiffre trouvé par la différence entre la valeur d'une division du limbe et la valeur d'une division du vernier, et vous aurez un second résultat qui, ajouté au premier, donnera la valeur de l'angle observé.

Lorsque les divisions du vernier sont très-petites, on peut s'aider d'une loupe pour mieux apprécier le point de coïncidence des traits.

Il peut arriver qu'il n'y ait pas coïncidence exacte d'un trait du vernier avec un trait du limbe. Dans ce cas, une division du vernier est nécessairement comprise tout entière entre les traits d'une division du limbe. On prend toujours la division du vernier qui *se rapproche le plus* d'un des traits du limbe, et l'on procède ensuite par estime. Si le trait du vernier admis comme fournissant l'expression de la mesure de l'angle dépasse le trait du limbe dont il se rapproche le plus, il faudra ajouter à la lecture une fraction de minute ; si, au contraire, le trait du vernier précède le trait du limbe, il faudra retrancher de la lecture une fraction de minute.

Les *micromètres* dont on se sert dans les observatoires pour lire la mesure des angles sont des instruments trop délicats et trop sujets à se déranger pour pouvoir fonctionner convenablement sur le terrain.

57. Vérification du graphomètre. — Erreur de parallélisme. — On place les fils des quatre pinnules dans le même plan vertical, et l'on voit si le trait de l'alidade mobile coïncide parfaitement avec le trait du limbe origine des graduations.

On peut encore commencer par faire coïncider les deux traits, et voir si les fils sont bien dans le même plan vertical ; mais la première marche présente l'avantage, s'il y a une erreur, d'en donner immédiatement l'expression. Cette erreur s'appelle *erreur de parallélisme* ; elle est constante, et il faut l'ajouter ou la retrancher selon les cas.

Vérification de la graduation. — En amenant le zéro du vernier

devant chaque trait du limbe, on peut observer de quelle manière
les traits de division du limbe s'écartent successivement de ceux du
vernier pour s'en rapprocher ensuite; cet examen fera ressortir les
erreurs de graduation.

58. Vérification du centrage de l'alidade. — Pour vérifier
si l'alidade mobile pivote exactement autour du centre du limbe,
on mesure plusieurs fois un angle bien défini, en partant successivement de 0', 10°, 20° etc. Les lectures faites ne devront pas différer
d'une minute.

On peut encore mesurer un angle en visant directement le signal
de droite avec l'alidade fixe (fig. 36) et en amenant l'alidade mobile
sur le signal de gauche; la lecture donne, par exemple, *oa*.
On retourne alors l'instrument en pointant l'alidade fixe sur le
signal de gauche; puis l'on place l'alidade mobile sur le signal
de droite; la lecture *oa'* doit donner l'angle supplémentaire du
premier angle observé *oa*, si le centre de rotation est aussi le centre
du limbe.

Si, au contraire, l'alidade mobile pivotait autour d'un point qui ne
fût pas en même temps le centre du limbe, cette imperfection deviendrait la cause d'une erreur de lecture. Cette erreur serait nulle dans
le cas particulier où la ligne de visée de l'alidade mobile passerait par
le centre du cercle, et atteindrait son maximum lorsque la ligne de
visée serait dans une direction perpendiculaire à la ligne joignant le
centre et le pivot. La distance de ces deux points donnerait sensiblement le maximum d'erreur.

59. Vérification générale. — La construction d'un graphomètre
peut présenter tant d'imperfections diverses, qu'il est bon d'avoir
un procédé sûr pour connaître la valeur en bloc de toutes les erreurs
dont ces imperfections font naître la possibilité.

Si l'on a reconnu que les mouvements de l'appareil ont la douceur
et l'uniformité voulues, on le place en station, et l'on dirige l'alidade

mobile sur un point bien visible, ensuite on l'écarte considérable-ment de cette direction ; on la ramène à la position primitive, puis on l'écarte de nouveau ; il faut qu'à chaque retour sur le point, les indications successives de l'alidade soient constantes.

Après cette première vérification, on mesure un angle bien défini en se servant d'abord uniquement de l'alidade mobile ; puis en employant concurremment les deux alidades.

La différence entre la plus forte lecture et la plus faible ne doit pas atteindre une minute.

On répète plusieurs fois l'opération en visant tantôt avec l'une des extrémités de l'alidade, tantôt avec l'autre extrémité. Si l'on trouve une différence entre les erreurs observées soit que l'on vise avec l'une ou l'autre extrémité, il faudra viser toujours par la même extrémité.

Le graphomètre à pinnules n'étant pourvu d'aucun moyen de rectification, il est important de le soumettre, avant l'acquisition, aux vérifications qui précèdent.

60. Graphomètre à lunettes. — On construit aujourd'hui un graphomètre à lunettes ; dans ce graphomètre, les pinnules sont remplacées par deux lunettes, l'une supérieure, l'autre inférieure au plan du limbe.

Les explications que nous donnerons un peu plus loin au sujet des instruments répétiteurs feront parfaitement comprendre la cons-truction et l'usage de ce graphomètre.

Nous ajouterons que le graphomètre est quelquefois muni d'un *niveau à bulle d'air* et d'une *boussole*.

Nous connaissons l'usage du niveau à bulle d'air.

Quant à la boussole, comme elle peut être appliquée séparément à la mesure des angles, nous en ferons l'objet d'un chapitre spécial dans le *Livre III* (111).

3° CONSTRUCTION DES ANGLES SUR LE TERRAIN.

61. — Au lieu d'avoir à mesurer les angles que deux directions font entre elles, il peut arriver qu'on ait à tracer sur le terrain une droite formant avec une autre droite un angle déterminé.

Les problèmes à résoudre dans ce cas sont au nombre de deux.

1° *Par un point donné sur une droite, tracer une droite faisant avec la première un angle déterminé.*

Après avoir installé l'instrument au point donné comme pour mesurer un angle, on dirige l'alidade fixe suivant la droite déjà tracée, puis on amène l'index de l'alidade mobile au point qui marque la mesure de l'angle demandé ; il n'y a plus alors qu'à tracer l'alignement déterminé par l'alidade.

2° *Par un point donné hors d'une droite, tracer une autre droite faisant avec la première un angle déterminé.*

Ce problème ne peut se résoudre que par un tâtonnement que l'habitude seule abrége. En essayant successivement de diriger de différents points de la droite donnée des rayons de visée faisant avec cette droite un angle égal à l'angle demandé, on arrive à déterminer un point tel que le rayon mené de ce point passe par le point donné.

Équiangle ou sauterelle. — Pour faire sur le terrain un angle égal à un angle donné, on peut se servir de l'*équiangle* (autrefois *sauterelle*).

Cet instrument se compose simplement de deux alidades à pinnules, dont l'une est fixe ou mobile à volonté autour d'un axe vertical faisant corps avec l'autre ; l'instrument se place sur un pied semblable à celui de l'équerre.

Il suffit, pour opérer, de prendre l'ouverture de l'angle donné, de fixer l'alidade mobile dans cette position, et d'aller établir l'instrument au point qui doit être le sommet de l'angle demandé.

62. Équerre d'arpentage. — L'équerre d'arpentage (fig. 37) est un instrument qui sert à construire sur le terrain les angles droits et les angles demi-droits. Il consiste en un *prisme régulier* à huit pans ; ce prisme, creux à l'intérieur, présente, sur quatre de ses faces latérales opposées deux à deux, des fils qui sont disposés comme dans les pinnules d'une alidade, et qui déterminent deux lignes de visée perpendiculaires entre elles ; les quatre autres faces du prisme n'offrent que de simples fentes avec un œilleton à l'extrémité, et déterminent de même deux lignes de visée perpendiculaires entre elles, qui divisent en deux parties égales les angles formés par les premières lignes de visée.

Toutes ces lignes de visée sont représentées dans la figure 38.

Cette équerre prend le nom d'*équerre octogone*.

L'équerre est quelquefois un petit cylindre en cuivre creux, dans lequel sont pratiquées quatre fentes verticales ou pinnules déterminées par deux diamètres rectangulaires ; c'est l'*équerre cylindrique*.

On rencontre d'anciennes équerres présentant la forme d'une croix à quatre branches, à l'extrémité desquelles s'élèvent des pinnules.

Enfin il existe l'*équerre sphérique* qui permet de plonger plus ou moins le rayon de visée.

Le mode d'opérer est le même pour tous ces instruments.

L'équerre peut d'ailleurs être placée sur un pied à trois branches ou sur un bâton ferré ; et l'on s'assure, au moyen du fil-à-plomb, que les plans de collimation sont verticaux.

63. Vérification de l'équerre. — On vise un objet éloigné à travers les deux pinnules qui déterminent la direction AB (fig. 38), puis un second par les deux pinnules de la direction CD ; ensuite on fait tourner l'instrument jusqu'à ce qu'on aperçoive le premier objet avec la ligne de visée CD ; si le second objet se trouve sur la ligne de visée AB, les deux lignes de visée AB et CD se coupent à angle droit, et l'équerre est juste.

Une marche analogue servira à vérifier les autres lignes de visée.

64. Problèmes. — L'équerre est principalement employée pour résoudre les deux problèmes suivants :

1° *Par un point donné sur une droite, élever une perpendiculaire à cette droite.*

Soit le point A (fig. 39), et la droite *mn*. On place l'équerre au au point A de manière qu'un des plans de collimation soit sur la ligne *mn* ; puis, dirigeant la vision dans le plan de collimation perpendiculaire au premier, on fait planter en B un jalon qui détermine la perpendiculaire demandée.

2° *Abaisser, d'un point donné hors d'une droite, une perpendiculaire à cette droite.*

Soit le point A, et la droite *mn*.

On plante l'équerre à peu près au point où l'on juge à vue d'œil que tombera le pied de la perpendiculaire ; puis on place un des plans de collimation de l'équerre dans la direction de la droite *mn*, et l'on vise dans le plan de collimation perpendiculaire ; si l'on aperçoit le signal placé au point donné, la droite AB est la perpendiculaire demandée ; si l'on aperçoit le jalon à droite, il faut porter l'équerre un peu plus vers la droite ; si au contraire on voit que la ligne de visée laisse le jalon à gauche, il faut porter l'équerre un peu plus à gauche, en ayant soin, à chaque déplacement vers la gauche, de rester en deçà du dernier point déjà reconnu pour être trop à gauche ; et, à chaque déplacement vers la droite, de rester en deçà du dernier point trop à droite.

65. Construction des angles de 45°. — Lorsqu'on veut tracer sur le sol, en un point donné, une droite faisant une angle de 45° avec une autre droite, on opère comme dans le premier problème ;

seulement, dans la seconde partie de l'opération, au lieu de viser dans le plan de collimation perpendiculaire, on vise dans le plan intermédiaire.

Même observation s'il s'agissait, d'un point donné hors d'une droite, de mener sur cette droite une ligne faisant avec elle un angle de 45°.

66. Équerre-graphomètre. — Depuis quelque temps, on construit une équerre (fig. 40) composée de deux cylindres creux exactement de même diamètre, et montés sur un pivot central qui maintient les deux bases en contact. Le cylindre inférieur, lié invariablement au pivot, porte la division en 360°; le cylindre supérieur peut tourner sur l'autre, autour de l'axe, au moyen d'une *vis de rappel* (73) ; il porte une ligne de foi et un vernier. Quelques-uns de ces instruments sont munis de deux verniers opposés. Dans le cylindre fixe est pratiquée une ligne de visée qui correspond à la ligne 0°—180°. Dans le cylindre supérieur sont pratiquées deux lignes de visée perpendiculaires entre elles.

L'équerre-graphomètre porte ordinairement, sur la face supérieure du cylindre mobile, une boussole, un ou deux niveaux et une lunette. Elle est en général montée simplement sur une douille ; mais parfois elle est portée par un genou à coquilles.

Cet instrument peut servir comme l'équerre ordinaire, et donner en outre, comme le graphomètre, la mesure des angles quelconques.

Cet appareil qu'on nomme tour à tour *équerre-graphomètre, goniomètre, goniasmomètre* ou *pantomètre,* offre l'avantage de présenter réunis trois instruments fréquemment employés dans le levé des plans. Mais malheureusement il ne peut être d'une grande précision en raison de son petit diamètre (0^m05 à 0^m10), et nous pensons qu'il est préférable d'avoir des instruments distincts, plus parfaits, n'ayant qu'une fonction unique.

67. Équerre à réflexion ou à miroirs. — Cet instrument se compose d'un parallélipipède ou d'un cylindre creux dont la figure n° 41 représente la projection. Au fond de ce cylindre sont fixés deux miroirs M et *m* sur deux diamètres rectangulaires, à égale distance du centre 0, et formant chacun avec le diamètre sur lequel il est placé un angle de 112° 30′ ; de telle sorte que l'angle compris entre les deux miroirs est de 45°. Une fente V munie d'un œilleton détermine avec la fenêtre opposée V′ une ligne de visée VV′. Une fenêtre F laisse passer les rayons qui tombent perpendiculairement à la ligne de visée.

Le miroir *m,* n'occupant qu'une partie de la hauteur de l'équerre, permet de viser dans la direction VV′ et s'appelle *petit miroir* par opposition au miroir M, dont la hauteur n'est pas limitée, et qui a reçu le nom de grand miroir.

Supposons deux jalons plantés l'un en A, l'autre en B ; les rayons émanés du jalon B entrent dans l'équerre par la fenêtre F, sont réfléchis une première fois par le miroir M sur le petit miroir *m.* qui à son tour les renvoie suivant la direction VV′.

Si donc on vise par le point V, on apercevra directement le jalon A et, par double réflexion, l'image du jalon B ; cette image est comme le prolongement du jalon vu directement ; elle reste en coïncidence avec le jalon dans le champ de vision, nonobstant les déplacements qu'elle éprouve lorsque l'instrument n'est pas sur un point bien fixe, quand, par exemple, on le tient à la main ; cette propriété est du reste générale à tous les instruments fondés sur le principe de la double réflexion.

L'équerre est munie d'un manche qui supporte un fil-à-plomb. On ne vise directement que dans un seul sens ; mais, pour recevoir par la fenêtre les rayons latéraux venant, de droite ou de gauche, de la ligne de visée, on renverse l'instrument, qui à cet effet est disposé de manière à recevoir un manche à chacune de ses extrémités.

68. Usage de l'équerre à miroirs. — Pour élever une perpendiculaire sur une droite en un point donné sur cette droite, on place l'équerre au point donné de manière que la direction VV′ soit sur la direction de la droite, puis on fait marcher parallèlement à cette droite un aide armé d'un jalon ; lorsque l'image du jalon porté par l'aide apparaît dans le petit miroir sur le prolongement du jalon vu directement, ce jalon est sur la perpendiculaire cherchée.

Si l'on veut, d'un point donné hors d'une droite, abaisser une perpendiculaire sur cette droite, après avoir planté un jalon au point donné, on marche sur la droite en tenant toujours la ligne de visée VV′ dans la direction de cette droite. Quand l'image du jalon planté au point donné apparaît dans le petit miroir comme étant sur l'alignement suivi, le point de cet alignement qui correspond à la verticale du centre de l'instrument est le pied de la perpendiculaire demandée.

69. Vérification de l'équerre à miroirs. — On élève une perpendiculaire sur une droite donnée AB en visant dans le sens AB ; puis on retourne l'instrument sans dessus dessous, et l'on recommence l'opération en visant dans le sens BA. Si cette épreuve donne le même point, l'équerre est juste ; dans le cas contraire, on modifie l'angle compris entre les deux miroirs, à l'aide d'une vis de rectification que porte l'instrument.

4° INSTRUMENTS RÉPÉTITEURS.

70. Considérations générales. — Le graphomètre n'est pas un instrument de précision ; en effet, l'alidade fixe ne peut être déplacée sans déranger l'instrument tout entier, ni par conséquent être facilement dirigée sur un signal donné ; l'alidade elle-même, ne tournant qu'à la main, n'a pas, dans ses mouvements, la douceur voulue pour un bon pointage. Dans les travaux ordinaires qui n'embrassent qu'une faible étendue de terrain, on peut se contenter des résultats fournis par cet instrument. Il n'en est pas ainsi lorsqu'il s'agit d'effectuer la mesure des angles dans une *triangulation*, où, comme nous le verrons, il est nécessaire d'avoir avec une très-

grande exactitude les angles qui entrent dans les calculs trigonométriques.

On emploie, pour atteindre ce but, des appareils très-précis
nommés *instruments répétiteurs*.

Ces instruments présentent de grands avantages : une fois placés
en station, ils sont mieux équilibrés ; les mouvements peuvent s'y
produire à volonté, d'une manière rapide ou lente, indépendante
ou simultanée ; les lunettes, qui remplacent les alidades à pinnules,
jouissent de la propriété d'offrir à l'observateur l'image du point
visé à la distance de la vision distincte ; la vérification du centrage
et la correction des erreurs d'excentricité sont plus faciles ; le cercle
entier permet de faire des observations plus nombreuses sans déplacer l'instrument ; enfin, les angles sont directement donnés
réduits à l'horizon.

Nous nous contenterons de parler du *cercle géodésique* et du
théodolite, et, dans la marche des explications, nous supposerons
ces instruments réduits à des lignes mathématiques, persuadé que,
lorsqu'on aura bien compris leur principe et leurs propriétés, l'ins-
pection attentive de ces appareils suffira pour en faire deviner le
mécanisme, qui du reste peut varier d'un instrument à un autre.

De plus, lorsqu'on connaîtra la manière d'effectuer la mesure des
angles à l'aide de ces deux instruments, on n'éprouvera aucune difficulté pour faire usage de tous les autres appareils de ce genre.

71. Lunettes faisant fonction d'alidades. — Les alidades à pinnules du graphomètre sont remplacées, dans les instruments répétiteurs, par des lunettes. Les explications que nous avons données
dans l'introduction nous dispensent de revenir sur ce que l'on entend par l'axe optique de la lunette. Nous voulons seulement dire
que, sans entrer dans des démonstrations qui appartiennent à la physique, on peut se rendre compte de la manière dont une lunette peut
assurer la direction d'un rayon visuel. En effet imaginons que l'on
vise avec la lunette un point éloigné et que l'on amène juste l'image

de ce point à la croisée des fils du réticule ; la droite imaginaire qui
va de la croisée des fils au point visé occupe dans la lunette une
certaine position ; pour peu qu'on dérange la lunette de sa direction,
l'image du point s'éloigne de la croisée des fils ; si, au contraire, on
place de nouveau la lunette dans une direction telle que l'image du
point vienne encore se placer à la croisée des fils, la ligne qui unit
le point à la croisée des fils reprend dans la lunette la position primitive.

Ainsi, toutes les fois que l'on amènera l'image d'un objet au point
de croisement des fils du réticule, la ligne imaginaire qui va de ce
point à l'objet visé occupera dans la lunette une position parfaitement déterminée. Cette ligne, sans qu'il soit besoin de la définir
autrement, peut s'appeler *la ligne de visée de la lunette,* ou *l'axe
optique de la lunette.*

72. Cercle géodésique. — Le cercle géodésique se compose
essentiellement d'un cercle ou limbe gradué CC' (fig. 42), fixé à un
canon mobile perpendiculaire à son plan, qui peut prendre avec lui
un mouvement de rotation autour d'un axe vertical, dans lequel il est
engagé à frottement doux sans balottement, et d'une lunette LL',
avec laquelle on peut viser dans toutes les directions. Cette lunette
est également portée par un canon mobile susceptible de tourner
autour du prolongement de l'axe précédent, en entraînant avec lui
une règle AA' faisant fonction d'alidade, qui lui est invariablement
unie. L'alidade est munie d'un vernier à chacune de ses extrémités,
et porte une *vis de pression* P (73) et une *vis de rappel* R (73).
La trace du plan de collimation passe par le centre du limbe et par
les zéros des deux verniers de l'alidade.

La lunette est maintenue par des pièces convenablement disposées
à une certaine distance du limbe, de manière à lui permettre un mouvement de rotation dans un plan perpendiculaire au plan du limbe,
par conséquent *vertical* si le limbe est *horizontal.* On peut donc viser
avec cette lunette les points supérieurs ou inférieurs au plan du limbe,
ce qui lui a fait donner le nom de *lunette plongeante.* Un niveau rec-

tifiable *m n*, dont la règle inférieure est invariablement unie à l'alidade, sert à rendre le limbe horizontal. L'appareil tout entier est monté sur une base triangulaire reposant sur trois vis calantes V, V', V''. On installe l'instrument sur une plate-forme, qui est elle-même supportée par un pied à trois branches doubles.

73. Vis de pression, de serrage ou d'arrêt. — Vis de rappel. — Dans l'ensemble de l'appareil, on fait usage de *vis de pression*, pour fixer les parties de l'instrument qui doivent rester immobiles, et de *vis de rappel*, pour faire avancer lentement les parties qui doivent entrer en mouvement.

On se sert d'abord de la main pour amener chaque organe à peu près dans la position qu'il doit occuper, puis on achève de le placer au point précis à l'aide d'un mécanisme qui permet de lui imprimer des mouvements presqu'insensibles. A cet effet, l'alidade porte deux branches métalliques *a a'* (fig. 43), entre lesquelles passe une tige RR', dont le renflement sphérique S est retenu par deux cavités creusées dans les branches ; le reste de la tige pénètre, par une vis à filets très-fins, dans un écrou fixé à une pince P ; cette pince est formée de deux mâchoires qui embrassent le bord du limbe. Si l'on serre la *vis de pression* A, les deux mâchoires se rapprochent et saisissent le limbe ; la pince et l'écrou deviennent fixes par rapport au plan du limbe, et l'on ne peut plus faire mouvoir l'alidade qu'en tournant la *vis de rappel* RR'. Tel est en général le type des vis de rappel employées quand l'alidade est mobile. On remplace parfois ce mécanisme par un pignon qui engrène avec une roue dentée fixée au limbe.

Certains instruments présentent un mécanisme analogue pour faire mouvoir le plan du limbe et l'amener dans la position requise.

74. Manière de placer l'instrument en station. — On commence par disposer les trois branches du pied autour du sommet de l'angle à observer de telle sorte que la plate-forme soit à peu près horizontale, et que le centre du cercle soit sur la verticale du point O, (fig. 44), ce qu'il est facile de reconnaître à l'aide d'un fil-à-plomb ; on fixe l'instrument à la plate-forme par la réaction d'un ressort à boudin, que comprime une vis placée au-dessous de cette plate-forme. Il s'agit ensuite de rendre horizontal le plan du limbe, et vertical le plan de collimation. Nous avons vu, en parlant de l'instrument qui sert à tracer les grands alignements, comment on rend vertical le pivot de l'instrument à l'aide d'un niveau mobile rectifiable. Les instruments répétiteurs portent généralement un niveau rectifiable dont la base est invariablement unie à l'alidade dans le sens de sa longueur. On amène le niveau dans la direction déterminée par deux vis calantes, que l'on tourne en sens contraire jusqu'à ce que la bulle s'arrête entre ses repères ; puis, imprimant au système de l'alidade un mouvement azimutal de 180°, on regarde si la bulle est toujours entre ses repères ; dans le cas contraire, on corrige l'écart moitié avec la vis de rectification du niveau, moitié avec les deux vis calantes ; en recommençant plusieurs fois l'opération, on arrive à trouver toujours la bulle entre ses repères. Ensuite, on fait tourner l'alidade de 90°, de manière à la placer dans une position perpendiculaire à la position primitive, et l'on agit sur la troisième vis jusqu'à ce que le niveau soit calé. L'axe du pivot est alors vertical ; il est bon, pour bien s'en assurer, de réitérer plusieurs fois les mêmes manœuvres.

Le plan du limbe ne sera horizontal qu'autant que l'artiste constructeur l'aura rendu perpendiculaire au pivot : condition qui généralement est bien remplie.

Pour rendre vertical le plan de collimation, on suit la marche de la croisée des fils sur un fil-à-plomb, dans le mouvement de rotation de la lunette. Si la croisée des fils ne reste pas toujours sur le fil-à-plomb, on modifie la position du réticule dans le sens convenable à l'aide des vis disposées à cet effet.

Lorsque la construction de l'instrument le permet, on peut employer le procédé suivant :

On place l'intersection des fils sur un objet bien visible, puis, retournant l'axe de rotation bout pour bout, c'est-à-dire faisant tourner la lunette de 180° autour de son axe optique, on regarde si l'intersection des fils donne toujours sur le même point. S'il existe un écart, il indique le double de la déviation à corriger.

Ces différentes conditions remplies, l'instrument est dit *en station*.

75. **Observation des angles horizontaux.** — On amène le zéro du vernier de l'alidade sur le zéro du limbe, puis on serre la *vis de pression* de l'alidade ; si la coïncidence des deux zéros n'est pas parfaite, on la rectifie à l'aide de la *vis de rappel*. Après quoi, faisant tourner le limbe de manière à diriger la lunette sur le côté OA (fig. 44), on serre la vis de pression du pied de l'instrument (si toutefois l'instrument est pourvu de ce mécanisme), et, à l'aide de la vis de rappel, on achève le pointage avec la dernière exactitude. Ensuite, on desserre la vis de pression de l'alidade qu'on fait tourner à la main pour placer la ligne de visée dans la direction du côté OB, on serre alors la vis de pression, et, avec la vis de rappel, on achève le pointage ; enfin, on lit, au besoin à l'aide d'une loupe, sur le cercle gradué, l'arc qu'a parcouru l'alidade pour passer de la direction OA à la direction OB.

Si le limbe est divisé en demi-degrés et que le vernier corresponde à 59 divisions partagées en 60 parties égales, la différence entre une division du limbe et une division du vernier sera de 30″.

Lorsque le limbe est divisé en tiers de degrés, les verniers construits avec 39 divisions partagées en 40 parties égales accuseront la demi-minute ou 30″.

L'alidade portant deux verniers fournit deux lectures dont on prend la moyenne.

76. **Tour d'horizon.** — Lorsqu'autour d'un même point on doit observer plusieurs angles, après avoir amené l'alidade à zéro et avoir pointé la lunette sur un signal, on fixe le cercle ; puis on fait tourner l'alidade toujours dans le même sens pour viser successivement chacun des autres signaux.

On peut encore mesurer chacun des angles partiels isolément, et la somme de tous les angles autour d'un même point doit être égale à 360°. Cette vérification importante, connue sous le nom de *tour d'horizon*, serait illusoire dans le premier mode d'opérer.

77. Lunette de repère ou lunette témoin. — Le cercle porte ordinairement, outre la lunette principale que nous avons employée jusqu'à présent, une lunette plongeante inférieure, adaptée au cercle horizontal, et pouvant être fixée au canon du cercle par une vis de pression. Quand le cercle horizontal est fixé, on la dirige sur un point quelconque, puis on serre la vis de pression ; elle peut ainsi servir, pendant toute la durée des opérations, à vérifier si le cercle horizontal ne s'est point dérangé, et, au besoin, faire fonction d'alidade fixe. Cette lunette s'appelle *lunette de repère* ou *lunette témoin.*

Quelques cercles géodésiques, au lieu d'être montés sur colonne à base triangulaire, se terminent inférieurement par une douille pouvant s'adapter à la tige d'un pied à trois branches. Une disposition particulière permet, dans une certaine mesure, de faire prendre au limbe des positions diversement inclinées et de le rendre immobile à l'aide de quatre fortes vis à grosse tête. Cet instrument ne présente pas en station la même solidité que le cercle géodésique à base triangulaire, aussi il nécessite toujours l'emploi d'une lunette de repère.

78. Les angles mesurés sont réduits à l'horizon. — Nous avons dit que la lunette pouvait se mouvoir dans un plan perpendiculaire au plan du limbe. Dès lors, si le limbe est *horizontal,* la ligne de foi de l'alidade détermine sur le limbe la trace du plan *vertical* passant par l'axe optique de la lunette, ou, en d'autres termes, est la *projection horizontale* du rayon visuel mené du centre ds l'instrument au point observé.

Ainsi on peut dire :

Que les angles observés sur le limbe sont formés par les projections horizontales des rayons visuels dirigés dans l'espace.

Les angles mesurés sont donc toujours réduits à l'horizon.

79. Théodolite. — Dans le théodolite, la lunette supérieure se meut parallèlement à un second cercle perpendiculaire au premier et nommé *cercle vertical* ; le cercle inférieur horizontal prend alors le nom du *cercle azimutal*. Cette lunette entraîne avec elle une alidade, et, lorsqu'elle est horizontale, le zéro du vernier de cette alidade coïncide avec le zéro des divisions du cercle vertical.

Quelques théodolites présentent pour le cercle azimutal deux limbes concentriques : l'un extérieur portant une division, l'autre intérieur portant quatre verniers. Quatre loupes correspondant aux verniers servent à lire avec plus de facilité et de précision.

80. Mesure des angles verticaux. — Soit le point P (fig. 45) dont on veut mesurer la hauteur au-dessus de l'horizon ou la distance zénithale. L'instrument étant en station, dirigeons la lunette sur le point P et prenons la lecture fournie par l'index. Faisons tourner le système du cercle vertical d'un mouvement azimutal de 180°, l'axe optique de la lunette viendra occuper la position OP', telle que l'angle POP' sera le double de l'angle cherché. Si donc nous ramenons de nouveau la lunette sur le point P, l'arc pp' parcouru par l'index exprimera le double de la distance zénithale, et la différence entre les deux lectures représentera le double de l'angle proposé.

On peut éviter de faire deux observations en déterminant une fois pour toutes, d'après le procédé ci-dessus, le point de la graduation du cercle vertical qui correspond au zénith.

81. Vérification du cercle géodésique et du théodolite. — Avant de se servir d'un de ces instruments, il faut d'abord s'assurer que les divers mouvements ont la douceur et l'uniformité nécessaires, que l'appareil visuel satisfait à toutes les conditions requises, et surtout que l'instrument une fois en station garde son pointage. A cet effet on pointe la lunette sur un signal bien visible, et on arrête les mouvements de l'instrument en serrant toutes les vis de pression ;

puis, comme si l'on voulait changer la direction de la lunette, on exerce successivement de petits efforts sur les différentes parties de l'appareil. Si le rayon de visée s'est déplacé, c'est une preuve que l'instrument ne garde pas son pointage : il faut renoncer à s'en servir; si au contraire on retrouve le signal à la croisée des fils, il y aura lieu de soumettre encore l'instrument aux épreuves suivantes.

82. Vérification du centrage de l'alidade. — Si l'alidade pivotait autour d'un point qui ne fût pas le centre du limbe, ce défaut de construction deviendrait la cause d'une véritable erreur de lecture. On met cette imperfection en évidence en mesurant successivement le même angle avec les diverses parties du limbe. Les différences entre les lectures consécutives donneront l'erreur due au défaut de centrage.

83. Élimination de l'erreur de centrage. — Lorsqu'un instrument présente deux verniers diamétralement opposés par rapport au centre de pivotement, la demi-somme des angles donnés par les deux verniers est exempte de l'erreur de centrage. En effet un angle dont le sommet est dans un cercle a pour mesure la demi-somme des arcs compris entre ses côtés prolongés de part et d'autre jusqu'à la circonférence.

84. Erreur constante des verniers. — Lorsque l'alidade est bien centrée, les lectures faites sur les deux verniers doivent différer de 180°. Mais il peut arriver que cette différence ne soit pas égale à 180°, bien que le centrage de l'alidade soit parfait : c'est lorsque les deux zéros des verniers ne sont pas sur une même ligne droite avec le point de pivotement. Pour reconnaître l'existence de cette imperfection, on amène le zéro de l'un des verniers sur un trait quelconque du limbe, et on lit l'angle marqué par le zéro de l'autre vernier ; on amène ensuite le zéro de celui-ci sur le trait occupé par le zéro du premier vernier, et on lit de nouveau l'angle que marque ce dernier zéro. S'il y a une différence, elle fait connaître qu'il s'en faut de la moitié de l'écart observé que les zéros des deux verniers soient sur une même droite passant par le centre de pivotement.

L'erreur constante des verniers étant ainsi déterminée, on pourra corriger de cette erreur les angles à la mesure desquels on aura fait concourir les deux verniers.

85. Vérification de la graduation. — Nous avons admis implicitement, dans ce qui précède, que la division du limbe était parfaite. Si elle présentait de graves défectuosités, on le reconnaîtrait dans les différentes épreuves dont nous avons parlé. On peut du reste procéder à un examen attentif en opérant comme nous l'avons dit pour le graphomètre; c'est-à-dire en amenant successivement le zéro du vernier en face de chacun des traits du limbe, et en examinant comment ces traits s'écartent de ceux du vernier pour s'en rapprocher ensuite.

On construit aujourd'hui des machines ingénieuses à l'aide desquelles on obtient, dans la division des limbes, de véritables prodiges de précision. Quand on songe que chaque trait d'un cercle bien divisé est toujours à la place qu'il doit occuper, sans jamais s'en écarter de plus de 4″, on se sent pénétré d'admiration pour la perfection à laquelle a été portée cette branche de l'industrie moderne.

86. Excentricité des lunettes. — Les lunettes ne sont pas toujours disposées de manière que le plan vertical passant par leurs axes optiques passe aussi par des diamètres du limbe. D'ailleurs, dans tous les instruments à deux lunettes, la lunette inférieure est nécessairement *excentrique*, à cause de l'emplacement qu'occupe l'axe autour duquel elle se meut.

On peut dire que presque toujours, par rapport à la distance des points observés, la correction d'excentricité des lunettes est négligeable. De plus, il serait facile de prouver que la somme des corrections d'excentricité appliquées aux trois angles d'un triangle est nulle.

On évite du reste l'erreur due à l'excentricité par la *méthode du retournement*. Après avoir fait une première observation avec la lunette à droite du pivot vertical, on en fait une seconde avec la lunette à gauche.

La demi-somme des deux angles obtenus est indépendante de l'excentricité de l'appareil visuel.

Il y aurait beaucoup d'autres observations à faire au sujet des instruments répétiteurs s'il s'agissait des opérations les plus délicates de la géodésie proprement dite, mais ce que nous avons dit est bien suffisant pour tous les travaux dont nous nous occupons.

Nous terminerons ce chapitre en consacrant un paragrahe tout entier à la *répétition* et à la *réitération* des angles.

5° RÉPÉTITION ET RÉITÉRATION DES ANGLES.

87. Principe de la répétition des angles. — Parmi les causes d'erreur qui affectent la mesure des angles, plusieurs sont indépendantes de l'observateur ; on parvient à diminuer l'influence de ces causes d'erreur au moyen d'une méthode dite *Répétition des angles* [1].

La répétition des angles ne peut se réaliser qu'avec les instruments munis d'un cercle entier.

---

[1] L'idée de la répétition des angles est due à l'astronome Mayer, qui la fit connaître en 1777. Borda fit construire les premiers instruments propres à la mettre en pratique.

Elle est fondée sur le principe suivant:

Si, à partir d'un point fixe, on porte successivement n *fois la longueur d'un arc sur une circonférence graduée de même rayon, la longueur de cet arc en degrés sera exprimée par l'arc total parcouru divisé par* n.

Pour fixer les idées, concevons un cercle susceptible de tourner dans un plan horizontal autour de son centre, et fixé ou libre à volonté ; de même, une lunette fixe ou libre par rapport au plan du cercle.

Après avoir fixé la lunette au zéro de la graduation, faisons tourner l'appareil jusqu'à ce que la lunette soit dirigée sur le point A (fig. 44) à gauche ; le pointage achevé, fixons le cercle et faisons tourner la lunette pour la diriger sur le point B ; l'arc *om* mesure l'angle des deux rayons visuels. Faisons tourner de nouveau tout l'appareil de manière à diriger une seconde fois la lunette sur le point A ; le zéro de la division vient se placer en *o* (fig. 46) ; fixons le cercle et ramenons encore la lunette sur le point B ; l'arc *omm'* mesure évidemment le double de l'angle AOB. Continuant de la même manière on obtiendrait un multiple quelconque de l'angle AOB. On lit sur les deux verniers l'angle total, et l'on prend la moyenne qui, divisée par le nombre des répétitions, donne la mesure de l'angle.

88. Marche de la répétition avec deux lunettes. — Il est clair que, lorsque l'instrument est pourvu de deux lunettes, la répétition marche beaucoup plus vite ; voici alors comment on opère :

Fixons la lunette *supérieure* à zéro, et faisons tourner l'appareil pour la diriger sur le point A (fig. 47) à gauche. Portons la lunette *inférieure* sur le point B à droite ; l'angle *om* compris entre les deux lunettes ne peut pas être lu, attendu que, relativement au zéro de la graduation, la lunette *inférieure* seule a marché. Actuellement, faisons tourner tout le système de manière à amener la lunette *inférieure* sur le point A, et détachons la lunette *supérieure* pour la diriger sur le point B (fig. 48) : celle-ci aura parcouru l'arc om' double de l'angle cherché.

Ainsi le double de l'angle s'obtient par deux observations conjuguées.

En recommençant une nouvelle couple d'observations, on aura le quadruple de l'angle et ainsi de suite les multiples pairs ; l'opération marchera donc deux fois plus vite que si l'on mesurait les séries 1, 2 3.... etc. de l'angle observé.

Quand on opère par série de multiples pairs, on lit tous les multiples pairs, et on fait les quotients au fur et à mesure pour voir si les séries marchent bien.

Afin de mettre de l'ordre dans les observations que l'on recueille sur les lieux, ont fait des tableaux (235) dans lesquels on inscrit les angles multiples et simples ainsi que tous les éléments de réduction dont nous parlerons plus tard.

89. Détermination de l'arc moyen parcouru par un vernier imaginaire moyen, dans le cas où l'instrument présente quatre verniers. — Nous avons dit que dans certains théodolites la lunette supérieure entraîne avec elle quatre verniers placés à angles droits autant qu'a pu le faire le constructeur. Cette disposition a pour but d'atténuer, par une moyenne entre les quatre indications, les erreurs dues à la lecture et à l'imperfection de l'instrument. Voici comment on peut opérer pour obtenir l'arc moyen parcouru par un vernier imaginaire moyen.

Supposons que les verniers donnent directement la demi-minute ou 30″, et par estime 15″, et qu'au point de départ ils indiquent :

$$0° \; 0' \; 0'', \; + \; 0° \; 0' \; 15'', \; - \; 0° \; 0' \; 30'', \; + \; 0° \; 0' \; 30'',$$

en désignant par $+$ et $-$ la position du zéro de chacun des verniers en avant ou en arrière de 90°, 180° et 270° ; le départ du vernier moyen sera

$$\frac{+ \; 15 \; - \; 30 \; + \; 30}{4} = + \; 3'', 75.$$

Si à la fin des observations nous lisons :

$$145° \ 12' \ 30''$$
$$12'$$
$$12' \ 30''$$
$$12' \ 15''$$
$$\frac{49' \ 15''}{4} = 12' \ 18'', 75$$

Le vernier moyen indique alors 145° 12' 18", 75, mais il partait de + 3", 75 au lieu de zéro ; on a donc pour résultat final de l'arc moyen parcouru : 145° 12' 15".

90. Limite des avantages de la répétition. — La pratique nous apprend que le principe ingénieux de la répétitiou n'offre des avantages que dans une certaine limite, qui varie d'ailleurs d'un instrument à un autre.

Pour déterminer cette limite, on lit les multiples successifs d'un angle, et on calcule la valeur de l'angle simple correspondant. Si les avantages de la répétition n'étaient pas limités, il est évident que les différences entre les valeurs consécutives de l'angle simple devraient décroître indéfiniment. Or il arrive toujours qu'après un certain nombre de répétitions, les différences cessent de décroître et restent stationnaires. Il est donc utile de connaître cette limite, si l'on ne veut pas s'exposer à faire un certain nombre de répétitions en pure perte.

On doit attribuer la limite des avantages de la répétition à l'imperfection inévitable de tout travail humain et aux défauts de construction de l'instrument lui-même.

91. Influence de la répétition sur les causes d'erreur qui affectent la mesure des angles. — Nous n'avons à considérer que les causes d'erreur indépendantes de l'opérateur ; les principales sont :

1° *Imperfection dans la division du limbe.*

La répétition tend à mettre à l'abri de cette cause d'erreur, parce qu'à chaque répétition l'extrémité de l'arc tombe sur les différentes parties du limbe, en sorte que les erreurs peuvent se compenser plus ou moins ; le cas le plus défavorable n'atteindra jamais que l'erreur commise dans la mesure de l'angle simple.

2° Différence qui peut exister entre l'axe de rotation et le centre du limbe.

Si les angles n'ont pas exactement leurs sommets au centre du cercle gradué, les mesures trop petites dans une position sont trop grandes dans la position opposée. Par suite de la répétition, la mesure de l'angle trop grande dans une partie du limbe peut s'effectuer aussi sur la partie opposée où. elle devient trop petite ; il y a donc une compensation au moins partielle.

3° Erreur de pointage.

Cette erreur provient de l'incertitude qui peut exister sur le point à viser ; en effet les sommets des triangles, qui devraient être des points mathématiques, sont souvent représentés par des monuments, qui peuvent apparaître à l'observateur sous des aspects différents, suivant les circonstances.

La répétition présente ici une compensation qui ne sera pas toujours parfaite, mais qui est cependant possible ; et, lors même que les erreurs s'accumuleraient dans le même sens, l'erreur finale ne serait jamais plus grande que l'erreur commise dans la mesure de l'angle simple.

4° Erreur de lecture.

En admettant que l'angle indiqué par les verniers soit exact, on pourra commettre quelqu'erreur en le lisant. La répétition est ici d'un grand secours. L'angle final s'obtient en divisant l'arc total par le multiple de l'angle ; l'erreur de lecture se trouve donc divisée par le dernier coefficient.

5° Dérangement d'une partie de l'instrument pendant l'opération.

On évitera cette cause d'erreur en se pénétrant des prescriptions à suivre pour la manœuvre des instruments. Toutes ces prescriptions sont loin d'avoir la même importance. Pour n'en citer qu'un exemple, supposons l'instrument placé en station et l'horizontalité du limbe quelque peu défectueuse ; ce défaut aurait pour résultat de projeter les angles sur un plan quelque peu différent du plan horizontal et de donner suite à une erreur ; mais cette erreur est tout-à-fait négligeable.

Si au contraire on n'a pas très-fortement fixé le limbe, le mouvement particulier de la lunette nécessaire pour pointer le second côté de l'angle pourra déranger le limbe, et l'erreur commise se transportera en vraie grandeur sur la mesure de l'angle.

Il serait impossible de passer en revue toutes les circonstances particulières qui peuvent influer plus ou moins sur la mesure des angles : c'est à l'intelligence et à la sagacité de l'opérateur d'apprécier l'importance relative des diverses prescriptions analysées.

Il devra surtout ne pas perdre de vue que le trop de précautions prises ne peut qu'entraîner une légère perte de temps, tandis que le manque de soins l'expose à fournir un travail inexact et insuffisant.

92. Réitération. — La réitération consiste à mesurer l'angle proposé plusieurs fois de suite en prenant successivement pour points de départ différentes divisions du limbe régulièrement espacées, telles que 30°, 60°, 90°, etc., et à diviser la somme de ces mesures par leur nombre.

Dans la réitération comme dans la répétition, les différentes parties du limbe sont mises en action pour compenser autant que possible les erreurs dues à la graduation.

La réitération exige une lecture pour chaque angle, et offre l'avantage de pouvoir comparer les différences successives des mesures obtenues pour le même angle. En effectuant la répétition par séries de multiples pairs et en faisant, comme nous l'avons dit, les quotients au fur et à mesure, on peut également voir les différences des lectures consécutives du même angle, et, comme en définitive on n'emploie pour la détermination de l'angle que la dernière lecture, on évite les erreurs de lecture qui peuvent être commises dans la réitération.

Au reste, la réitération, tout aussi bien que la répétition, peut donner d'excellents résultats; son emploi présente de même une limite au-delà de laquelle il cesse d'être avantageux ; cette limite se détermine comme pour la répétition.

6° PRINCIPES RELATIFS A LA PRÉCISION DES MESURES.

93. Lorsqu'on exécute plusieurs fois la même opération dans des circonstances aussi semblables que possibles, on apprécie le degré de précision de son travail d'après la grandeur des différences qui existent entre les résultats consécutifs.

Moins les différences sont grandes, plus la précision augmente ; c'est là une question de simple bon sens. Mais il est une science connue sous le nom de *calcul des chances et des probabilités*, et reposant sur des connaissances mathématiques d'un ordre fort élevé, qui permet de choisir le milieu le plus sûr entre les différents résultats de la même opération, et d'évaluer numériquement le degré de précision du milieu que l'on adopte. Sans vouloir aborder la théorie de cette science, nous lui emprunterons deux principes aussi utiles dans la pratique que faciles dans leur application.

94. 1° Principe de la moyenne arithmétique. — *Si les mesures d'une même quantité présentent des différences purement fortuites, le milieu à prendre entre ces mesures est leur moyenne arithmétique, c'est-à-dire leur somme divisée par leur nombre.*

Supposons que le chaînage d'une même distance a donné successivement les résultats suivants :

$$1° \quad 842.30$$
$$2° \quad 842.10$$
$$3° \quad 842.50$$

La somme de ces trois résultats est 2526,90, dont le $\frac{1}{3}$ est de 842.30. Telle est la mesure la plus probable de la distance proposée.

Il faut que les différences résultent d'accidents purement fortuits pour que l'application de ce principe puisse conduire à des résultats plausibles.

Si, par exemple, la chaîne subissait un allongement pendant le cours des opérations, les mesures après l'allongement seraient plus courtes, et les nombres obtenus en pareil cas ne seraient pas dans les conditions requises pour l'application du principe précédent.

Il est de toute nécessité que les circonstances dans lesquelles on opère restent les mêmes pendant toute la durée du travail.

95. 2° Principe donnant le degré de précision d'une moyenne de plusieurs résultats. — *Le degré de précision de la moyenne entre les résultats de plusieurs opérations est proportionnel à la racine carrée du nombre des opérations.*

Ainsi, la précision probable de la moyenne entre les résultats de quatre opérations est double de celle d'une opération simple. Cette précision devient triple avec neuf opérations, quadruple avec seize, etc. [1].

---

[1] Consulter l'ouvrage de M. Cournot, intitulé : *Exposition de la théorie des chances et des probabilités;* et l'ouvrage de M. Liagre, intitulé : *Calcul des probabilités et théorie des erreurs.*

LIVRE III.

LEVÉ DES PLANS.

I. Du plan parcellaire.

96. Le plan parcellaire représente exactement, dans des proportions réduites, le territoire ou une portion du territoire d'une commune dans ses plus petites subdivisions soit de cultures, soit de propriétés. Il doit être l'image parfaite du terrain, tant pour la précision géométrique de sa configuration, que pour la reproduction fidèle de tous les détails qu'il renferme.

Une parcelle est une portion de terrain plus ou moins grande, située dans un même canton, triage ou lieu dit, présentant une même nature de culture, et appartenant à un même propriétaire.

Ainsi une masse de terre labourable qui se partage en dix propriétaires forme dix parcelles.

Une masse de terre appartenant à un seul propriétaire, mais partagée en dix champs, chacun d'une nature absolument distincte de ceux auxquels il est attenant, et devant recevoir une estimation différente, forme dix parcelles.

Un champ d'une même culture, appartenant au même propriétaire, mais divisé en deux par une haie, un fossé large et profond, un chemin public, une rivière, un ruisseau, ou autre limite fixe, forme deux parcelles.

Ne sont pas considérés comme divisant les propriétés :

Un sentier ou chemin de servitude ou d'exploitation ;

Un simple ruisseau, ou rigole d'écoulement, ou d'irrigation ;

Un mur de soutènement ou terrasse.

La superficie des maisons et bâtiments est levée comme celle des autres propriétés non bâties, et forme parcelle.

On ne fait qu'une seule et même parcelle de la maison d'habitation, de la cour et des bâtiments ruraux, lorsque le tout est contigu.

Les églises, les monuments ou édifices publics, et en général tous les terrains clos employés à un service public, forment parcelle.

Toutes les parcelles, telles qu'elles viennent d'être définies, doivent être mesurées exactement, et rapportées sur le plan.

On doit lever également les objets les plus remarquables, tels que les croix, bornes, ponts, bacs, gués, etc.

II. Du croquis d'opérations.

97. Le croquis, comme le plan, doit être autant que possible l'image fidèle de la configuration du terrain. On établit généralement le croquis à l'échelle du plan, mais cette condition n'a rien d'absolu. Il est bon d'avoir sur le terrain une petite règle plate dont les bords taillés en biseau présentent l'échelle à laquelle on opère : cet instrument est d'un grand secours pour placer les détails et toutes les lignes de construction dans leurs positions respectives.

Le croquis est fait à l'encre ; toutes les annotations, toutes les cotes, doivent y être inscrites d'une manière claire et intelligible, en évitant avec le plus grand soin toute espèce de confusion.

Si les détails sont trop petits et trop multipliés pour les proportions du croquis, on développe, sur une partie séparée, la portion du plan pour laquelle ce soin est nécessaire.

Enfin le croquis doit présenter toutes les données nécessaires au rapport du plan avec une telle netteté qu'on n'éprouve jamais la moindre hésitation pour établir avec certitude, sur le papier, l'un quelconque des points du terrain.

CHAPITRE Ier.

1° Levé des détails.

98. Nous avons dit que, pour lever le plan d'un terrain, on établit sur le sol un système de lignes droites dont les directions sont choisies de manière à passer à côté des points dont on veut déterminer la position sur le plan. L'ensemble de ces lignes auxiliaires forme le canevas topographique.

Quel que soit le moyen employé pour lever le canevas, on rattache ordinairement les détails aux lignes de ce canevas par quelques constructions simples et rapides, dont nous allons d'abord nous occuper ; nous passerons ensuite en revue les différents procédés que l'on peut employer pour lever le canevas.

99. Levé à la chaîne. — Il y a autant de manières de lever les détails qu'il y a de manières de rattacher sûrement, à une droite servant de base, les points du terrain que l'on veut faire figurer sur le plan.

Sans autre instrument que la chaîne, on peut facilement rattacher un point quelconque à une base.

Soit, par exemple, la façade A B C D E (fig. 49), et la base xx'. A partir du point p déterminé, mesurons les longueurs pp' et pp'', puis les distances p' A et p'' A ; on aura tous les éléments nécessaires à la construction du triangle p' A p''. En effet, sur la ligne xx' rapportée sur le plan et à partir du point p déjà placé sur cette ligne, ou dont la position est déterminée par sa distance à un autre point déjà rapporté, on prend les distances pp' et pp'' à l'échelle du plan, puis avec les rayons p' A et p'' A, également pris à l'échelle, on décrit deux arcs de cercle dont l'intersection est le point A. On détermine de même la position des autres points B, C, D, etc.

Nous ferons observer qu'on compte toujours les distances des points p', p'', p''', etc., au même point p.

Cette méthode, appelée *méthode des intersections* ou de *recoupement*, ne donne pas des résultats bien certains ; en effet, si l'on commet une erreur dans la mesure des distances p' A et p'' A, les deux arcs de cercle pourront se couper encore en un point qui s'écartera plus ou moins de la véritable position du point A. Lorsqu'on emploie ce mode d'opérer, il faut toujours avoir recours à une troisième distance, dite de vérification. Ainsi, sur la base xx', nous prendrons également le point q dans l'alignement du mur AA', par exemple ; la distance q A, entre les points q et A rapportés, devra être trouvée la même sur le plan que sur le terrain.

De plus, si l'on a encore mesuré les distances q A' et p A', une nouvelle intersection de ces rayons donnera le point A'; les trois points q, A et A' devront se trouver en ligne droite, et donneront l'alignement AA'.

Les objets en saillie, tels que perrons, contreforts, se rattachent à la façade elle-même ; on mesure les distances cg, gv, et la distance vd donne une vérification ; enfin, les longueurs gh et vi permettront de construire le rectangle $ghvi$.

On lèverait de même une porte cochère ou le rectangle rentrant $jlmn$.

Pour qu'on puisse compter sur les résultats fournis par cette méthode, il faut que les points à lever soient très-voisin de la ligne de base et que l'on ait su se ménager des vérifications.

Lorsque certains points sont tellement situés que la méthode ne paraît devoir donner qu'un résultat douteux, il faut recourir à une construction auxiliaire qu'on rattache à la ligne d'opérations.

100. Levé à l'équerre. — Ce levé est généralement plus expéditif et moins incertain que le levé à la chaîne seule.

Soit à lever le chemin $ABCDE$ (fig. 50). Si le chemin est découvert, la ligne d'opérations est établie de manière à se rapprocher le plus possible des sinuosités, en les laissant à droite ou à gauche.

Au point p déterminé sur la ligne de base xx', élevons la perpendiculaire prr', qui détermine les points r et r' du chemin; prenons les distances pp' et pp'', qui déterminent encore les deux points p' et p'' du chemin; élevons de nouveau la perpendiculaire $p'''uu'$, qui donnera les points u et u', et ainsi de suite. Lorsque le chemin offre à peu près partout la même largeur, on peut se contenter de prendre cette largeur à quelques perpendiculaires seulement. Les perpendiculaires ainsi élevées sur la base doivent toujours être très-courtes, et généralement ne pas dépasser la longueur totale de la chaîne. Si l'un des contours du chemin est éloigné, on construit le triangle yzy', en prenant, pour vérification de l'intersection z, la ligne zz'; puis on continue d'élever les perpendiculaires sur les bases auxiliaires yz et zy'.

On suivrait la même marche pour lever un ruisseau.

Mais, si le chemin comme le ruisseau, au lieu d'être découvert, ainsi que nous l'avons supposé, se trouvait bordé par un obstacle, une haie impénétrable, etc., on ne pourrait lever qu'un seul côté à la fois, en établissant de part et d'autre une base se rapprochant autant que possible des contours à lever.

De même, si le ruisseau, tout en étant découvert, était tellement large qu'on ne pût le franchir facilement, il faudrait établir deux lignes d'opérations. Cependant, si le peu de largeur du ruisseau permettait de distinguer facilement les détails de la rive opposée,

11

on pourrait recourir au procédé suivant. Pendant que sur la ligne de base on élève les perpendiculaires pA (fig. 51), p'B, p''C, d'un côté de la rivière, un aide marchant de l'autre côté, plante au fur et à mesure les jalons A′, B′, C′, à l'extrémité de ces perpendiculaires, puis, tout en cheminant sur la ligne d'opération xx', on mène les obliques oA′, o'B′, o''C′, à 45°, au moyen de l'angle demi-droit de l'équerre. Les distances po, $p'o'$, $p''o''$, sont les longueurs des perpendiculaires pA′, p'B′, p''C′, puisque les triangles pA′o, p'B′o', p''C′o'', sont isocèles par construction.

Nous avons dit que les perpendiculaires devaient être très-courtes. En se conformant à cette prescription, on peut se contenter d'élever les perpendiculaires à vue d'œil. En effet, avec un peu d'habitude et sans le secours d'aucun instrument, on mène facilement une petite perpendiculaire à un décimètre près, et l'erreur commise dans ce cas, tant sur la longueur totale de la perpendiculaire que sur la véritable position du point relevé, ne dépasse pas un décimètre : erreur inappréciable à l'échelle de 1 à 1,000 et au-dessous.

Comme on n'a pas d'autre but dans le levé des détails que de traduire immédiatement sur le papier, par des constructions graphiques, les opérations exécutées sur le terrain, on doit traiter comme n'existant pas toutes les erreurs qui à l'échelle du plan sont inappréciables.

Lorsqu'on reconnaît qu'une courbe est circulaire, on ne lève que trois points, puisque trois points suffisent pour déterminer une circonférence ; mais il est bon d'en lever un plus grand nombre pour vérification, et de plus de mener quelques tangentes pour faciliter le tracé de la courbe.

Si, en opérant le chaînage d'une ligne, l'arpenteur veut mesurer des perpendiculaires à droite ou à gauche, il inscrit sur le croquis la dimension de la ligne au point où se trouve le pied de la perpendiculaire, puis fait tourner le porte-chaîne du côté du point où aboutit cette perpendiculaire ; mesure celle-ci avec les fiches restant au porte-chaîne, qui reprend ces mêmes fiches quand le mesurage de la perpendiculaire est terminé. Le chaînage de la ligne principale se continue alors à partir de la dernière fiche laissée en attente, et où l'arpenteur reprend les fiches qu'il y avait déposées.

Quand on lève les détails à l'équerre, il est facile d'établir le croquis d'une manière convenable, puisqu'il n'y a, pour ainsi dire, que la proportion des longueurs à garder. Il est aisé de tracer approximativement l'angle droit ; quant aux longueurs, on peut, pour les fixer, s'aider d'une règle à biseau sur les bords de laquelle l'échelle du plan est tracée.

En faisant le rapport du plan, on établit la base xx' (fig. 50) d'une seule fois ; on fixe ensuite la position des points intermédiaires en partant toujours du même point d'origine p par exemple.

Nous ne nous étendrons pas davantage sur la question du levé des détails, nous devons d'ailleurs y revenir en parlant du levé du parcellaire dans la méthode dite par *alignements* ou par *directions*.

CHAPITRE II.

Levé du canevas à la chaîne.

101. Supposons qu'il s'agisse de lever le polygone A B C D E F (fig. 52). Si l'intérieur est accessible, on le divise en triangles par des lignes partant d'un sommet, et l'on mesure les trois côtés de chaque triangle.

Pour rapporter le polygone sur le papier, traçons une ligne A B réduite d'après l'échelle du plan à la longueur A B mesurée sur le terrain ; du point A, comme centre, avec un rayon égal à A E, décrivons un arc de cercle, du point B, avec un rayon égal à B E, décrivons un second arc de cercle, l'intersection de ces deux arcs donne la position du point E. Ensuite sur le côté A E comme base, construisons le triangle A EF avec les deux rayons A F et E F ; et de même de proche en proche les autres triangles.

Ce mode de rapporter les triangles serait défectueux si les côtés des triangles étaient fort développés et qu'il fallût ajouter au compas des branches d'allonge ; ou bien encore si le triangle présentait au point d'intersection rapporté un angle trop aigu ; il doit être limité aux triangles qui permettent de l'employer sans inconvénients.

De plus, une erreur de chaînage altérerait la position des points rapportés ; et, comme on se sert du point précédemment déterminé pour fixer la position du point suivant, il y aurait continuité et accumulation d'erreur. Il faut donc mesurer très-exactement les côtés des triangles, et au besoin prendre, pour chaque triangle, une ligne de vérification telle que vE dans le triangle ABE.

On peut diviser le polygone en triangles, par des lignes menées d'un point intérieur ou d'une base prise également dans l'intérieur.

Si l'intérieur du polygone n'est pas accessible, on prend au point A (fig. 52), sur les côtés AB et AF, deux longueurs quelconques Ap et Aq ; puis on mesure pq.

Du point A, comme centre, avec un rayon égal à Ap, décrivons un arc de cercle ; décrivons un second arc de cercle du point q avec un rayon pq ; l'intersection de ces deux arcs donne le point p, qui, avec le point A, détermine la direction AF ; on prend sur cette direction la longueur AF, mesurée sur le terrain, et l'on a le point F. Si l'on ne pouvait pas mesurer pq dans l'intérieur du polygone, on prendrait le triangle Apr.

On établirait de même les directions B C, C D, etc., ainsi que les points C, D, etc.

Cette méthode, dans laquelle on mesure successivement les côtés A B, B C, en ayant soin de déterminer à chaque sommet A, B, C, etc.,

la direction du côté qui le joint au sommet suivant, porte le nom de
méthode par cheminement.

Lorsqu'après avoir rapporté les points F, A, B, C, D, E, on rapportera la direction E F, cette direction devra passer au point F déjà
rapporté, et la longueur E F à l'échelle du plan devra représenter
la longueur du côté E F mesuré sur le terrain.

Cette manière de lever le canevas, vraie dans son principe, offre
dans la pratique de nombreuses chances d'erreur. D'abord il est
difficile de mesurer très-exactement les côtés du triangle *Apq* ou
Apr; de plus le moindre déplacement du point *p*, soit par suite
d'une imperfection de chaînage, soit à cause d'un manque de précision dans le rapport, grandira pour le point F proportionnellement
à la longueur du côté AF; chaque point étant fixé d'après la position
du point précédemment rapporté, il y aura continuité et accumulation d'erreur.

En outre on comprend que l'exactitude du résultat obtenu dépend
ici non-seulement du degré de précision avec lequel on a mesuré ou
construit chacun des triangles *Apq*, *Apr*, etc., mais aussi de la
forme même du triangle. Si le triangle présente en *p* un angle très-
aigu, la moindre erreur commise sur la mesure d'un des côtés du
triangle influera sur la véritable position du point *p* beaucoup plus
que si le triangle est isocèle.

102. Appréciation du levé à la chaîne. — S'il ne s'agissait que
de lever des plans de 25 à 30 hectares sur un terrain favorablement
situé, on pourrait se borner à ces sortes de constructions méthodi-
ques de triangles si familières aux arpenteurs routiniers; mais, que
le terrain à représenter offre, au contraire, une vaste étendue, qu'il
soit inégal, accidenté, couvert de forêts, d'habitations, de cultures;
coupé par de larges fossés, des levées, des haies ou d'autres clôtures
infranchissables; sillonné par des canaux, des chemins creux, des
cours d'eau, les procédés dont l'application avait d'abord paru si
facile vont faire défaut, les erreurs se multiplieront à chaque pas, et
l'on s'arrêtera, frappé d'impuissance, devant les difficultés qui sur-

giront de toutes parts. Le tracé de ces grandes lignes, encadrant le territoire à lever deviendra complétement impossible ; de plus le mesurage de ces longs alignements, quels que soient le soin et l'expérience qu'on y apporte, sera toujours entaché d'erreurs iné-vitables, qui déplaceront sensiblement les points principaux et, par conséquent, tous les détails intermédiaires.

Nous considérerons donc le levé du canevas à la chaîne, non pas comme une méthode usuelle, mais plutôt comme un simple expédient utile dans quelques circonstances particulières, et pouvant, tout au plus, donner des résultats satisfaisants sur un terrain tellement situé que l'on puisse répondre de la mesure des côtés de chaque triangle ; encore faudrait-il calculer trigonométriquement les angles de ces triangles, et rapporter leurs sommets, non plus par intersection, mais au moyen du système des coordonnées rectangulaires dont nous parlerons dans le paragraphe suivant (¹).

CHAPITRE III.

Levé au Graphomètre.

103. Le levé au graphomètre comprend toutes les méthodes dans lesquelles on procède à la mesure des angles que les lignes du canevas font entre elles. Quel que soit le goniomètre employé, la marche à suivre est exactement la même quant à l'ensemble de l'opération.

Pour fixer les idées, supposons qu'il s'agisse de lever le polygone ABCDE.

Plusieurs procédés s'offrent tout d'abord à l'esprit pour déter-

---

(¹) Il ne faut pas confondre le levé du canevas à la chaîne avec la méthode du levé par alignements ou par directions (chapitre VI).

miner géométriquement la position des points A, B, C, etc., les uns par rapport aux autres.

On peut diviser le polygone en triangles par des droites menées d'un sommet du polygone (fig. 52) ou d'un point intérieur, c'est la *méthode par rayonnement*, ou bien mesurer successivement les côtés AB, BC, CD, etc., ainsi que les angles A, B, C, etc., c'est la *méthode par cheminement.*

Si l'on peut employer la première méthode, il suffira de mesurer très-exactement un côté quelconque, AB (fig 52) par exemple, ainsi que tous les angles formés autour des points A, B, C, D, etc., pour avoir tous les éléments nécessaires à la détermination des triangles composant le polygone. En effet, à l'aide de la base AB et des angles adjacents BAE, ABE, on calculera les côtés AE et BE, ces côtés pourront à leur tour servir de base pour calculer les côtés des triangles contigus et ainsi de suite.

Si le terrain est couvert d'obstacles qui empêchent de viser dans les directions convenables, on emploie la méthode par cheminement

104. A l'aide de données suffisantes, on peut par le calcul trigonométrique déterminer les distances à un centimètre près, et même moins s'il est nécessaire. Le chaînage étant loin de pouvoir fournir cette approximation, il faut le limiter autant que possible pour le levé des points principaux; c'est pourquoi nous donnons la préférence à la méthode de la décomposition en triangles, qu'on appellera, si l'on veut, triangulation auxiliaire [1], et qui n'exige que la mesure d'une seule droite.

On citera peut-être, en faveur de la méthode par cheminement, l'avantage de pouvoir immédiatement lever les détails en mesurant les côtés A B, B C, etc. ; mais rien n'empêche de suivre la même marche dans la première méthode, et de lever, en se rendant aux

---

[1] La triangulation proprement dite fait l'objet du livre V.

points B, C, D, etc., tous les détails intermédiaires, sauf à ne tenir compte pour l'établissement des points B, C, D, etc., que des distances obtenues par le calcul ; il y aurait même ici une vérification entre les longueurs mesurées sur le terrain et celles déduites de l'enchaînement des triangles.

105. Vérifications à opérer immédiatement après le levé d'un polygone. — Si l'on emploie le mode de la division en triangles, il suffit de s'assurer que la somme des trois angles de chaque triangle est bien égale à 180°.

Si l'on suit la méthode par cheminement, il faut se rappeler que la somme des *angles intérieurs d'un polygone* est égale à autant de fois deux angles droits qu'il y a de côtés moins deux.

Le polygone pris pour exemple a 6 côtés ; la somme des angles intérieurs doit être égale à $180° \times 4 = 720°$. L'angle intérieur qui correspond à l'angle rentrant BCD vaut évidemment 360° — BCD.

A cette vérification on peut substituer la suivante :

Supposons que, pour parcourir le périmètre du polygone ABC etc. (fig. 53), on parte du point A dans le sens indiqué par la flèche ; arrivé en B, il faut, pour prendre la direction BC, *dévier à gauche* de la quantité angulaire *mn*, qui est égale au supplément de l'angle ABC ; arrivé en C, on passe à la direction CD en *déviant à droite* de la quantité angulaire *m'n'*, et ainsi de suite jusqu'au point A, où la déviation du côté FA pour rentrer dans la direction primitive AB est égale au supplément de l'angle FAB. Ainsi, pour obtenir les déviations successives des côtés d'un polygone, on prend tout simplement les suppléments des angles mesurés ; et, si l'on compare la somme des déviations *à droite* à la somme des déviations *à gauche*, on trouvera une différence de 360°. En d'autres termes, si l'on affecte du signe + les déviations *à gauche* et du signe — les déviations *à droite*, on pourra poser la règle suivante :

Dans tout polygone, la somme algébrique des déviations est égale à 360°.

Si l'une des vérifications qui précèdent fait reconnaître une différence en plus ou en moins d'un très-petit nombre de minutes, et que cette différence ne donne pas lieu de craindre une erreur grave, on répartit l'excès ou le déficit aussi également que possible entre les différents angles.

Il est bon de savoir qu'on ne peut jamais attribuer la différence en plus, lorsqu'elle existe, à la sphéricité du globe terrestre, c'est-à-dire à ce que l'on appelle l'*excès sphérique*. En effet cet excès, qui est proportionnel à l'espace renfermé dans le polygone, ne donne guère qu'une seconde pour une superficie de près de 20,000 hectares.

106. Construction du canevas sur le papier. — Rapporteur. — Quand le canevas à construire est peu étendu, on peut se servir, pour décrire graphiquement les angles sur le papier, d'un instrument nommé *rapporteur*. C'est un demi-cercle en corne transparente dont la surface est augmentée du rectangle AB (fig. 54) ; la ligne AB parallèle au diamètre 0-180° sert de règle pour tracer les lignes sur le papier. Le diamètre doit avoir au moins de $0^m 15$ à $0^m 20$. La circonférence porte une graduation en demi-degrés et quelquefois en quart de degrés.

Soit à construire le polygone ABC, etc. (fig. 53), plaçons arbitrairement le côté AB réduit à l'échelle de manière que le plan tienne tout entier sur la feuille de dessin ; construisons en B un angle égal à celui qu'on a mesuré sur le terrain ; puis, à partir du point B, prenons, sur la direction BC, la longueur BC à l'échelle ; au point C construisons un angle égal à l'angle mesuré, etc. Le polygone doit se fermer exactement et satisfaire, en général, à toutes les relations géométriques prises sur le terrain.

Si le polygone a été levé par la méthode de décomposition en triangles, on construit les triangles de proche en proche.

Quelle que soit l'habileté de l'opérateur, il est rare qu'en employant la méthode du rapporteur, on puisse arriver à faire disparaître toute discordance. Si quelquefois les désaccords sont insensibles, c'est à raison de la petitesse de l'échelle, et, en adoptant une échelle plus grande, on les mettrait en évidence. Le procédé suivant est bien préférable.

107. Système des coordonnées rectangulaires. — On nomme, en général, système de coordonnées les moyens auxquels on a recours pour fixer la position des points, des lignes, des surfaces, soit sur un plan, soit dans l'espace.

Dans le système des *coordonnées rectangulaires*, la position des points sur un plan est déterminée d'après leurs distances à deux droites rectangulaires prises pour *axes*; ce qui permet de remplacer, dans les données nécessaires à la construction d'un polygone, les angles par des longueurs calculées trigonométriquement.

Pour bien faire saisir l'esprit du procédé, nous allons l'appliquer aux trois droites A B (fig. 55), B C et C D placées bout à bout, en supposant qu'on a mesuré sur le terrain les longueurs de ces lignes et les deux angles B et C.

Prenons pour axes les deux droites M M' et P P' perpendiculaires entre elles et passant par le point A. La position du point B sera déterminée par les projections ou par les distances B b et B b'; celle du point C, par les distances C c et C c'; celle du point D, par les distances D d et D d'. Les distances B b, C c, D d, prennent le nom d'*ordonnées*; les distances B b', C c', D d', celui d'*abscisses*; prises ensemble, elles s'appellent les *coordonnées* des points B, C, D.

On prend ordinairement pour axes la méridienne et la perpendiculaire: dans ce cas, il faut mesurer l'angle que fait un côté, A B par exemple, avec la méridienne; mais on peut choisir à volonté la position des axes, et par conséquent prendre un angle quelconque *mn*.

Dans le triangle rectangle ABb, nous connaissons l'hypoténuse A B et l'angle aigu B A b, nous avons donc pour le point B :

$$B \begin{cases} Bb = AB \sin BAb; \\ Ab \text{ ou } Bb' = AB \cos BAb. \end{cases}$$

Dans le triangle $c''BC$, nous connaissons l'hypoténuse BC; l'angle aigu $c''BC$ est égal à l'angle bAB moins l'angle CBu qui lui-même vaut $180°$ — ABC; on a donc encore pour le point C :

$$C \begin{cases} Cc = Bb + BC \sin c''BC; \\ Cc' = Bb' + BC \cos c''BC. \end{cases}$$

Nous aurons de même pour le point D :

$$D \begin{cases} Dd = -\ Cc + DC \sin DCq; \\ Dd' = \quad Cc' + DC \cos DCq. \end{cases}$$

Pour rapporter le point B, il suffit de tracer, à une distance déterminée par l'ordonnée Bb, une parallèle xx' à l'axe MM'; puis, à une distance donnée par l'abscisse Bb', une parallèle yy' à l'axe PP'; le point B devant se trouver sur les deux parallèles est à leur intersection. On rapporte de même les autres points C et D. Nous verrons, dans le livre V (241) que, pour faciliter le rapport des points, on trace ordinairement deux systèmes des lignes parallèles équidistantes et perpendiculaires entre elles de manière à former des carrés. On remarque que cette méthode n'exige que des calculs fort simples qui procèdent, de proche en proche, suivant une marche uniforme, et qu'en outre les résultats s'appliquent très-facilement sur le papier, puisque chaque point est déterminé par *son ordonnée* et *son abscisse*.

108. Rapport d'un polygone d'après le système des coordonnées rectangulaires. — Pour plus de facilité, on peut tout d'abord construire rapidement le polygone au crayon à l'aide du rapporteur; puis, si l'origine des coordonnées n'est pas fixée d'avance, on choisit un point quelconque, A par exemple (fig. 53). Par le point A traçons l'axe MM' d'une direction arbitraire; nous avons déjà dit qu'on est dans l'usage de faire coïncider cet axe avec la direction nord-sud, mais cette condition n'a rien d'essentiel; menons ensuite la perpendiculaire PP'. Si la direction MM' doit représenter la méridienne, on aura dû mesurer l'angle que l'un des côtés, AB par exemple, fait avec cette méridienne. Si la direction MM' est arbitraire, on pourra prendre l'angle MAB à volonté. L'angle que nous avons adopté pour construire le polygone est de 99° 01′ 12″; si l'on prenait un angle plus grand ou plus petit, le polygone tournerait autour du point A, dans un sens ou dans l'autre, d'une quantité angulaire égale à la différence de ce nouvel angle sur le premier; mais la forme générale du polygone serait absolument la même.

Dans le raisonnement que nous allons employer, nous supposerons que le polygone a été levé par *cheminement*; la marche à suivre pour un polygone levé par *triangulation* ne présente aucune difficulté, on pourrait du reste opérer de la même manière.

Supposons les coordonnées des points A, B, C, etc., menées sur les deux axes ; dans le triangle ABb nous connaissons l'hypothénuse AB et l'angle aigu BAb qui vaut $180° - MAB$; la résolution de ce triangle donnera Bb et Bb', les coordonnées du point B.

Dans le triangle BCr, on connaît l'hypoténuse BC et l'angle aigu CBr qui est égal à $180° - bBc$; en résolvant ce triangle, on obtiendra Cr et Br ; et par suite les coordonnées du point C :

$$C \begin{cases} Cc = & Bb + Br; \\ Cc' = & -Bb' + Cr. \end{cases}$$

En continuant ainsi de proche en proche, on fera le tour du polygone et l'on obtiendra les formules suivantes :

$$B \begin{cases} Bb = & AB \sin 180° - MAB \text{ ou } \sin BAb; \\ Bb' = & AB \cos BAb. \end{cases}$$

$$C \begin{cases} Cc = & Bb + BC \cos BCq; \\ Cc' = & -Bb' + BC \sin BCq. \end{cases}$$

$$D \begin{cases} Dd = & Cc + CD \cos CDu; \\ Dd' = & Cc' + CD \sin CDu. \end{cases}$$

$$E \begin{cases} Ec = & Dd - DE \sin EDv; \\ Ec' = & Dd' + DE \cos EDv. \end{cases}$$

$$F \begin{cases} Ff = & -Ec + FE \cos EFt; \\ Ff' = & Ec' - FE \sin EFt. \end{cases}$$

Et pour vérification par le retour au point de départ :

$$A \begin{cases} o = \mathrm{F}f - \mathrm{AF}\ \sin\ \mathrm{FA}f; \\ o = \mathrm{F}f' - \mathrm{AF}\ \cos\ \mathrm{FA}f. \end{cases}$$

109. Afin d'éclaircir ce que ces généralités peuvent laisser d'obscur, nous allons calculer les coordonnées du polygone proposé, en supposant que nous avons recueilli sur le terrain les données suivantes :

Côtés.	Longueurs.	Angles	Valeurs.			Déviations.			OBSERVATIONS.
A B	486^m 41	A	111°	02′	13″	+ 68°	57′	47″	
B C	225 79	B	104	52	05	+ 75	07	55	
C D	243 51	C	224	37	15	— 44	37	15	
D·E	506 40	D	51	47	07	+ 128	12	53	
E F	415 30	E	126	44	54	+ 53	15	06	
A F	350 80	F	100	56	26	+ 79	03	34	
			720	00	00	+ 360	00	00	Vérification.

Nous admettrons que M M′ représente la direction de la méridienne. Dans les formules précédemment obtenues, il entre toujours comme donnée l'angle *aigu* formé par la méridienne et les différents côtés du polygone. L'angle aigu formé par l'un des côtés avec la méridienne étant connu, il sera facile de déterminer les angles aigus formés par tous les autres côtés avec cette même méridienne. Le moyen qui nous paraît le plus simple pour arriver à ce but est de tenir compte des déviations des côtés les uns par rapport aux autres. On sait que les déviations sont les suppléments des angles *extérieurs* du polygone et qu'en parcourant le périmètre, on affecte du signe + les déviations *à gauche*, et du signe — les déviations *à droite*. En ajoutant au fur et à mesure ces déviations en tenant compte des signes, et en retranchant du résultat autant de fois 90° qu'il est nécessaire pour le réduire à un angle aigu, on obtient le tableau suivant :

$$
\begin{aligned}
&\text{M A B} = 99° \; 01' \; 12'' \; (\text{Mesuré directement.}) \\
&\text{B A } b = 180° - 99° \; 01' \; 12'' = 80° \; 58' \; 48'' \\[1em]
&\text{B C } q = 80° 58' \; 48'' + \quad 75° 07' \; 55'' \quad\quad = 66° 06' \; 43'' \\
&\text{C D } u = 66 \; 06 \; 43 + - 44 \; 37 \; 45 \quad\quad = 21 \; 29 \; 28 \\
&\text{E D } v = 21 \; 29 \; 28 + \quad 128 \; 12 \; 53 \quad\quad = 59 \; 42 \; 21 \\
&\text{E F } t = 59 \; 42 \; 21 + \quad\quad 53 \; 15 \; 06 - 90° = 22 \; 57 \; 27 \\
&\text{F A } f = 22 \; 57 \; 27 + \quad\quad 79 \; 03 \; 34 - 90 = 12 \; 01 \; 01
\end{aligned}
$$

Vérification :

$$\text{F A } f + \text{MAB} = \text{FAB} = 111° \; 02' \; 13''$$

Il n'y a plus qu'à résoudre les triangles rectangles A B b, q B C, u C D, etc. Pour faciliter les vérifications, on dispose les calculs comme il suit :

Données :	Calcul du	Résultats :
A B = 486,41	triangle	B b = 480^m 40
B A b = 80° 58' 48''	B A b	B b' = 76 26

$$
\begin{aligned}
\log \text{A B} \;\;&= 2.6870025 \\
\log \sin \text{B A } b &= \overline{1} \; 9945959 \ldots\ldots\ldots 5932 \ldots\ldots \quad 34 \\
& \hspace{9cm} 8 \\
\log \text{B } b \;\;&= 2.6815984 = \log = 480^m \; 40 \quad 27{,}2 \\
& \hspace{5.5cm} 5940 \\
& \hspace{6cm} 44
\end{aligned}
$$

$$
\begin{aligned}
\log \text{A B} \;\;&= 2.6870025 \\
\log \cos \text{B A } b &= \overline{1} \; 1952885 \ldots\ldots\ldots 2620 \ldots\ldots 1326 \\
& \hspace{9.5cm} 2 \\
\log \text{B } b' \;\;&= 1.8822910 = \log \; 76{,}26 \quad 265{,}2 \\
& \hspace{5.5cm} 2911
\end{aligned}
$$

La position du point B serait mal déterminée si les coordonnées n'étaient affectées d'aucun signe particulier pour indiquer que ce point doit se trouver dans l'une des quatre régions M′ A P′, M A P′, M A P, P A M′. En effet, les distances peuvent être prises *à droite* ou *à gauche* de la méridienne, *au-dessus* ou *au-dessous* de la perpendiculaire.

Convenons d'affecter du signe $+$ toutes les distances prises à droite de la méridienne et du signe $-$ celles qui seront prises à gauche.

Admettons que les distances à la perpendiculaire seront *positives au-dessus*, et *négatives au-dessous*. D'après ces conventions, nous aurons pour les coordonnées du point B :

$$\mathrm{B}\,b = +\ 480^\mathrm{m}\,40\,;$$
$$\mathrm{B}\,b' = -\ \ \ 76\ \ 26.$$

Voici les résultats du calcul des coordonnées de tous les sommets du polygone :

Sommets.	Ordonnées.	Abscisses.	OBSERVATIONS.
A	0.00	0.00	Origine des coordonnées.
B	+ 480.40	— 76.26	
C	+ 571.83	+ 130.19	
D	+ 798.40	+ 219.40	
E	+ 309.36	+ 505.11	
F	— 73.05	+ 343.13	

Et pour vérification :

$$0 = 73,05 - 73,04 = 0,01$$
$$0 = 343,13 - 343,11 = 0,02$$

Sur la méridienne, l'erreur finale est de 0,01 ; sur la perpendiculaire, elle est de 0,02 ; ces deux erreurs sont négligeables.

Le premier avantage du calcul est de rendre sensibles des écarts que le dessin serait impuissant à faire ressortir. Un autre avantage consiste en ce que les coordonnées des sommets permettent de construire le polygone avec une exactitude infiniment supérieure à celle que l'on peut atteindre par des constructions purement graphiques.

Enfin les calculs sont susceptibles de vérifications beaucoup plus minutieuses que les opérations directes, et lorsque les données ont été recueillies sur le terrain avec soin, on obtient des résultats exempts des erreurs inhérentes à tout travail manuel.

110. Nous ferons remarquer, en terminant, qu'avec les chiffres absolus des coordonnées on peut rapporter le polygone, pourvu qu'on ait sous les yeux un croquis à peu près parfait; mais si les coordonnées sont affectées de signes convenables, on peut rapporter tous les sommets sans croquis et sans hésitation.

Au lieu d'employer les signes + et — pour faire connaître si les points à rapporter sont placés dans une des quatre régions MAP', MAP, PAM', M'AP', quelques géomètres placent la lettre E (*est*) à côté des ordonnées des points situés à droite de la méridienne, la lettre O (*ouest*) à côté des ordonnées des points situés à gauche, la lettre N (*nord*) à côté des abscisses des points situés au-dessus de la perpendiculaire, la lettre S (*sud*) à côté des abscisses des points situés au-dessous.

CHAPITRE IV.

Levé à la Boussole.

111. Cet instrument est fondé sur la propriété dont jouit une aiguille aimantée suspendue librement, de prendre une direction qui est sensiblement constante dans une grande étendue de pays.

On sait que l'aiguille aimantée, lorsque rien ne l'empêche d'obéir à l'influence magnétique, se dirige vers le nord non pas précisément, mais en faisant avec le méridien un angle qui varie selon les temps et les lieux, d'après une loi inconnue jusqu'à ce jour.

L'extrémité de l'aiguille aimantée qui se dirige vers le nord prend le nom de *pôle nord*; l'autre extrémité, celui de *pôle sud*. Le plan vertical déterminé par la direction de l'aiguille aimantée se nomme *méridien magnétique*.

L'angle formé par le méridien géographique avec le méridien magnétique s'appelle *la déclinaison*.

La déclinaison est *orientale* ou *occidentale* selon que le pôle nord de l'aiguille se place à l'*est* ou à l'*ouest* du méridien géographique.

La déclinaison dans nos contrées est actuellement occidentale et d'environ 19°.

L'angle que fait un plan vertical quelconque avec le méridien magnétique se nomme *azimut magnétique*.

On appelle azimut magnétique d'une droite horizontale l'angle que forme cette droite avec la direction de l'aiguille aimantée.

Soit SN (fig. 56) la direction de l'aiguille aimantée, l'arc *mn* mesure l'azimut magnétique de la droite AO.

Pour éviter toute ambiguïté, on est convenu de compter les azimuts de 0° à 360°, à partir du nord magnétique, en tournant, pour y revenir, par l'ouest, le sud et l'est, c'est-à-dire de droite à gauche dans le sens indiqué par la flèche.

Ainsi l'arc *nmp* mesure l'azimut magnétique de la droite BO.

112. Boussole d'arpentage. — La boussole d'arpentage (fig. 57) se compose d'une aiguille aimantée mobile sur un pivot au centre d'un cadran divisé en 360°, qui est lui-même installé au fond d'une boîte plate et carrée. La graduation du limbe court de gauche à droite; cependant quelques boussoles ont des limbes portant deux graduations symétriques de 0° à 180°. La *ligne de foi* 0° — 180°, tracée suivant le diamètre du cadran, est parallèle à l'un des côtés de la boîte, et le long de ce côté est appliquée une alidade à visières, ou mieux une lunette qui fait fonction d'alidade.

La boîte est recouverte par un verre transparent et peut être fermée par une plaque de bois entrant à coulisses dans les bords de la boîte. Celle-ci est supportée par un genou reposant sur trois pieds; cette disposition permet de rendre horizontal le plan du limbe; mais la boîte reste mobile autour d'un axe vertical passant par son centre. Sous l'aiguille aimantée est disposée une petite tige que l'on peut, à l'aide d'une vis fixée au fond de la boussole, élever ou abaisser de manière à lui faire porter l'aiguille ou à la laisser libre sur son pivot.

La pointe de l'aiguille qui se porte vers le nord est brunie et s'appelle, comme nous l'avons déjà dit, le *pôle nord*.

Nous ajouterons que certaines boussoles portent deux petits niveaux à bulle d'air incrustés sur les bords de la boîte dans deux directions perpendiculaires; ces niveaux permettent de rendre le limbe parfaitement horizontal.

113. Usage de la boussole pour déterminer l'azimut d'une direction. — Après avoir disposé les trois pieds de l'instrument autour du point O (fig. 56) de manière que le centre de la boussole soit sur la verticale de ce point, on rend à vue d'œil le plan du cercle horizontal; on peut se guider au besoin sur les pointes de l'aiguille qui est disposée de manière à se placer toujours horizontalement; puis on fait tourner doucement la boîte autour de son axe vertical pour amener l'appareil visuel dans la direction OA; enfin on vise par l'alidade jusqu'à ce qu'on aperçoive le fil de mire se projeter exactement sur le point A. Cette condition remplie, l'azimut magnétique de la droite OA est indiqué par la division du cercle sur laquelle s'arrête le pôle nord de l'aiguille. On prend de même les azimuts de toutes les autres directions que l'on peut avoir à considérer autour du point O.

Pour empêcher l'aiguille d'osciller longtemps autour de sa position d'équilibre, on la *calme*, en la soulevant à l'aide de la tige disposée à cet effet, de manière à l'arrêter à peu près dans la position qu'elle doit finalement occuper. Remise en liberté, elle oscille encore, mais l'amplitude des oscillations ayant été considérablement diminuée, elle parvient plus vite au repos.

L'alidade de la boussole est généralement *plongeante* et permet d'obtenir directement l'azimut d'une droite inclinée sur l'horizon.

114. Moyen de déterminer avec la boussole l'angle compris entre deux droites. — Soit à mesurer l'angle AOB (fig. 58). Ayant déterminé successivement les azimuts des directions OA et OB, on en fait la différence qui exprime la mesure de l'angle que les deux droites font entre elles.

Si la différence obtenue surpassait 180° (fig. 59), il faudrait la retrancher de 360° pour obtenir la mesure de l'angle.

115. Manière de mesurer les azimuts des directions successives d'un polygone. — Soit la droite AB (fig. 60).

L'azimut de la direction AB est mesuré par l'arc $mA'n$.

L'azimut de la direction BA est mesuré par l'arc $m'n'$.

De ce que les directions du méridien magnétique au point A et au point B peuvent être considérées comme parallèles, il suit que l'arc $A'm$ égale l'arc $m'n'$, que par conséquent les deux azimuts diffèrent de l'arc $A'n$ ou de 180°.

Soit, maintenant, le polygone ABCDEF (fig. 63).

A chaque sommet, mesurons les azimuts des deux côtés qui partent de ce sommet.

Au point A, nous aurons l'azimut de la direction AB, puis l'azimut de la direction AF ; au point B, nous aurons l'azimut de la direction BC, puis l'azimut de la direction BA, et ainsi de suite.

Les azimuts des directions AB, BC, etc., sont dits *azimuts en avant* ; les azimuts des directions BA, CB, etc., sont dits *azimuts en retour*.

Les résultats peuvent être inscrits dans un tableau de la forme ci-après :

POLYGONE A B C D E F.				
AZIMUTS			Différence entre les deux azimuts de la même droite.	OBSERVATIONS.
EN AVANT		EN RETOUR		
Directions.	Valeurs.	Directions.	Valeurs.	

116. Précautions à prendre en opérant avec la boussole. — Lorsqu'on opère avec la boussole, il faut avoir soin d'éloigner de l'aiguille tous les objets en fer qui pourraient produire sur ses mouvements une perturbation sensible.

En stationnant à chaque point, et en ayant soin de s'assurer si la différence des azimuts des deux directions d'une même droite est égale à 180°, on ne pourra manquer de reconnaître les détournements accidentels de l'aiguille aimantée,

Quand la différence des azimuts d'une même droite est plus grande ou plus petite que 180°, il faut vérifier les observations faites aux deux stations ; et, si cette différence présente toujours avec 180° un écart qui ne peut être attribué aux erreurs inévitables dans la détermination des azimuts, on en conclut l'existence d'une cause perturbatrice locale.

Une fois l'exactitude des azimuts reconnue, on pourra en déduire les angles du polygone et par conséquent vérifier si la somme des angles intérieurs est égale à autant de fois deux angles droits qu'il y a de côtés moins deux.

117. Possibilité d'éviter une station sur deux. — Dans un petit espace de terrain comme celui qu'embrasse le levé d'un plan, les méridiens magnétiques peuvent être considérés comme parallèles ; il s'en suit qu'on pourrait dans le contour d'un polygone passer un sommet sur deux, sans y faire station. Mais nous devons faire observer qu'en général on doit toujours stationner à chaque point relevé, et qu'il ne faut passer une station que lorsqu'on y est contraint par les obstacles locaux.

118. Excentricité de l'alidade de la boussole. — La ligne de visée de l'alidade ne passe point par le centre de l'instrument, c'est-à-dire est excentrique par rapport au pivot vertical autour duquel tourne l'aiguille, mais la distance qui l'en sépare est en général si petite relativement à l'éloignement des points visés, qu'il est complètement inutile d'avoir égard à cette excentricité, comme il est du reste facile de s'en rendre compte à l'aide d'une considération très-simple.

Supposons qu'au lieu de viser le point A (fig. 64), on vise un autre point A' distant de A d'une quantité égale à l'excentricité OO' ; le rayon de visée devient dès lors parallèle à la ligne OA, et l'azimut de la droite O'A' est aussi celui de sa parallèle OA ; mais en visant le point A on commet une erreur sur la position de ce point égale à la distance AA' ou au rayon de la boussole. Or ce rayon ne dépasse guère 10 à 12 centimètres, de sorte que, si l'échelle du plan est $\frac{1}{1000}$, la correction ne sera que de $\frac{1}{10}$ de millimètre et pourra dès lors être négligée.

119. Limite d'appréciation dans la lecture des angles. — L'aiguille ne peut porter aucun appareil additionnel, par conséquent la lecture s'effectue sans le secours d'un vernier ; un vernier, du reste, ne pourrait pas être en contact avec le limbe sans gêner les mouvements de l'aiguille, et la coïncidence serait douteuse ; il faut beaucoup d'attention et d'habileté pour apprécier un sixième de degré.

120. Influence des variations diurnes. — L'observation des appareils de déclinaison a fait connaître que la déclinaison éprouve plusieurs espèces de variations. Parmi ces variations, quelques-unes peuvent influer sur les travaux d'arpentage. En effet, dans nos contrées où la déclinaison est occidentale, on voit l'extrémité australe de l'aiguille marcher vers l'ouest pendant la matinée, et présenter le maximum de la déclinaison au moment où la température ambiante est elle-même maximum ; à partir de ce moment, la déclinaison diminue et atteint son minimum pendant la nuit. Ces variations sont en moyenne de 8′ à 9′ pendant l'hiver, et de 13′ à 16′ pendant l'été ; elles portent le nom de *variations diurnes*. Comme elles sont périodiques, elles peuvent influer sur la mesure des angles, et l'on comprend que, si la variation diurne s'ajoutait à l'erreur de lecture, la mesure d'un angle le matin, et la mesure du même angle à 2 heures du soir, par exemple, présenterait une différence appréciable.

121. Degré de précision dont la boussole est susceptible. — Les quelques considérations qui précèdent suffisent pour montrer qu'il ne faut pas demander à la boussole, très-avantageuse du reste sous d'autres rapports, un degré de précision qu'elle ne saurait comporter. On a voulu perfectionner la boussole en y ajoutant une foule d'appareils additionnels. Sans vouloir contester l'utilité de ces innovations, qu'il nous soit permis de dire que les boussoles ainsi perfectionnées ne donnent généralement pas, dans le levé des plans, des résultats plus exacts que les boussoles ordinaires.

Il serait facile d'établir que, lorsqu'on lève un polygone à la boussole, il faut faire en sorte que la projection des côtés réduits à l'échelle ne dépasse pas en longueur celle de l'aiguille de la boussole. De plus la pratique a fait reconnaître qu'avec la boussole, il n'est pas prudent de dépasser 25 côtés.

La boussole devient un instrument précieux à l'arpenteur qui opère sur un terrain couvert et accidenté.

122. Conditions de bonne construction de la boussole. — La mobilité de l'aiguille doit être telle, qu'en écartant celle-ci de 90° de sa position d'équilibre, elle fasse au moins de 20 à 30 oscillations avant d'arriver au repos. Il faut avoir soin de remarquer le point précis auquel correspond la pointe brunie, et s'assurer qu'après chaque expérience, elle est venue s'y replacer exactement.

Lorsqu'on s'aperçoit que l'aiguille n'est plus aussi sensible à l'action terrestre, il faut la faire aimanter de nouveau. Il est bon d'avoir deux aiguilles et de les conserver dans la même boîte, en plaçant le pôle nord de chacune d'elles en regard du pôle sud de l'autre ; cette disposition bien connue est trés-favorable à la conservation de la sensibilité magnétique.

La perfection de l'appareil visuel dépend de l'habileté du constructeur.

123. Vérification et rectification de la boussole. — Une vérification importante à faire consiste à s'assurer que la projection du point de suspension de l'aiguille coïncide bien avec le centre du limbe gradué. Si l'on était certain que les deux extrémités de l'aiguille et le point de suspension fussent en ligne droite, il suffirait de voir si la lecture faite à l'extrémité *sud* diffère de 180° de la lecture faite à l'extrémité *nord*.

Mais il vaut mieux suivre la marche suivante :

On vise d'abord le point A (fig. 62), et, si le point de suspension c' n'est pas le même que celui du cercle, on obtient la lecture $o\,m'$, qui diffère de la véritable lecture de $m\,m'$. Faisant ensuite faire à la boussole un demi-tour autour de son axe vertical, on vise de nouveau le point A. La deuxième lecture doit différer de la première de 180°. En effet tous les points de la boussole ont alors décrit des arcs de 180° autour du centre du limbe regardé comme fixe. Le zéro de la graduation est venu se placer en O', et l'aiguille aimantée, prenant la direction $c''\,m''$, donne la lecture $O'\,m'' = O\,m' + 180°$.

Si la différence n'est pas égale à 180°, l'instrument n'est pas bien
centré.

On pourrait opérer avec cet instrument en diminuant la somme
des deux lectures de 180° et en prenant la moyenne. Il vaudrait
mieux corriger l'appareil en infléchissant le pivot qui porte
l'aiguille.

La vérification doit être opérée sur plusieurs directions, car on ne
verrait pas l'erreur dans le cas particulier où la direction prise serait
telle que c et c' fussent sur le méridien magnétique.

On doit opérer aussi cette vérification de temps à autre pour le
même instrument, car l'extrémité du support de l'aiguille peut facilement se déranger ; de plus on a soin, lorsqu'on met le pivot à
découvert, de le raviver en le frottant avec un papier couvert d'émeri
très-fin.

Si l'aiguille n'est pas horizontalement équilibrée, on ajoute un
petit contre-poids, une goutte de cire ou de gomme par exemple, à
la pointe qui paraît la plus légère.

124. Construction d'un polygone levé à la boussole. —
Après avoir reconnu que la différence des deux azimuts de chaque
côté du polygone est égale à 180° et que le polygone ferme bien,
c'est-à-dire que la somme des angles intérieurs est égale à autant
de fois deux angles droits qu'il y a de côtés moins deux, on passe à la
construction du polygone.

125. Méthode des méridiennes. — On trace d'abord une ligne
pour figurer la méridienne magnétique. Le plan est dit alors *orienté*
par rapport au méridien magnétique. Pour rapporter l'orientation
au méridien vrai, il suffira de connaître la déclinaison. On place
ordinairement *le nord en haut* ; mais on est quelquefois obligé
d'avoir égard à la configuration du périmètre du terrain pour placer
le plan dans la feuille du dessin.

Soit MM' (fig. 63) la direction de la méridienne magnétique.

Prenons, pour représenter le sommet A, un point de la feuille tel que la figure orientée tienne tout entière dans le papier. Par le point A, à l'aide du rapporteur, menons la ligne AB faisant avec MM' un angle égal à l'azimut magnétique du côté AB, puis, à partir du point A, prenons, sur cette droite, une longueur représentant à l'échelle du plan la longueur de ce côté mesuré sur le terrain. Par le point B, ainsi obtenu, menons une parallèle à MM', puis une droite BC faisant avec cette parallèle un angle égal à l'azimut de côté BC; à partir du point B, prenons une longueur qui, à l'échelle du plan, représente la longueur du côté BC et ainsi de suite. Pour les azimuts qui ne dépassent pas 180°, le rapporteur permet immédiatement de tracer les côtés correspondants, mais pour les azimuts plus grands, il faut d'abord retrancher 180°, puis opérer sur le reste en plaçant le rapporteur à droite de la parallèle MM'.

126. Méthode des carrés. — Lorsqu'on a employé la boussole pour lever les détails, il serait fort incommode, vu la multiplicité des points relevés, de tracer pour chacun d'eux une méridienne. Pour obvier à cet inconvénient, on trace d'avance sur le papier un système de parallèles équidistantes dans deux directions; les premières représentent des méridiennes magnétiques, les autres, les perpendiculaires à ces méridiennes.

L'intervalle de ces lignes dépend de la grandeur du diamètre du rapporteur; quand ce diamètre est de 0^{m}16 à 0^{m}20, on peut tracer les parallèles à 0^{m}1 de distance. Le papier ainsi préparé, on met le centre du rapporteur sur la parallèle la plus voisine du point, puis on le fait pivoter jusqu'à ce que la règle fasse avec la parallèle l'angle voulu; on le fait ensuite glisser le long de cette même parallèle jusqu'au moment où la règle du rapporteur passe par le point.

127. Rapporteur complémentaire. — Si l'azimut magnétique est tel que la distance *m n* (fig. 64) soit plus petite que celle de A au méridien, la règle RR', dans son déplacement le long du méridien, ne peut plus atteindre le point A. On se sert alors d'un rapporteur dont les chiffres de la graduation diffèrent de 90° de ceux du rapporteur ordinaire, et l'on fait glisser le centre de l'instrument sur la perpendiculaire à la méridienne. Les positions respectives du méridien MM' et de la perpendiculaire PP' sur le rapporteur mettent en évidence la différence de 90° qui doit exister entre le chiffre de la graduation placé sur le méridien et celui placé sur la perpendiculaire.

Au reste on peut facilement se passer du rapporteur complémentaire. L'opération mentale à faire sur le rapporteur ordinaire est tellement simple qu'il nous paraît inutile de chercher à l'éviter.

Cette méthode ne conduit à des résultats satisfaisants que lorsque les méridiennes et les perpendiculaires sont tracées sur le papier en traits aussi déliés que possible et se coupant parfaitement à angles droits (241).

Quelques exercices attentivement répétés feront acquérir à l'opérateur une expérience qui le guidera dans la pratique beaucoup mieux que l'exposé de tous les détails fastidieux dans lesquels on pourrait entrer à ce sujet.

128. **Méthode des cordes.** — Supposons que l'on ait calculé une table de cordes de 10 en 10 minutes et d'un rayon quelconque R. Sur la droite A x (fig. 65), prenons AB égale au rayon R ; du point A, comme centre, avec une ouverture de compas égale au rayon des tables, décrivons l'arc *mn* ; puis du point B, avec un rayon égal à la corde correspondant à l'angle BAC que l'on veut tracer, décrivons un second arc de cercle qui coupera le premier au point C, joignant A et C, on aura l'angle cherché BAC. Il existe une table de cordes calculée par M. Francœur pour la division du cercle en 360°.

129. **Comparaison du procédé de la boussole avec celui des goniomètres ordinaires.** — Le graphomètre et les autres instruments de ce genre donnent directement la mesure des angles, tandis que la boussole indique les azimuts des divers côtés par rapport à une direction considérée comme constante pendant la durée de l'opération.

Nous avons vu (109) qu'à l'aide des angles d'un polygone, on parvient facilement à déterminer les azimuts des côtés par rapport à une direction quelconque, et que de même avec les azimuts des côtés (114), on trouve aisément la valeur des angles. Tous les moyens employés pour construire un polygone levé à la boussole peuvent donc servir à rapporter un polygone levé avec les autres goniomètres et réciproquement.

Reste la question du degré d'exactitude auquel on parvient dans l'appréciation des angles d'un polygone à l'aide de la boussole et avec les autres goniomètres. Que l'on mesure les angles avec un graphomètre, par exemple, ou qu'on les déduise des azimuts obtenus à la boussole, les erreurs peuvent dans l'un et l'autre cas s'ajouter ou se compenser en partie. Dans le procédé à la boussole, les azimuts s'obtiennent par rapport à une direction considérée comme fixe, et, par conséquent, l'erreur commise sur l'azimut de chaque côté est toujours renfermée dans la limite de l'erreur possible sur une mesure individuelle; au contraire, l'erreur qui peut affecter un azimut déduit des déviations successives des côtés d'un polygone n'est pas limitée. Mais la boussole ne donne les angles qu'à 8' ou 10' près, tandis qu'avec le graphomètre on peut les obtenir à une minute; et l'accumulation des erreurs étant proportionnelle à la racine carrée du nombre des côtés, il faudrait un polygone d'au moins 64 côtés pour avoir à craindre une accumulation d'erreurs de 8' comme dans la boussole. Or, avec la boussole, on ne doit pas dépasser 25 côtés : l'avantage reste donc complétement aux goniomètres ordinaires.

Nous ajouterons cependant que la boussole, quand on a l'habitude de la conduire, est l'instrument le plus expéditif pour le remplissage des grands polygones, surtout quand il faut suivre des sentiers, des chemins sinueux, des rivières, des ravins couverts, et généralement quand il s'agit de lever les détails qu'on rencontre dans les villages, parce qu'alors, dans tous ces petits mesurages, on peut passer une station sur deux.

CHAPITRE V.

Levé à la Planchette.

13C. Planchette. — Au lieu de mesurer les angles pour les rapporter ensuite, on peut les obtenir directement sur le papier à l'aide d'un instrument nommé *planchette*.

La planchette (fig 66) se compose de trois pièces distinctes : *la table* sur laquelle on opère; *le genou* dont le mécanisme permet de rendre la table horizontale, puis de la faire mouvoir dans ce plan ; enfin *le support* qui consiste dans un pied à trois branches.

Cet instrument n'est soumis à aucune vérification; il sera d'autant plus parfait qu'il réunira la légèreté à la solidité.

131. Genou à la Cugnot (¹). — Ce genou est destiné à obvier aux inconvénients du genou à coquilles, qui ne maintient pas la table dans une position très-stable, et ne permet pas de la rendre horizontale dans un sens, sans déranger l'horizontalité obtenue dans un autre sens.

En voyant ce genou, on en saisit immédiatement le mécanisme. Il se compose de deux cylindres qui font corps l'un avec l'autre, et dont les axes sont perpendiculaires entre eux. La table peut se mouvoir à volonté autour des axes de ces deux cylindres. Faisons-la tourner autour de l'un des cylindres jusqu'à ce qu'on voie le niveau, placé dans une direction perpendiculaire à l'axe de ce cylindre, présenter la bulle entre ses repères; puis fixons-la au moyen d'un écrou à oreilles disposé à cet effet. La table n'étant plus alors mobile qu'autour du second cylindre, faisons-la tourner jusqu'à ce que le niveau, placé dans une direction perpendiculaire

---

(¹) Ingénieur militaire mort en 1804.

à l'axe de ce cylindre, présente encore la bulle entre ses repères, fixons-la une seconde fois. La planchette, horizontale dans ce dernier sens et n'ayant pas cessé de l'être dans le premier, présente un plan dont l'horizontalité est assurée.

132. Alidade. — Pour déterminer sur la planchette la direction des rayons visuels, on emploie une grande règle ou alidade à pinnules (fig. 67). Le plan de collimation des pinnules passe exactement par l'un des bords de la règle ; ce bord, taillé en biseau, détermine la ligne de foi. La ligne tracée le long de la règle, sur le papier fixé à la planchette, est donc la trace horizontale du plan de collimation, ou bien la projection du rayon visuel sur la planchette.

Les pinnules ont une certaine élévation pour qu'on puisse diriger le rayon visuel vers des points situés au-dessus et au-dessous du plan de la table.

Pour vérifier l'alidade à pinnules, on plante verticalement deux aiguilles très-fines sur la planchette, préalablemenr placée dans un plan horizontal ; on applique le bord de l'alidade contre ces deux aiguilles, et l'on fait jalonner de part et d'autre l'alignement déterminé par les pinnules ; on retourne l'alidade et on l'applique de nouveau contre les aiguilles ; si l'alignement des pinnules se trouve encore sur l'alignement tracé, c'est une preuve que l'alidade est juste.

133. Alidade à lunette plongeante. — Quelquefois les pinnules sont remplacées par une lunette plongeante (fig. 68); le plan de collimation est alors déterminé par l'axe optique.

Lorsqu'on se sert de cette alidade perfectionnée, il est nécessaire de s'assurer :

1° *Que l'axe optique de la lunette est perpendiculaire à l'axe de rotation et qu'il décrit, dans le mouvement qu'on lui imprime, un plan et non une surface conique.*

2° *Que le plan de collimation passe bien par celui des deux côtés de la règle qu'on nomme ligne de foi.*

Ces conditions exigent que l'axe de rotation de la lunette soit parallèle au plan de la règle et perpendiculaire à la ligne de foi.

Pour vérifier s'il en est ainsi, on vise un objet éloigné, puis on trace au crayon sur le papier la ligne de foi. On fait tourner ensuite la lunette de 180° autour de son axe optique, et l'on vise de nouveau l'objet de manière à le placer à la croisée des fils ; on trace encore la ligne déterminée par la ligne de foi ; si les deux lignes tracées ne se confondent pas ou ne sont pas parallèles, l'angle qu'elles font entre elles indique le double de la correction que l'on doit opérer au moyen du réticule.

Si la construction de l'instrument le permet, on retourne, après une première ligne tracée, l'alidade bout pour bout, et l'on ramène vers soi l'oculaire de la lunette ; le restant de l'opération se fait comme ci-dessus.

On peut vérifier simultanément l'existence du plan décrit par l'axe optique et la verticalité de ce plan en suivant dans le mouvement de la lunette la marche du réticule sur un fil-à-plomb. La verticalité du plan décrit est une conséquence de l'horizontalité de la planchette. Cette horizontalité n'étant souvent établie qu'approximativement, il n'y a pas lieu d'assurer avec une rigueur mathématique la verticalité du plan décrit, condition qui, du reste, a une faible influence sur les angles horizontaux, pourvu, du moins, qu'on ne s'en écarte pas d'une manière notable.

134. Usage de la planchette. — On commence par fixer la feuille de dessin à la table, soit en la collant sur ses bords, soit en l'assujettissant au moyen de clous à tête plate. Quelques planchettes portent deux rouleaux sur deux côtés opposés ; on tend alors le papier avec ces deux rouleaux, que l'on arrête par des vis de serrage ou d'encliquetage.

Maintenant supposons qu'il s'agisse de décrire graphiquement l'angle BAC (fig. 69); il faudra mettre la planchette en station au point A.

La mise en station comprend trois opérations distinctes : *la mise de niveau, la mise au point et l'orientement.*

Après avoir disposé les trois branches du pied de l'instrument autour du point A et rendu la planchette horizontale à vue d'œil, on achève de s'assurer que la table est de niveau au moyen d'un niveau sphérique ou d'un niveau à bulle d'air.

Pour la mise au point, on se sert d'un instrument nommé *fourchette,* semblable à un compas d'épaisseur. On pose la pointe de l'une des branches sur le point du plan que l'on veut faire correspondre au point A (fig. 66), qu'il représente ; et l'on reconnaît, à l'aide d'un fil-à-plomb attaché à la seconde branche, dans quel sens il faut déplacer la planchette pour que le point *a* du plan soit sur la verticale du point A du terrain. Cette condition remplie, on pique au point *a* une aiguille très-fine à laquelle on a fait une grosse tête avec de la cire d'Espagne.

Cette aiguille, à défaut de fourchette, peut même servir à la mise au point. En effet, après avoir approximativement planté cette aiguille, on cherche dans quelle direction il faut se placer pour qu'un fil-à-plomb projeté par la vision couvre en même temps le point A du sol et l'aiguille ; puis, en faisant la même épreuve dans une direction perpendiculaire à la première, on juge immédiatement des modifications à opérer sur la position primitive de la planchette pour obtenir l'accomplissement de la mise au point.

Cela fait, on met la règle de l'alidade en contact avec l'aiguille et l'on dirige la ligne de visée sur le point B ; puis on trace au crayon la droite *ab* qui représente la direction AB du terrain ; la planchette est alors *orientée.* On fait de nouveau pivoter l'alidade autour de l'aiguille pour diriger l'axe de visée sur le point C, et l'on trace *ac ;* l'angle *bac* sur la planchette est l'homologue de l'angle BAC sur le terrain.

Si l'on désire lever le triangle ABC, on transporte la planchette au point C en ayant soin de mesurer la distance AB.

A l'aide de l'échelle, on prend la longueur qui doit représenter *ab*, puis on la porte à partir du point *a* sur *ab*, ce qui détermine le point *b*. On rend la planchette horizontale, on place comme précédemment le point *b* du plan sur la verticale du point B de manière que la ligne de visée dirigée suivant *ba* couvre le côté BA du terrain ; cette condition remplie, la planchette sera orientée.

Ayant planté l'aiguille au point *b*, on appuie légèrement contre elle le bord de la règle servant de ligne de collimation, et l'on dirige l'axe de visée sur le point C, puis l'on trace *bc*; le point *c* est ainsi donné par l'intersection des deux directions *ac* et *bc*.

Si, pour vérification, on place la planchette au troisième point C, de telle sorte que le rayon de visée dirigé suivant CB coïncide avec *cb*, il est évident que le rayon de visée dirigé suivant CA devra coïncider avec *ca*.

Pour lever un polygone, on choisit une base, soit en dehors, soit à l'intérieur du polygone, soit sur un côté (fig. 70), puis on obtient chaque sommet par l'intersection de deux rayons visuels dirigés de deux stations différentes ; ensuite, pour vérification, on transporte la planchette à une troisième station ; on l'oriente par rapport à l'un des côtés du polygone, et l'on voit si les rayons visuels dirigés sur tous les sommets du polygone passent bien exactement par les points relevés sur le plan.

On pourrait procéder par la méthode de *rayonnement;* choisir un point O (fig. 71) du polygone d'où les sommets A, B, C, etc., seraient visibles ; mesurer les distances OA, OB, OC, etc.; obtenir sur le plan les directions *oa, ob, oc;* puis enfin, à partir du point *o*, porter sur ces directions les distances *oa, ob, oc,* etc., exprimant la mesure réduite à l'échelle des longueurs OA, OB, OC, etc. Joignant les points *a, b, c,* etc., on obtiendra le plan *abcd,* etc., du polygone proposé. Il va de soi qu'on peut choisir le point O, duquel on rayonne, soit à l'intérieur, soit à l'extérieur, soit sur le périmètre du polygone.

Quelques géomètres du cadastre emploient la planchette pour fixer, sur la feuille du plan, les positions respectives d'un grand nombre de points, qu'ils déterminent par l'intersection de rayons dirigés de trois stations ; puis ils considèrent les lignes qui joignent ces points comme des bases qui servent à lever les détails. Pour conserver l'original dans un état satisfaisant, ils piquent les points ainsi déterminés sur la feuille qui doit servir de croquis.

D'autres géomètres lèvent à la planchette les contours de toutes les masses circonscrites par les chemins, ruisseaux, réages, etc., et s'appuient ensuite sur les lignes de constructions qui ont servi à former ces masses pour lever le parcellaire.

Enfin dans les pays couverts, et dans ceux où les parcelles sont sinueuses, on fait tout le travail à la planchette,

135. Déclinatoire. — Le déclinatoire (fig. 72) est une espèce de boussole qui consiste dans une aiguille aimantée mobile sur un pivot, au centre d'un cadran qui est lui-même disposé au fond d'une boîte rectangulaire de manière que la direction NS du méridien magnétique soit exactement parallèle au plus grand côté de la boîte.

Ordinairement le limbe n'est pas complet et présente seulement une graduation de 30° de part et d'autre des deux extrémités N et S de la méridienne, qui répondent elles-mêmes aux deux zéros des portions du limbe divisé.

Au lieu de s'orienter suivant un côté du polygone, on s'oriente quelquefois ou plutôt on *se décline* par rapport à la méridienne magnétique. A cet effet supposons qu'après la mise de niveau et la mise au point, on place le déclinatoire sur la table de la planchette de telle sorte que l'aiguille corresponde à la ligne NS du limbe gradué, et traçons tout autour de la boîte la position occupée. Pour s'orienter ensuite à une deuxième station, il suffira de placer le dé-clinatoire dans le contour tracé et de faire pivoter la table jusqu'à ce que les deux pointes de l'aiguille correspondent aux deux zéros de la graduation. Bien que ce mode d'orientation puisse offrir dans certains cas une ressource précieuse, il ne faut y recourir que lorsqu'on y est obligé, attendu qu'il n'a pas la précision du mode ordinaire de l'orientation par l'un des côtés du polygone.

136. Précautions à prendre dans les levés à la planchette. — On doit s'assurer, avant de quitter chaque station, que la planchette est demeurée immobile pendant tout le temps des observations, en visant de nouveau le point sur lequel on s'est orienté.

Il faut se servir d'aiguilles très-fines et les planter bien verticalement ; le crayon doit toujours être convenablement taillé et permettre de tracer un trait net et délié.

Afin que les dessins-minutes éprouvent moins de détérioration pendant le travail sur le terrain, on peut coller le papier sur de la toile bien fine ou sur de la mousseline.

Quand on travaille au soleil, il est nécessaire de mettre la planchette à l'ombre d'un grand parapluie, tant pour éviter les inconvénients d'une lumière trop vive, que pour mettre le papier à l'abri d'une chaleur intense, qui lui ferait éprouver un retrait considérable.

Pour que la multiplicité des lignes tracées sur le plan n'engendre pas la confusion, on note sur le bord du papier, à l'extrémité des directions, les points visés auxquels elles appartiennent ; les points définitivement obtenus sont entourés d'un petit cercle. Enfin, au moyen de renvois et d'annotations sur un carnet, on évite de surcharger le plan, où l'on peut dès lors se reconnaître beaucoup plus facilement.

Lorsqu'on parcourt de stations en stations le périmètre d'un polygone et que l'on revient à la station de départ, l'alidade, placée sur l'alignement déterminé par le point de la dernière station et celui de la première, doit avoir son axe de visée sur le dernier côté du polygone. C'est ce que l'on appelle *se fermer*. S'il n'en était pas ainsi, il faudrait revenir sur ses pas et vérifier son travail jusqu'à ce que l'on ait retrouvé l'erreur qui a produit la déviation.

Le papier tendu sur la planchette est malheureusement soumis à l'influence de l'état atmosphérique et se détend sous l'action de l'humidité, tandis qu'il se contracte par un temps sec et chaud. Ce mouvement du papier, tantôt dans un sens, tantôt dans l'autre, présente un grave inconvénient pour l'exactitude des résultats, altère parfois considérablement les travaux exécutés, et balance l'avantage que l'on a de pouvoir se passer de croquis et de n'avoir pas à rapporter le plan. De plus le levé à la planchette n'admet pas de médiocrité, et il faut être un opérateur consommé dans son art pour atteindre la précision désirable,

Cependant on ne doit pas, comme plusieurs géomètres en chef du cadastre, repousser dédaigneusement la planchette, qui peut devenir un instrument presque indispensable pour certaines portions de terrain couvertes de bois et coupées de profonds ravins.

CHAPITRE VI.

Levé par alignements ou par directions.

137. La méthode d'arpentage par alignements ou par directions est sans contredit celle qui est le plus en faveur parmi les géomètres du cadastre.

Avec la condition expresse d'être appuyée sur une bonne triangulation, elle présente en effet de telles garanties d'exactitude, les procédés en sont tellement simples et expéditifs, qu'il faut y recourir toutes les fois que le terrain à lever est assez heureusement disposé pour permettre à l'œil de suivre et d'embrasser le développement des longues directions.

Cette méthode repose sur deux principes fondamentaux :

1° *Deux points suffisent pour déterminer une ligne droite quel que prolongée qu'on la suppose.*

2° *D'un point pris hors d'une droite on ne peut mener qu'une seule perpendiculaire à cette droite.*

138. Opérations sur le terrain. — Supposons qu'on veuille lever la portion du territoire représenté dans la figure n° 73, que l'on ait d'avance le point trigonométrique O et l'alignement OX sur un autre point trigonométrique ([1]).

En opérant la reconnaissance du territoire, on remarque qu'en joignant les points du terrain O, A, B, C, D, E, F, on peut établir une triangulation auxiliaire dont les alignements permettront, soit par leur rencontre avec le contour des polygones ou parcelles, soit par de courtes perpendiculaires élevées sur ces lignes, soit enfin par quelques constructions intermédiaires, de recueillir les données nécessaires au levé de tous les détails du terrain à décrire.

On pourrait lever le polygone A B C D, etc., par cheminement, c'est-à-dire mesurer successivement les angles A, B, C, etc., ainsi que les côtés AB, BC, CD, etc., mais il vaut mieux, autant que possible, employer le mode de triangulation, parcequ'il fournit une vérification dans la comparaison des longueurs mesurées sur le terrain et des mêmes longueurs calculées dans les triangles.

Il est en outre à remarquer qu'un habile praticien aurait assez de sûreté dans le coup-d'œil pour distribuer sur le croquis, à première vue, les points O, A, B, C, etc., à peu près dans leur position exacte.

Il pourrait donc, tout en relevant les données nécessaires à la construction du polygone topographique, lever en même temps les détails dont il ferait sur le croquis une distribution approximative, qui

---

([1]) Ces données sont le résultat de la grande triangulation. (Livre **V**.)

approcherait sensiblement de la vérité. Mais tant que l'on n'est pas rompu aux difficultés du terrain, il faut tout d'abord s'occuper uniquement du levé du polygone topographique.

Cette précaution, qui n'entraîne qu'une légère perte de temps, met l'opérateur à l'abri d'une foule d'autres embarras qui entraveraient la marche du travail, et offre l'avantage de pouvoir immédiatement rapporter sur le croquis les points principaux entre lesquels viennent se ranger, comme d'eux mêmes, tous les détails intermédiaires.

Pour lever le polygone ABCD, etc., on prend sur l'alignement OX, la base OE, que l'on mesure deux fois en sens contraire ; si les deux résultats ne présentent qu'une légère différence, on prend la moyenne ; dans le cas contraire, il faut encore recommencer l'opération jusqu'à ce qu'on soit certain d'avoir la mesure exacte de la base OE. Si le point trigonométrique qui détermine l'alignement OX n'était pas trop éloigné relativement à la grandeur des triangles à construire, on pourrait s'appuyer sur le côté OX de la grande triangulation comme base ; la longueur de ce côté étant donnée dans le registre des opérations trigonométriques, on éviterait ainsi la mesure d'une base; mais il ne faut pas reculer devant ce mesurage quand on reconnaît qu'à l'aide d'une base dont la longueur est choisie, on obtient des triangles plus avantageux (222).

Ainsi, après avoir mesuré exactement la base OE, on relève successivement tous les angles formés autour des points O, A, B, C, D, etc.; il ne faudra conclure le troisième angle d'un triangle que lorsqu'on y sera contraint par les obstacles locaux.

Dans le calcul du triangle AOE, à l'aide de la base OE et des angles adjacents, on détermine la longueur du côté OA, qui à son tour sert de base pour le calcul du triangle AOB. En procédant ainsi de proche en proche, on obtiendra tous les éléments des triangles formant la triangulation secondaire. On pourra dès lors rapporter sur le croquis d'opérations les points principaux A, B, C, D, etc., et se contenter de fixer leur position par la méthode d'intersection qui fournit des résultats suffisants pour le croquis.

Commençons les opérations de détail au point **A**.

Le prolongement de la direction OA fournit une base qui permet, à l'aide de quelques courtes perpendiculaires élevées de part et d'autre, de lever la pointe de terrain qui s'avance entre la route et le ruisseau; le prolongement du côté BA donne les points a et a' de la route; les points b et b' du ruisseau sont déterminés par le prolongement de la direction EA. En mesurant le côté AB, on marque sur le croquis, autant que possible à l'échelle, les points p et p' du ruisseau d'après les distances Ap et Ap', puis on joint bp et $b'\,p'$ pour figurer le ruisseau; cette opératiou s'appelle *arrêter* le ruisseau sur la ligne de construction; les points p et p' sur la droite AB sont les points *d'arrêt*.

En continuant le mesurage, on arrête de même aux points p'', p''', etc., les alignements ec', fd' déterminés par les limites des parcelles; puis on a soin de mesurer les distances $p''c$ et $p''c'$, $p'''d$ et $p'''d'$, qui donnent les points c et c', d et d' du ruisseau; on figure le ruisseau à l'échelle du plan ([1]), puis on trace approximativement les droites $c'e$, $d'f$ qui limitent la parcelle $ec'd'f$, dont la configuration ne sera entièrement déterminée que lorsqu'on opérera sur la ligne AO, où l'on aura soin d'arrêter les points r, r', et de prendre les distances re et $r'f$. On continuera d'arrêter sur la ligne AB toutes les parcelles et tous les détails voisins. Sur le côté BO, on arrête le point i et l'on prend la distance il; on arrête également le point i', etc., et le point g qui servira de rattachement à la ligne de construction gh. On conçoit qu'ayant arrêté sur BO le point g, sur BC le point h, on a complétement fixé la position de la ligne gh qui à son tour peut servir à déterminer d'autres détails. La ligne gh porte le nom de *traverse;* les points g et h sont les *points d'appui*. Une traverse peut servir à appuyer d'autres traverses pourvu qu'elle soit elle-même très-sûrement établie. Ainsi les traverses mm', nn', oo', qui servent à lever

---

([1]) Il est clair qu'on peut faire le croquis à une toute autre échelle que celle à laquelle le plan doit être rapporté.

des parcelles présentant des limites courbes sont appuyées d'un côté
sur la traverse *t u*; mais dans ce cas, au lieu de rattacher uniquement la ligne *t u* au point *v*, où elle coupe la droite OD à angle un
peu aigu, on l'a prolongée jusqu'au point *u* pour la rattacher plus
sûrement sur la droite CD. L'île a été levée sur la base CD rattachée
à la triangulation. Les maisons ont été levées en arrêtant, sur les
lignes de construction, les alignements des murs et en prenant
les distances des points d'arrêts aux angles de murs, on lève quelquefois les propriétés bâties par de courtes perpendiculaires;
les directions des murs dans les cours intérieures se déterminent
à la boussole ([1]).

139. Rapport du plan sur le papier. — Disons tout d'abord
que pour rapporter les points principaux A, B, C, etc., nous n'admettons pas d'autres moyens que le système des coordonnées rectangulaires (107). Ainsi les points A, B, C, etc., étant établis d'après leurs distances à deux axes rectangulaires, soient, si l'on veut,
la méridienne et la perpendiculaire ([2]), on passe au rapport des
lignes de construction. Si, à partir du point B, on prend à l'échelle,
sur BO, la distance B *g*, sur BC, la distance B *h*, on a les points *g*
et *h* qui déterminent l'alignement *gh*; on comprend que la ligne *gh*
à l'échelle du plan doit représenter la longueur *gh* mesurée sur le
terrain; on dit alors que la ligne *gh cadre*. Toutes les autres lignes
de construction doivent cadrer de même et, de plus, lorsqu'un ali-

---

([1]) Voir le croquis fig. 114 pour la manière d'inscrire les cotes : on les
inscrit autant que possible dans le sens du mesurage; de plus, on place ordinairement entre deux parenthèses les chiffres qui indiquent la longueur totale
d'une ligne, tel que le chiffre (172,2) qui fait connaître la longueur de la droite
AB, ainsi que les chiffres qui marquent le point de rattachement d'une autre
ligne de construction, tel que le chiffre (147).

([2]) Les art. 241 et 242 font connaître la manière la plus commode de rapporter les sommets des triangles d'après leurs distances à deux axes
rectangulaires.

gnement a été rattaché à plus de deux points, tous les points de rattachement doivent se trouver en ligne droite. On conçoit que ces grandes lignes rapportées sur le plan y figureront d'une manière proportionnelle et dans une situation parfaitement identique avec leurs homologues sur le terrain. Il en sera de même de tous les points marqués sur leurs directions ou reliés à ces lignes par de courtes perpendiculaires.

Une fois le levé des points principaux terminé, la mesure des angles sur le terrain et la construction de ces angles sur le papier deviennent inutiles ; on procède toujours par le rattachement des lignes à des points connus, et leur position dans le plan se trouve toujours exactement établie, car c'est un axiome fondamental en géométrie que deux points suffisent pour déterminer la position d'une ligne droite.

Cet ensemble de lignes de construction fournit un moyen précieux de vérification ; en effet, si, dans le rapport du plan, toutes les lignes de construction cadrent bien, c'est une preuve infaillible que l'on a parfaitement opéré sur le terrain, que l'ensemble du travail est exact, et que les erreurs, s'il en existe, sont renfermées dans d'étroites limites, puisqu'elles ne peuvent porter que sur des détails souvent peu importants.

Pour rapporter les détails, il suffit de répéter, à l'échelle, sur le papier, toutes les opérations que l'on a exécutées sur le terrain. Ce rapport est toujours très-simple, puisqu'il consiste à fixer, sur les lignes de construction, les points indiqués par les cotes, à établir des prolongements et à élever quelques petites perpendiculaires. Ainsi, partant du point A sur la ligne AB, on fixe les points p, p', p'', etc., à l'aide des distances Ap, Ap', Ap'', etc., indiquées par les cotes du croquis. Ayant de même établi les points r, r', sur la ligne AO, on joindra r et p'', r' et p''', puis, à partir de p'', on prendra les distances $p''c$, $p''c'$, et l'on prolongera $p''r$ de la distance re. On établira de même les points d, d', r', f; après avoir joint e et f, on aura la parcelle $c'd'fe$.

En prolongeant l'alignement BA des distances Aa et Aa', on obtiendra les points a et a' de la route ; on fixera de la même manière les points b et b' du ruisseau ; enfin on élèvera, sur le prolongement de la direction OA, les petites perpendiculaires mesurées sur le terrain ; ces perpendiculaires et l'extrémité du prolongement donneront la pointe de terre entre la route et le ruisseau.

Nous devons faire observer que, pour établir les cotes sur une grande ligne de construction, on commence d'abord par fixer les centaines d'une manière parfaite ; puis, à l'aide de ces centaines, on marque les points intermédiaires. Par exemple, on partira toujours du même point A pour fixer les points cotés sur la ligne AB jusqu'à la première centaine ; on partira ensuite toujours du point de la première centaine pour fixer les points cotés jusqu'à la deuxième centaine, et ainsi de suite. De cette manière, si les centaines sont bien établies, l'erreur sur le rapport de chaque point sera toujours renfermée dans les limites de l'erreur individuelle commise sur ce point, et sera indépendante de la fixation des autres points.

Il existe des échelles tracées sur les bords de règles taillées en biseau qui sont très-commodes pour ce genre de travail ; il suffit de placer la règle le long de la ligne sur laquelle on opère, et de fixer les différents points à l'aide d'un piquoir tenu verticalement. On peut même s'aider d'une loupe pour mieux distinguer les divisions de l'échelle.

140. Règles générales. — La figure, où sont mises en évidence, par des lignes pointillées, à peu près toutes les lignes de construction, suffit pour donner une idée complète de la méthode à l'opérateur le plus inexpérimenté. Il nous reste à exposer les règles générales les plus essentielles.

Les points principaux servant à déterminer les grandes lignes de direction doivent être le résultat d'opérations trigonométriques préalables poussées au plus haut degré de précision.

Le mesurage à la chaîne demande une exactitude rigoureuse; toutes les fois que cette opération présentera quelques difficultés, il faudra multiplier les points trigonométriques, c'est-à-dire les points dont la position est déterminée par le calcul, de manière à n'avoir que de petites distances à mesurer.

Les lignes de direction doivent toujours s'appuyer sur des points précisés avec certitude, soit par le calcul, soit par des opérations rattachées aux points trigonométriques. Tous les rattachements doivent avoir lieu autant que possible à angles droits, car la meilleure intersection est celle de deux lignes qui se coupent à angle droit.

On peut prolonger les lignes de direction au-delà de leurs points d'appui, mais il faut éviter d'abuser de cette faculté ; en général on ne doit pas prolonger un alignement au-delà du quart de la distance totale comprise entre les deux points qui le déterminent.

Avec un peu de pratique, on acquerra, en peu de temps, assez de promptitude et de sûreté dans le coup d'œil pour disposer avec méthode les alignements dans l'ordre le plus favorable à l'exactitude et à la célérité de l'opération.

En se conformant à ces principes, on obtient des résultats d'une précision remarquable ; c'est ainsi que nous avons levé et vu lever des plans sur lesquels la vérification la plus sévère n'a fait ressortir que des erreurs comprises dans l'épaisseur du trait de dessin.

CHAPITRE VII.

Levé du plan d'une Ville.

141. Levé du canevas. — Lorsque la ville à lever occupe une grande surface, on commence par former un canevas trigonométrique avec les objets les plus remarquables, tels que : clochers, tours, pavillons, paratonnerres, etc.... Cette méthode offre l'avantage de fixer sûrement la base de l'ensemble du plan et de fournir, dans l'intérieur de la ville, des points de départ et de vérification.

Pour une ville moins grande, on peut se contenter de choisir intérieurement une station centrale, et de rayonner sur divers points pris autour de l'enceinte. Ce que nous avons à dire au sujet de la triangulation est renvoyé au livre V.

Si l'on n'a pas recours à une triangulation, on entoure la ville d'un polygone qu'on lève avec beaucoup de soin ; les sommets de ce polygone doivent être rapportés d'après leurs distances à la méridienne et à sa perpendiculaire. On amorce ensuite à ce polygone, pour suivre les différentes rues, des lignes qu'on appelle directrices. Les sommets des angles formés dans l'intérieur de la ville par ces directrices doivent être également rapportés d'après leurs distances à la méridienne et à sa perpendiculaire ; le point d'arrivée sur le polygone extérieur sert de vérification.

142. Levé des rues. — Il faut d'abord considérer isolément chaque massif de maisons, et lever les angles saillants et rentrants des rues, places, édifices, culs-de-sac, etc.... Ainsi, partant du point A (fig. 113), pris sur un des côtés de la triangulation, ou du polygone extérieur, menez la directrice AB, arrêtez l'angle a, élevez sur les angles b, c, d,... les perpendiculaires pb, $p'c$, $p''d$,... que vous mesurerez exactement, ainsi que les distances Ap, pp', $p'p''$, mais en cotant toujours à partir du même point A. Mesurez également sur les murs les longueurs *bc*, *cd*, qui serviront de vérification à la justesse des perpendiculaires. Arrêtez au point *s* l'alignement *hr*, et prenez les distances *sr* et *hr*; arrêtez au point *f* l'alignement *ho* et prenez également les distances *fh*, *ho* et *om*; la traverse *fm* devra cadrer sur les deux directrices AB et *a* C. Le monument *t*, situé au milieu de la place, se rattachera sur la traverse secondaire *ic*. Continuez de la même manière à élever à droite et à gauche des perpendiculaires sur les directrices, à prendre les alignements des murs et à mesurer les façades des maisons pour vérification; les lignes de construction tracées sur la figure indiquent suffisamment la marche à suivre. Les angles que les directrices font entre elles doivent être levés très-exactement.

Nous ferons observer que, pour élever les perpendiculaires, il serait souvent très-difficile d'établir l'équerre ordinaire dans les rues ou sur les places publiques. Lorsque les perpendiculaires sont très-petites, un opérateur habile peut les élever à vue d'œil avec une exactitude suffisante; l'équerre à miroirs, qui peut se tenir à la main, serait d'un grand secours.

Quand une rue est large et à peu près droite, il est bon d'établir de chaque côté de la rue deux directrices passant aussi près que possible des murs; on comprend que, dès lors, le levé des façades de maisons devient beaucoup plus facile.

Enfin nous recommanderons d'apporter le plus d'ordre possible dans l'établissement du croquis (voir le croquis des opérations exécutées sur la directrice AB (fig. 114).

143. Levé des détails. — Une fois les rues et les massifs de maisons levés, il sera facile de mesurer sur les façades les limites des propriétés, et d'inscrire sur un carnet les noms des propriétaires. On pénètre ensuite dans les habitations pour lever les cours, jardins, parterres, etc.;... la boussole est l'instrument qu'on emploie de préférence pour lever ces détails.

Comme la multiplicité des traits et des cotes pourrait devenir un obstacle à la régularité et à la clarté du croquis, on est souvent obligé de faire des renvois sur un registre spécial où l'on inscrit les longueurs des façades, et où l'on développe à une plus grande échelle les parties chargées de détails.

CHAPITRE VIII.

Ensemble des opérations d'un levé de plan en combinant tous les procédés décrits isolément.

144. Nous avons passé en revue toutes les méthodes que l'on peut employer avec sécurité. Il reste maintenant, pour donner une idée nette de l'ensemble du travail, à indiquer, d'une manière générale, la marche à suivre depuis la formation du grand canevas jusqu'à l'expression des détails les plus minutieux. Déjà nous savons que, si le plan doit embrasser une grande étendue de terrain, il faut recourir à une triangulation (24). Les résultats de cette opération fournissent des points que l'on place sur la feuille qui doit recevoir le plan. On procède ensuite à une reconnaissance générale du terrain à lever, dans laquelle on signale tous les points principaux qui paraissent pouvoir déterminer des directions favorables au levé des détails.

En général les commençants doivent tout d'abord lever le grand canevas, et ne s'occuper des opérations de détail que lorsqu'ils auront rapporté à l'échelle les grandes lignes de construction. Ils feront même bien d'établir, sur ces lignes, des divisions de cent mètres, qui leur seront d'une grande utilité pour la distribution approximative des détails sur le croquis.

Les différents modes de lever dont nous avons parlé ne sont pas exclusifs ; le talent consiste à apporter beaucoup de discernement dans leur emploi.

Nous accordons la préférence à la méthode du levé par alignements et par directions, mais avec la condition indispensable de fixer par le calcul la position des points qui déterminent les grands alignements. Le chaînage est sujet à tant d'erreurs qu'il ne faut pas craindre de le réduire autant que possible, et plus le terrain présentera de difficultés, plus il faudra obtenir de points par le calcul.

Pour qu'une intersection soit admissible, il faut que l'angle des deux droites ne soit ni inférieur à 30° ni supérieur à 150°.

Dans le levé par alignements, il faut avoir soin d'établir les lignes de construction le plus près possible des chemins sinueux, des ruisseaux, etc., pour que les perpendiculaires et les prolongements soient moins longs; et faire en sorte que les lignes servant à lever les parcelles passent à la tête des champs, sur les extrémités des réages, etc., où aboutit un nombre plus ou moins grand de divisions.

Cette méthode est malheureusement impraticable dans les pays tourmentés par les montagnes, les ravins, etc., dans les contrées couvertes de forêts, dans celles où les propriétés sont, en général, entourées d'arbres ou de haies élevées. Cependant, dans ce dernier cas, bien qu'il paraisse impossible, au premier coup d'œil, de conduire régulièrement les opérations géodésiques, il arrive qu'en examinant de près ces localités, on découvre presque toujours des échappées de vue, à la faveur desquelles il est aisé d'éviter ou de vaincre les obstacles. Un géomètre qui connaît à fond les ressources de son art est rarement arrêté par les difficultés, ou plutôt il les surmonte toujours.

Ces difficultés s'évanouissent généralement devant le plus ou moins de précautions à prendre, suivant les terrains sur lesquels on opère. Il suffirait, dans le cas particulier qui nous occupe, de multiplier les signaux trigonométriques (Livre V).

Dans les pays vignobles et de cultures céréales, on est encore obligé de suspendre les travaux du terrain à certaines époques, à cause des blés, vignes et autres récoltes, dans lesquelles on ne peut guère chaîner exactement sans faire de dégâts.

Lorsque l'opérateur lève le plan d'un terrain renfermant des parcelles à divers propriétaires, il peut, pour éviter d'avoir toujours des indicateurs à sa suite, opérer d'abord la reconnaissance des propriétés, en faisant un croquis visuel sur lequel il inscrit, dans chaque figure, le nom du propriétaire.

Lorsqu'il s'agira de faire le plan des villes ou des villages, on lèvera les contours avec beaucoup de soin ; on amorcera en même temps les principales issues, puis on partira de l'une d'elles pour suivre les différentes rues. On fera bien, vu la multiplicité des détails, de ne lever d'abord que les contours des rues, sauf à pénétrer ensuite dans les habitations pour figurer les massifs de maisons, cours, jardins, etc., qu'on lèvera à la boussole.

Nous terminons en disant qu'il faut avoir en vue non-seulement la rapidité, mais aussi la précision des résultats ; qu'on ne doit négliger aucune des vérifications possibles, et qu'enfin les opérations sur le terrain doivent être combinées de telle sorte, relatées sur le croquis avec une telle lucidité, qu'on puisse toujours, et sans la moindre hésitation, en faire l'application dans le rapport du plan.

CHAPITRE IX.

Dessin des Plans.

145. Tracé du dessin au crayon. — Le dessin d'un plan peut être fait sur les lieux ou dans le cabinet. Dans l'un et l'autre cas, il faut d'abord rapporter le plan et tracer tous les détails au *crayon* avec la même correction que celle d'un dessin mis à l'encre. On n'emploie dans ce but que des crayons de bonne qualité, ni trop durs ni trop tendres et toujours convenablement taillés.

Le papier prescrit pour les plans du cadastre est celui que l'on désigne sous le nom de *papier grand-aigle.*

146. Mise au trait. — La mise au trait consiste à tracer à l'encre de chine les contours des parcelles et des détails, en négligeant toutes les lignes de construction légèrement indiquées qui ont servi à rapporter le plan.

L'encre de chine doit être bien noire et récemment préparée. On se sert pour l'employer du tire-ligne, et, pour certaines sinuosités, d'une plume métallique très-fine.

Il faut que le tracé soit toujours délié, correct et bien soutenu: les traits doivent se joindre par leurs extrémités sans laisser aucun intervalle et n'être jamais prolongés au-delà de leur point de rencontre.

L'emploi du tire-ligne combiné avec la régle présente peu de difficultés pour les lignes droites; mais il exige une grande attention et beaucoup d'habileté lorsque les lignes sont brisées ou sinueuses, et qu'il faut à chaque instant changer la position de la règle pour reprendre le trait et le continuer.

Les reprises doivent s'opérer par une jonction si précise que le contour se développe avec la même pureté qu'une ligne tracée d'un seul jet.

Un goût délicat est le meilleur guide dans la mise au trait du plan et contribue essentiellement à lui donner ce charme et cette finesse qui caractérisent généralement les plans du cadastre.

Nous avons dit que le trait devait être purement tracé avec la même grosseur et la même intensité dans toute son étendue.

Cependant on est dans l'usage de faire sentir le contour des objets sur lesquels on veut appeler l'attention, en donnant un peu plus de plein du côté opposé à la lumière que l'on suppose éclairer le plan par un angle de 45° vers la gauche du dessinateur.

Ainsi on renforce le trait qui accuse le contour des propriétés bâties, des chemins, digues, canaux, etc., dans la partie qui se trouve dans l'ombre. Cette méthode donne au dessin du mouvement et de l'élégance, néanmoins il faut être sobre de ces sortes d'enjolivements, ne les employer que d'une manière judicieuse et par-dessus tout éviter les contre-sens.

147. Lavis des plans. — Depuis que l'on a commencé à s'occuper des opérations cadastrales, on a considérablement simplifié le dessin et le lavis des plans. Autrefois on surchargeait les plans de petits dessins conventionnels qui n'étaient ni du paysage ni de la topographie, mais qui exigeaient une certaine habileté de main. Il en résultait souvent un bariolage qui dissimulait si bien les traits et les contours du plan qu'il était presque impossible de s'y reconnaître. Les inconvénients de cette méthode firent adopter l'usage des teintes conventionnelles, dont la nuance claire laisse apparaître bien distinctement les traits du plan.

Lorsque ces teintes ont partout la même valeur, elles portent le nom de *teintes plates*.

Il faut beaucoup de dextérité pour les étendre sans marbrures, sans taches et sans reprises, sur un vaste polygone, et pour suivre fidèlement le trait sans jamais le déborder.

Lorsque les parcelles sont très-étendues, on emploie des teintes dont la nuance s'adoucit et se dégrade insensiblement à mesure qu'elle s'éloigne du périmètre ; elles portent le nom de *teintes fondues*.

148. Figuré du terrain. — Pour figurer exactement le relief du terrain, on est obligé d'avoir recours au nivellement et de tracer des courbes horizontales équidistantes (fig. 123).

On commence par établir la masse de la configuration du terrain à représenter en imaginant une suite de sections horizontales faites par des plans de niveau et également distants entre eux ; ce qui détermine, sur le terrain, des lignes qu'on apppelle des courbes de niveau. Les projections de ces courbes sur un plan horizontal se rapprochent de plus en plus à mesure que la pente augmente, et se confondent dans les chûtes verticales. On dessine légèrement au crayon les contours des courbes horizontales.

Ensuite pour donner plus d'effet au dessin et pour mieux faire juger de suite le relief du sol, on couvre de hachures régulières les intervalles que ces courbes laissent entre elles. Les hachures sont dirigées suivant la ligne de plus grande pente, c'est-à-dire sont normales aux sections, et doivent être d'autant plus serrées qu'elles sont moins longues. Généralement on commence par tracer des hachures divisant l'intervalle laissé entre deux sections consécutives en quadrilatère dont la forme approche le plus possible de celle du carré; puis on intercale ensuite une hachure à égale distance des deux premières si elles sont égales, et un peu plus loin de la plus grande dans le cas contraire; ainsi de suite. On est convenu d'interrompre les hachures à la rencontre des courbes horizontales, qui dès lors ne doivent pas être mises à l'encre, attendu qu'elles se trouvent suffisamment indiquées par l'interruption des hachures elles-mêmes (1).

Pour les plans du cadastre, l'emploi de ces hachures n'a ordinairement lieu que dans le *tableau d'assemblage,* qui représente le territoire de la commune, et où le géomètre en chef doit faire figurer les principaux mouvements du terrain.

« Pour être à portée d'y tracer les montagnes et les accidents du « terrain, le géomètre en chef a soin de recueillir lors de ses vérifi-« cations dans les communes tous les renseignements nécessaires. » *(Réglement du* 15 *mars et circulaire du* 20 *mai* 1827.)

Afin de bien saisir et de bien encadrer chacun des mouvements, le géomètre devra les considérer sous différents aspects, en se transportant sur les points élevés; il marquera avec soin l'origine, la fin et le changement des pentes. Il relèvera avec une scrupuleuse attention les *lignes de faîte* ou *de partage,* et les *thalwegs* ou lignes de réunion des eaux (2).

---

(1) Voir le *Cours de Topographie et de Géodésie* de J.-F. Salneuve.

(2) On sait que la ligne de faîte est la ligne suivant laquelle se partagent les eaux pluviales pour s'écouler à droite et à gauche; c'est, par conséquent, la ligne qui offre le moins de pente; quant aux thalwegs, ils sont faciles à distinguer, puisqu'ils sont le plus souvent indiqués par des rivières, des ruisseaux, ou des ravins dans lesquels se réunissent les eaux qui descendent des versants.

149. Écritures. — Les écritures contribuent essentiellement à donner un bon aspect au dessin d'un plan. Il faut donc savoir écrire correctement la lettre moulée et la disposer le plus gracieusement possible. La typographie moderne fournit d'excellents modèles.

Les écritures doivent être placées de manière à ne pas nuire à la netteté des détails, et exécutées à l'encre de chine.

Quel que soit l'orientement du plan, les écritures doivent être parallèles aux bords du papier, excepté toutefois celles qui désignent les noms des chemins, rivières, canaux, etc., dont la place et la direction sont déterminées par la forme des objets indiqués.

Dans l'orientement plein nord, on place le nord au-dessus et l'on écrit parallèlement aux côtés de la feuille.

Si l'orientement est arbitraire, on dispose les écritures comme dans l'orientement plein nord ; mais, dans ce cas, on a soin de placer au-dessus celui des côtés de la feuille qui se rapproche le plus du nord.

On place généralement l'échelle du plan dans le bas de la feuille.

Le titre, les inscriptions, le cartouche qui les renferme, l'encadrement, sont subordonnés au goût et à l'habileté du dessinateur.

150. Indications sommaires sur le dessin des plans du cadastre. — Le dessin des plans du cadastre est très-simple ; on n'y emploie guère le lavis que pour indiquer les masses aquatiques, les cours d'eau et les propriétés bâties. On passe une légère teinte plate au carmin sur les bâtiments. On distingue les édifices publics par une teinte bleue. Les cimetières sont indiqués par de petites croix placées çà et là. Les eaux reçoivent une couleur d'un vert bleuâtre nommé *vert d'eau,* que l'on adoucit du côté qui reçoit la lumière. Une flèche fait connaître le sens du courant.

La méridienne, la perpendiculaire et leurs parallèles formant les carrés, doivent être tracées à l'encre rouge. Les principales lignes d'opérations, que l'on peut être tenu de figurer sur le plan, sont tracées à l'encre bleue.

L'orientement est déterminé par une étoile, une boussole ou une rose des vents, quelquefois par une simple flèche marquant le nord.

Le plan cadastral d'une commune est divisé en sections. Chaque feuille du plan contient, autant que possible, une section, à moins que son trop grand développement n'ait obligé à la répartir en deux ou plusieurs feuilles. Le plan présente les noms de la commune, des hameaux, des fermes, établissements ou habitations isolés, chemins, ravins, rivières, ruisseaux, ainsi que celui des sections et des cantons, triages ou lieux-dits.

Autour du périmètre de la commune et de celui de chaque section, on désigne les communes limitrophes et les sections de la même commune qui y sont attenantes.

Les limites des communes sont indiquées par un liseré au carmin; un filet de couleur différente pour chaque section en marque le périmètre; un filet jaune sert ordinairement à établir les limites des cantons, triages ou lieux-dits.

Les limites communes des feuilles d'une même section ne sont pas marquées par un filet de couleur.

Les filets de couleur doivent accompagner fidèlement le trait sans jamais le dépasser, et la nuance doit être partout la même et assez claire pour laisser apercevoir distinctement le trait noir.

Les bornes qui se trouvent sur le périmètre de la commune sont marquées par un carré d'un millimètre de côté.

Celles qui limitent plusieurs communes sont indiquées par une figure triangulaire; et celles qui divisent les propriétés, par un carré d'un demi-millimètre de côté.

Les ponts de pierre sont représentés par deux lignes droites au carmin.

Les ponts de bois le sont par deux lignes noires.

Les bacs sont exprimés par un trait fin courbé et noir, qui traverse la rivière, et est terminé par deux points plus gros, carrés et noirs, à la place des poteaux.

Les moulins à eau et autres usines muës par un cours d'eau sont représentés par la maison où ils sont construits; une petite roue horizontale est dessinée dans l'endroit où sont celles du moulin, et l'on marque le bâtardeau au carmin, s'il est en maçonnerie.

Les moulins à vent sont dessinés en perspective et mis au carmin, s'ils sont en maçonnerie.

Lorsque le géomètre a terminé une section, il donne, sur la minute du plan, un numéro définitif à chaque parcelle en suivant l'ordre topographique qui lui paraît le plus convenable pour l'intelligence du plan. Le numérotage doit être disposé de manière que chaque canton, triage ou lieu-dit, présente une série de numéros non interrompue.

Pour tous les détails, les différents services publics ont des règles particulières auxquelles on doit se conformer exactement.

151. Minute d'un plan. — La minute d'un plan est la feuille sur laquelle ce plan a été dessiné pour la première fois. Lorsque le plan a été levé à la planchette, la minute est la feuille même sur laquelle on a opéré.

On laisse souvent subsister sur la minute certaines lignes de construction, les cotes numériques et autres annotations pouvant faciliter l'intelligence du plan. Les lignes de construction doivent être tracées avec une encre de couleur ; si l'on emploie l'encre de Chine, il faut seulement les pointiller.

152. Copie ou expédition d'un plan. — La méthode la plus simple est celle du piquage, elle consiste à piquer la minute sur la feuille de copie, à tracer ensuite au crayon les lignes du plan en se guidant sur les points faits par le piquoir, puis à passer à l'encre.

Les dessinateurs habiles passent à l'encre immédiatement après le piquage.

Le secret du piquage consiste à ne faire ni trop ni trop peu de trous, et à tenir le piquoir perpendiculaire au papier.

La méthode du piquage présente l'avantage de pouvoir s'appliquer à plusieurs feuilles à la fois ; mais elle a l'inconvénient de détériorer rapidement la minute.

La méthode du calquoir consiste à calquer le plan à la vitre sur le papier même qui doit recevoir la copie. Si le trait n'est pas assez apparent, c'est une feuille de papier transparent (huilé, végétal ou de gélatine), que l'on calque d'abord. On se sert ensuite d'une feuille de papier dont un côté est frotté de mine de plomb. Après avoir mis ce côté en contact avec le papier destiné à recevoir la copie, on étend sur la feuille plombée le calque de papier transparent, puis, à l'aide d'une pointe *mousse* dite à calquer, on suit tous les traits du plan, en appuyant assez fortement pour que la mine de plomb adhère au papier qui doit recevoir l'expédition. Inutile d'ajouter que cette double opération augmente les chances d'erreurs.

Quelquefois après avoir calqué le plan sur une feuille de papier transparent, on colle cette feuille dans toute son étendue sur du papier fort.

Enfin, pour reproduire un dessin, on peut encore le partager en carrés égaux par deux systèmes de lignes parallèles figurées légèrement au crayon ; on trace sur une feuille de papier des carrés identiques, et l'on y dessine, de proche en proche, tous les détails compris dans les rectangles de la minute. Cette opération s'exécute soit en rapportant chaque point par des coordonnées, soit en imaginant les lignes droites prolongées jusqu'à la rencontre du rectangle qui les comprend, et en déterminant ensuite leurs extrémités à l'aide du compas. Si quelques unes des portions du dessin sont plus chargées de détails, on peut y multiplier les carrés ou les diviser par des diagonales.

Au lieu de tracer les carrés, on peut couvrir la minute d'un verre où le quadrillage est gravé, ou bien d'un réseau de fils tendus sur un cadre, ou bien encore d'un papier transparent divisé en carrés par des traits déliés.

153. Réduction d'un plan. — Lorsqu'un plan est rapporté sur le papier, on a quelquefois besoin d'en construire un nouveau à une échelle plus grande ou plus petite. S'il s'agit de changer l'échelle de la copie, de telle sorte que les côtés homologues soient dans un rapport donné $\frac{m}{n}$, on commence par tracer un cadre dont les côtés soient dans ce rapport avec ceux du cadre de l'original ; puis on le divise en un même nombre de carrés. On opère ensuite comme ci-dessus, en ayant soin de réduire dans le rapport indiqué les longueurs prises au compas sur le modèle.

On emploie, pour simplifier les opérations, un *angle* ou un *compas de réduction.*

154. Angle de réduction. — On trace sous un angle quelconque deux lignes AB, BC (fig. 74), de longueurs telles que l'on ait :

$$\frac{A B}{B C} = \frac{m}{n} ;$$

On joint A et C ; puis, dans l'intérieur du triangle, on mène des parallèles à BC ; on aura ainsi une série de triangles semblables. Les longueurs quelconques $A b$, $A b'$, etc.... auront toujours pour réduction les lignes bc, $b'c'$, etc.

155. Compas de réduction. — Le compas de réduction est un instrument qui donne directement une longueur deux, trois, quatre.... fois plus grande ou plus petite qu'une longueur prise sur le papier.

Il se compose (fig. 75) de deux branches de cuivre égales terminées par des pointes d'acier à chacune de leurs extrémités, et percées de fentes longitudinales dans lesquelles un boulon servant de pivot peut glisser à volonté lorsque les branches sont superposées, ou bien être fixé à l'aide d'un écrou. L'une des branches porte des graduations qui indiquent le point précis où il faut amener le trait de *repère* du boulon, pour que les deux branches du compas formé d'un côté du pivot soient deux, trois, quatre... fois plus grandes que les branches du compas formé de l'autre côté, et que, par conséquent, sous une ouverture quelconque, la distance des points du premier compas soit deux, trois, quatre... fois plus grande que la distance des pointes de l'autre.

Si, par exemple, on veut réduire un plan au $\frac{1}{4}$, on amène le trait du pivot en face de la division $\frac{1}{4}$; puis, en prenant avec les longues branches une longueur quelconque, on porte sur le second la distance des pointes des petites branches.

On conçoit aisément que cet instrument ne peut fournir des résultats satisfaisants que pour les réductions et non pour les développements. Son nom, du reste, indique l'usage auquel il est destiné.

156. Réduction par le parallélisme des périmètres. — Dans le polygone ABCDE (fig. 115), menez les diagonales AD et AC ; à partir du point A, prenez A*b* qui soit au côté homologue AB dans le rapport de réduction ; menez *bc* parallèlement à BC ; *cd* parallèlement à CD ; *de* parallèlement à DE ; la figure A*bcde* sera évidemment le plan du polygone réduit dans le rapport donné.

Si le plan présentait des sinuosités, on les obtiendrait par des perpendiculaires sur les lignes voisines.

On pourrait réduire de même un plan en marquant un point dans l'intérieur, et en tirant des rayons à tous les angles.

Quand le plan réduit est dessiné au crayon sur l'original, on le pique ou on le calque sur la feuille d'expédition.

157. Pantographe. — Pour plus de simplicité dans l'explication de la théorie du pantographe, nous le supposerons réduit à des lignes mathématiques ; cette théorie bien comprise, il suffira de voir l'instrument pour en deviner l'emploi mécanique.

Le pantographe (fig. 76) se compose de quatre règles égales en longueur, ou au moins égales deux à deux, et unies par quatre articulations qui permettent de faire prendre à ces règles *diverses* positions, dans lesquelles elles forment *toujours* un losange ou un parallélogramme dont les angles seuls peuvent varier à volonté. Au point Q se trouve fixé un calquoir ; tout l'instrument peut se mouvoir autour d'un axe vertical placé en O ; pour donner plus de douceur aux mouvements du pantographe, on le fait reposer sur des roulettes adaptées au point A et aux extrémités des prolongements de AB et de AD.

Maintenant, si nous plaçons un crayon en P et que nous fassions parcourir au calquoir Q une figure quelconque, il sera facile de démontrer que le crayon décrira une figure semblable à celle parcourue par le calquoir, et que, de plus, ces deux figures seront entre elles comme les distances de Q et P au point O. En effet, dans les triangles AQP et DOP, les côtés AQ et DO seront toujours parallèles et de longueur invariable ; il en sera de même des côtés AP et DP ; ces triangles seront donc toujours semblables et nous aurons les proportions :

$$\frac{AQ}{DO} = \frac{AP}{DP} = \frac{QP}{OP} \ ;$$

Changeons la position du pantographe (fig. 77), nous aurons de même :

$$\frac{A'Q'}{D'O} = \frac{A'P'}{D'P'} = \frac{Q'P'}{OP'} .$$

Nous savons que AQ $=$ A'Q', et DO $=$ D'O,

d'où $\quad \dfrac{QP}{Q'P'} = \dfrac{OP}{OP'}$, ou bien $\dfrac{QO + OP}{Q'O + OP'} = \dfrac{OP}{OP'}$,

et enfin $\quad \dfrac{QO}{Q'O} = \dfrac{OP}{OP'}$.

Les triangles QQ'O et PP'O, qui ont un angle égal compris entre des côtés homologues proportionnels, sont semblables ; et les lignes QQ' et PP' parcourues, la première, par le calquoir, la seconde, par le crayon, sont parallèles et dans le même rapport que QO et OP.

Si l'on a fixé d'avance le rapport des deux plans, il faut faire en sorte que QO et OP soient aussi dans le même rapport, et déterminer la position de O sur DC, et celle de P sur AD, qui satisfassent à cette condition. On a trouvé par le calcul les positions correspondantes à différentes échelles, et on les a tracées sur les deux branches du pantographe: les points Q, O et P doivent toujours être en ligne droite.

Si l'on avait besoin d'augmenter les dimensions de la copie, il suffirait de mettre le calquoir à la place du crayon, et vice versâ ; mais cette opération est considérée comme mauvaise, puisqu'on agrandit, dans ce cas, les défauts du plan.

Lorsqu'on possède les mesures recueillies sur le terrain, le meilleur moyen pour réduire ou développer un plan est de le reconstruire de nouveau à l'échelle demandée.

———

CHAPITRE X.

Vérification des Plans.

158. La vérification des plans s'opère en mesurant des lignes sur le terrain et en les comparant avec leurs homologues sur le plan. Elle consiste généralement dans le tracé sur le terrain de grandes lignes droites ou brisées dont les directions sont choisies de manière à couper le plus de détails possible. Il faut avoir soin de donner à ces grandes lignes des extrémités bien fixes sur le sol : les murs, les bornes, les fossés nettement découpés, etc., et en général tous les points qui ont dû être levés avec précision sont très-propres à l'établissement des lignes de vérification.

En mesurant ces gandes lignes, on a soin d'arrêter les divisions apparentes et fixes des parcelles et des détails, sans négliger de prendre de fréquents rattachements pour s'assurer de la précision de tous les détails voisins des lignes de vérification. Enfin, on doit chercher à obtenir la preuve que le travail dans son ensemble aussi bien que dans ses détails ne laisse rien à désirer, et porter particulièrement son attention sur les parties du territoire où l'arpentage offre le plus de difficultés.

Pour vérifier les plans d'épreuve, on trace habituellement deux lignes en croix dans toute l'étendue du plan ; le point d'intersection de ces deux lignes sert à vérifier l'ensemble.

« Rendu sur le terrain, l'ingénieur vérificateur doit s'assurer que « les grandes dimensions de la commune sont exactes.

« A cet effet, il doit, ou mesurer de grandes lignes, ou déter-« miner ces grandes dimensions par des moyens trigonométriques, « toujours en rattachant à ses opérations plusieurs points de la « triangulation du géomètre.

« Il vérifie en même temps si le plan est bien orienté.

« En vérifiant les grandes dimensions, l'ingénieur vérificateur « doit, de distance en distance, vérifier les détails qui se trouvent « sur son passage. Il doit aussi s'écarter des directions qu'il a prises « d'abord, afin de vérifier plus de détails encore, soit en parcourant « le territoire par lignes brisées, soit en errant et en mesurant des « côtés ou des diagonales de polygone, des distances d'une parcelle « à une autre, des chemins, etc.

« Quel que soit le mode de vérifier qu'emploie l'ingénieur véri-« ficateur, mode qui le plus souvent dépend des localités, il doit « avoir soin de mettre le plus grand ordre dans les cotes d'angles et « de longueurs, pour pouvoir appliquer la vérification sur le plan « d'une manière certaine.

« L'ingénieur vérificateur doit, en général, mesurer trois poly-« gones ou parcelles par section, les choisissant éloignés des parties « déjà vérifiées.

« Enfin, il examine si les rues, places, routes, rivières, ruisseaux, « et autres objets remarquables sont bien placés sur le plan, et « figurés avec soin. » *(Recueil méthodique : art.* 251 *à* 255*).*

159. La circulaire du 30 avril 1833 fixe la tolérance pour les plans parcellaires du cadastre ainsi qu'il suit :

Pour les lignes de 1,000 mètres et au dessus, *un cinq-centième*.

Pour les lignes de 600 à 1,000 mètres, *un quatre-centième*.

Pour les lignes de 200 à 600 mètres, *un trois-centième*.

Pour les lignes de 100 à 200 mètres, *un deux-centième*.

Pour les lignes au-dessous de 100 mètres, *un centième*.

Les lignes de vérification se tracent sur les plans à l'encre de couleur.

Le procès-verbal de vérification doit constater l'exactitude :

Des mesures de l'échelle,

Du numérotage des parcelles,

De l'orientement,

Des grandes dimensions,

Des détails,

Du tracé des chemins et rivières,

Des dimensions de chacun des polygones mesurés en dehors des parties déjà vérifiées.

Que celui qui lève un plan soit ou non soumis à une vérification, il fera sagement de se l'imposer lui-même; il acquerra la satisfaction de reconnaître l'exactitude de son travail, et aura la certitude de pouvoir subir victorieusement, dans d'autres circonstances, le contrôle le plus sévère.

LIVRE IV.

———

L'ARPENTAGE.

———

160 *L'arpentage cadastral ou la partie d'art du cadastre* comprend le levé des plans et le calcul des contenances.

Suivant plusieurs auteurs, l'arpentage n'aurait pour objet que la mesure de la surface des terres. Quoiqu'il en soit, nous donnerons dans ce livre les solutions les plus simples et les plus usitées des problèmes qui se présentent fréquemment dans les opérations pratiques sur le terrain ; nous exposerons ensuite les divers procédés employés pour mesurer et partager les surfaces tant sur le terrain que sur les plans.

———

CHAPITRE Ier.

Opérations sur le terrain.

161. **Par un point C (fig. 78) donné mener une parallèle à une droite AB.** — Joignons B et C ; sur BC prenons arbitrairement le point I, puis prolongeons la direction AI d'une quantité indiquée par la formule

$$ID = \frac{AI \cdot IC}{IB}$$

Les deux triangles AIB et CID sont semblables ; les angles DCI et ABI, CDI et IAB occupent la position d'angles alternes internes, et CD et AB sont parallèles.

2° Joignons AC ; faisons au point C l'angle PCD égal à l'angle CAB ; CD est la parallèle demandée.

3° Du point C (fig. 79) abaissons la perpendiculaire CP sur AB, et au point P' élevons la perpendiculaire P'D égale à CP ; CD sera parallèle à AB.

Remarque. Comme application de ce problème, on peut citer le cas suivant :

Lorsqu'on ne peut placer l'instrument au point où l'on doit élever une perpendiculaire, par exemple, au point A (fig. 123), sur le mur *mn*, on mène BD parallèle au mur *mn*, et la perpendiculaire PC, élevée sur BD, est perpendiculaire sur sa parallèle *mn*.

162. Tracer la bissectrice d'un angle donné. — Prenons AE (fig. 80) = AG, AF = AH ; joignons G et F, E et H ; le point d'intersection I est sur la bissectrice demandée.

Joignons FH, le point O milieu de la droite FH appartient aussi à la bissectrice de l'angle proposé.

163. Diviser une droite en deux parties égales sans la mesurer. — Soit à diviser la droite AB (fig. 116) en deux parties égales.

Menez CD parallèle à AB ; tirez vers un point quelconque O les lignes AO et BO, qui couperont la parallèle aux points C et D ;

fixez le point I intersection des deux alignements AD et BC ; l'alignement OI prolongé coupera la droite AB au point *m* en deux parties égales.

164. Prolonger une droite au-delà d'un obstacle qui arrête la vue. — 1° A partir du point A (fig. 81) pris sur l'alignement AB qu'il s'agit de prolonger, traçons la droite AC passant à côté de l'obstacle ; au point P, pris sur AC en avant de l'obstacle, élevons la perpendiculaire MP, nous pourrons mesurer AP et MP ; prenons le point P' au-delà de l'obstacle et mesurons AP' ; dans les triangles semblables APM et AP'M' nous avons

$$\frac{P'M'}{AP'} = \frac{MP}{AP}, \text{ d'où } P'M' = \frac{AP'.MP}{AP}.$$

A partir du point P', on portera sur P'M' la longueur trouvée, et l'on aura le point M' du prolongement de la droite AB.

On déterminera de même les points M'', M''', etc., qui devront se trouver tous en ligne droite.

2° Au point A (fig. 82) élevons la perpendiculaire AP ; par le point P menons la parallèle PC. Élevons sur cette parallèle les perpendiculaires A'P', A''P'', A'''P''', etc., toutes égales à AP ; on obtiendra les points A', A'', A''', etc., qui devront se trouver en ligne droite et qui seront sur l'alignement demandé.

165. Mesurer une droite AB sur laquelle se trouve un obstacle qui empêche de la parcourir. — 1° Soit à mesurer la droite AD (fig. 81). Menons la droite AC à côté de l'obstacle ; puis abaissons sur cette droite les perpendiculaires MP et DC ; on pourra mesurer AC, AM, MP et DC.

Dans les triangles semblables AMP et ADC nous avons

$$\frac{AD}{DC} = \frac{AM}{MP} \text{ d'où } AD = \frac{DC.AM}{MP}$$

2° Le triangle rectangle ADC donne

$$AD = \sqrt{\overline{AC}^2 + \overline{DC}^2}$$

3° Aux points A (fig. 82) et D, élevons successivement les perpendiculaires AP et DC égales ; puis joignons P et C ; la figure ADCP est un rectangle, et PC = AD.

166. Jalonner une ligne droite dans un bois entre deux points donnés. — Soit les deux bornes A et B (fig. 124) entre lesquelles il s'agit de tracer une ligne.

Envoyez un aide sur la borne B pour lancer une fusée, ou faire entendre la détonation d'une arme à feu. Dirigez au son du bruit, ou vers la fusée, une droite d'une largeur aussi petite que possible qu'on appelle *filet*. Si cette droite tombe sur la borne B, il n'y a plus qu'à faire ouvrir une laie de séparation. Si elle tombe par exemple en C, élevez sur AC la perpendiculaire BC, puis, d'un autre point D pris à volonté sur AC, élevez une deuxième perpendiculaire DE ; mesurez exactement les lignes AC, CB et DC, et établissez la proportion suivante :

$$\frac{DE}{BC} = \frac{AD}{AC}, \text{ d'où } DE = \frac{AD \times BC}{AC}.$$

La position du point E sera déterminée par la longueur de DE ; l'alignement BE prolongé passera par le point A. Il serait bon, avant de prolonger BE, de déterminer de même un troisième point F, afin de mieux fixer l'alignement.

167. Déterminer la distance d'un point A (fig. 83) à un autre point inaccessible C. — Sur AC élevons la perpendiculaire AB ; prenons à volonté le point B ; prolongeons AB d'une quantité BA' égale à AB ; au point A' élevons la perpendiculaire A'C' jusqu'au point C', où elle rencontre l'alignement BC ; il est évident que A'C' = AC.

168. Déterminer la distance de deux points inaccessibles A et B (fig. 84). — On trouve les distances AC et BC par le procédé précédent ; puis on prend C*m* et C*n* proportionnelles aux droites AB et BC, et l'on joint *mn*.

Dans les triangles semblables ABC et C*mn* on a :

$$\frac{AB}{AC} = \frac{mn}{mC}, \text{ d'où } AB = \frac{AC.\,mn}{mC}.$$

169. Déterminer la hauteur d'un édifice. — Soit à mesurer la hauteur de la tour AB (fig. 85).

A une certaine distance de la tour plantons un grand jalon P*x* bien perpendiculairement ; plantons un autre jalon dans l'alignement de la tour et du premier jalon ; dirigeons le rayon visuel *a*B sur le sommet de la tour, et faisons marquer le point *b* où le rayon visuel affleure le jalon P*x*.

Dans le triangle rectangle *aba'*, on mesure *aa'*, qui est la distance des deux jalons, puis on obtient *ba'* en retranchant de *b*P la hauteur du jalon *a*C ; on mesure enfin AC, qui est égal à *aa''*, et l'on établit la proportion

$$\frac{Ba''}{a''a} = \frac{ba'}{a'a}, \text{ d'où } Ba'' = \frac{a''a.\,ba'}{a'a}.$$

Il suffira d'ajouter à la valeur de B*a''* la hauteur du jalon *a*C.

170. Pour résoudre les problèmes précédents, nous n'avons guère employé que la chaîne et l'équerre. Mais, si l'on veut recourir aux instruments propres au levé des plans, tels que le graphomètre, la planchette, etc., on obtiendra des résultats plus rapides et plus précis. Ainsi, pour déterminer la distance d'un point A (fig. 83) à un autre point inaccessible C, il suffirait de prendre une base AB quelconque, de mesurer les angles A et CBA, et la résolution du triangle ABC donnerait le côté AC.

De même, pour déterminer la distance qui sépare deux points inaccessibles A et B (fig. 84), on mesurerait une base quelconque CD, ainsi que les angles formés autour des points C et D, on résoudrait d'abord les triangles ACD et BCD, puis le triangle ACB qui donnerait le côté AC. Ces exemples suffisent pour guider l'opérateur dans les autres cas.

171. Déterminer la hauteur d'une tour AB (fig. 86) **dont le pied est inaccessible.** — Après avoir choisi deux stations C et D, on mesure CD; à la station C, on mesure les angles BCA, ACD, BCZ, c'est-à-dire l'angle formé par la droite BC avec la verticale CZ; cet angle est égal à l'angle CBA; puis, à la station D, on mesure l'angle ADC. On résoud le triangle ADC à l'aide du côté CD et des deux angles adjacents. Dans le triangle BAC, on connaîtra le côté AC et deux angles, ce qui permettra de calculer le côté AB ou la hauteur cherchée.

172. Tracer une circonférence tangente à deux droites données. — Lorsqu'une voie de communication doit changer de direction, on raccorde les diverses directions de l'axe ou ligne magistrale par des courbes qui sont ordinairement des arcs de cercle.

Soit I (fig. 87) le point d'intersection de deux directions qu'il s'agit de raccorder par un arc de cercle d'un rayon OA donné.

Il faut d'abord trouver les points de tangence A et B. Dans le triangle AOI, on connaît le côté OA qui est le rayon de la courbe, et l'angle aigu AIO qui est la moitié de l'angle formé par les deux directions; on pourra donc calculer le côté AI; on calculera de même IB.

Quand on donne seulement A et B du raccordement, on détermine le rayon en résolvant le triangle rectangle AOI, dans lequel on connaît le côté AI et l'angle aigu AIO.

Soit M un point de la courbe; l'angle IAM, formé par une tangente et une corde, a pour mesure la moitié de l'arc AM. Si au point B nous faisons l'angle MBA égal à l'angle IAM, cet angle aura encore pour mesure la moitié de l'arc AM, et l'intersection M des deux droites AM et BM appartiendra à la courbe ; on pourra déterminer ainsi autant de points que l'on voudra de la courbe à tracer.

On peut encore construire les différents points de la courbe par abscisses et ordonnées, en prenant, pour axe des abscisses de chacun des arcs AD et DB, la tangente correspondante.

Ainsi le point C de la courbe est déterminé par l'abscisse BP et l'ordonnée CP.

Pour un angle quelconque a, on a immédiatement, en représentant le rayon de la courbe par R :

$$BP = R \sin a, \quad CP = 2 R \sin^2 \tfrac{1}{2} a.$$

Ces deux formules, dont la démonstration n'offre aucune difficulté, permettront d'obtenir, en faisant varier a par intervalles suffisamment petits, autant de points de la courbe qu'il sera nécessaire pour pouvoir la tracer d'une manière continue.

173. Tracer sur le terrain une ellipse dont les deux diamètres sont donnés. — L'ellipse que l'on trace quelquefois dans les parcs et jardins est une figure terminée par une courbe connue sous le nom d'*Ovale du jardinier* (fig. 117).

La droite AA' est le *grand diamètre*, la droite BB' est le *petit diamètre;* les points F et F' sont les *foyers* de l'ellipse. On sait qu'une des principales propriétés de l'ellipse, c'est que, si d'un point quelconque M de son périmètre, on mène à ses foyers les deux rayons *vecteurs* MF et MF', la somme de ces rayons est toujours égale au grand diamètre AA'.

Pour tracer une ellipse dont les deux diamètres AA' et BB' sont donnés, croisez perpendiculairement ces deux diamètres par leur milieu O. De l'extrémité B du petit diamètre, avec un rayon égal à la moitié du grand diamètre AA', décrivez deux arcs de cercle qui couperont le grand diamètre aux points F et F' : ces points seront les deux foyers.

A ces deux foyers fixez les deux extrémités d'un cordeau égal au grand diamètre, puis faites glisser un piquet dans le pli du cordeau tendu, la trace de ce piquet déterminera l'ellipse demandée (¹).

CHAPITRE II.

Mesure des surfaces ou contenances sur le terrain.

174. On appelle *aire* ou *surface* d'une figure quelconque la portion d'étendue renfermée entre les lignes qui terminent cette figure.

La mesure des surfaces consiste à déterminer combien de fois une surface quelconque en contient une autre prise pour terme de comparaison ou pour *unité* de mesure.

L'*are* est l'unité légale : *c'est un carré de* 10 *mètres de côté.*

(¹) L'ovale est une courbe formée d'un nombre variable d'arcs de cercle, qu'on multiplie d'autant plus que l'on veut mieux imiter l'ellipse.

Tracer un ovale sur le papier. — Partagez la droite AA' (fig. 118), représentant la longueur de l'ovale, en trois parties égales. Des points *g* et *f*, avec une ouverture de compas égale à *gf*, décrivez deux arcs qui se couperont en *h* et en *e*; prolongez *ef*, *eg*, *hf* et *hg*; des points *f* et *g*, décrivez les arcs *nA'l*, *mAi*; des points *e* et *h*, décrivez les arcs *il* et *mn*.

Autre solution (fig. 122). — Croisez perpendiculairement et par le milieu les deux diamètres de l'ovale; joignez les deux extrémités B et B' du petit dia-

L'are n'a qu'un multiple qui est l'*hectare* et qui vaut 100 ares ; il n'a qu'un sous-multiple qui est le *centiare* ou le mètre carré, et qui vaut la centième partie de l'are.

Il résulte de là que, pour exprimer en ares l'évaluation d'une contenance obtenue en mètres carrés, il suffit de séparer, sur la droite du nombre, deux chiffres pour représenter les centiares,

---

mètre aux deux extrémités A et A' du grand diamètre ; portez la différence des demi-diamètres OA et OB de B en *m* et en *n*, de B' en *o* et en *p*. Aux points milieux *q*, *r*, *s*, *t*, des lignes A*m*, A*o*, A'*n*, A'*p*, élevez des perpendiculaires qui couperont les diamètres aux points *d* et *d'*, *c* et *c'*. Les points *c* et *c'* seront les centres des arcs FB'F', EBE' ; les points *d* et *d'* seront les centres des arcs EAF et E'A'F'.

On peut construire l'ellipse sur le papier par points ou d'un mouvement continu : on la trace d'abord au crayon, puis on la passe à l'encre à main levée ou à l'aide du pistolet.

Manière de rétablir l'échelle d'un plan. — Si l'on mesure sur le terrain une ligne quelconque, il sera facile de déterminer le rapport numérique entre cette ligne et son homologue sur le plan, et par conséquent de rétablir l'échelle.

Si l'on ne veut pas faire de mesurage sur le terrain, on choisit dans le plan un triangle dont l'aire soit connue ; on prend la racine carrée de cette aire ; on cherche la moyenne proportionnelle entre la base et la moitié de la hauteur du triangle ; et l'on divise cette moyenne proportionnelle (qui est le côté d'un carré équivalent au triangle) en autant de parties égales qu'il y a d'unités dans la racine carrée de l'aire du triangle considéré.

Si l'on peut employer une échelle auxiliaire, on calcule d'abord la superficie du triangle choisi avec cette échelle, et l'on note la base. On multiplie la surface indiquée au plan par le carré de cette base, puis on divise le produit par la surface calculée à l'échelle auxiliaire : la racine carrée du quotient donne la base du triangle telle qu'elle a dû être mesurée sur le terrain ; pour avoir l'échelle il n'y aura plus qu'à établir cette proportion : *la longueur trouvée est à l'échelle auxiliaire comme la longueur prise sur cette même échelle est à* x : x représentant l'échelle cherchée.

Si dans le plan il n'y avait pas de triangle, on réduirait une figure quelconque en un triangle équivalent, et l'on rentrerait dans le cas précédent.

et deux chiffres pour représenter les ares; le reste à gauche représente les hectares.

Ainsi :   1,653,482 mètres carrés

valent   165 hectares 34 ares 82 centiares.

175. Dans l'arpentage, la contenance d'un terrain n'est autre
chose que l'aire de sa projection horizontale ; il faut donc, lorsqu'on
prend des mesures sur le terrain pour calculer les contenances,
réduire ces mesures à l'horizon.

On peut, du reste, passer facilement de la projection horizontale
à la surface réelle; il suffit de diviser la contenance par le cosinus
de l'angle de pente (¹).

(¹) Voici ce qu'écrivait, au sujet de l'arpentage horizontal, le Commissaire
du Gouvernement au Directeur des Contributions du département du Mont-
Tonnerre.

Paris, le 20 pluviôse an XII.

. . . .

. . . .

« Il n'y a point de doute, Citoyen, que la surface inclinée d'une montagne ne
« soit plus grande que sa base horizontale, de même que l'hypoténuse d'un
« triangle offre toujours une plus grande longueur que celle de sa base. Cepen-
« dant, il est dans la nature, et tous les savants sont d'accord sur ce point, qu'il
« ne croît pas plus de plantes à tige verticale sur la pente d'un terrain incliné,
« que sur la base de ce même terrain réduit à l'horizon. En effet, quoique la
« pente d'une montagne procure aux plantes l'avantage d'y être plus aérées
« que dans la plaine, il faut encore que leurs racines puissent y trouver une
« assiette et des sucs suffisants pour donner à la tige l'aplomb nécessaire et les
« moyens de fructification. Comme les racines ne peuvent commodément percer
« et s'étendre dans la partie supérieure, elles se dirigent et se prolongent princi-
« palement dans la partie inférieure ; il en résulte nécessairement, du côté
« de la pente, une extension de racines qui est plus ou moins considérable,
« selon que la pente est plus ou moins rapide : conséquemment, les plantes
« à tige verticale doivent naturellement se trouver espacées les unes des
« autres dans la proportion de l'excès de la longueur de la ligne inclinée sur

176. Mesurer l'aire d'un triangle. — Soit le triangle ABC (fig. 88). Prenons pour base le côté AB; du sommet C, abaissons la perpendiculaire CP sur la base AB prolongée s'il est nécessaire; nous aurons, pour expression de la surface du triangle, en représentant cette surface par S :

$$S = \tfrac{1}{2}\, AB.\, CP.$$

On peut choisir la base à volonté; mais il faut autant que possible choisir pour base le côté dont la longueur diffère le moins de la hauteur correspondante.

On pourra, en outre, déterminer l'aire d'un triangle par tous les procédés que nous avons indiqués dans la trigonométrie.

177. Mesurer l'aire d'un parallélogramme. — Soit le parallélogramme ABCD (fig. 89). La géométrie élémentaire donne :

1°
$$S = AB.\, CP;$$

2° Nous avons aussi :

$$CP = AC \sin CAP;$$

d'où
$$S = AB.AC \sin CAP.$$

« la longueur de la ligne plane ou de la base. Néanmoins, on ne se dissimule
« pas que cette règle est susceptible de recevoir des exceptions pour quelques
« plantes, telles que l'herbe, qui croissent serrées et contiguës ; mais cette
« considération n'a pas été jugée suffisante pour faire déroger au système
« généralement adopté et suivi en France, d'arpenter les propriétés hori-
« zontalement, sans avoir égard aux pentes ou inclinaisons accidentelles
« du terrain.

« Ce procédé est indispensable pour pouvoir faire entrer dans la carte d'un
« territoire les montagnes et les cavités, qui, sans cela, ne pourraient pas y
« être circonscrites ; il est d'ailleurs prescrit par les instructions du Ministre
« pour l'exécution des travaux ordonnés par les arrêtés du Gouvernement des
« 12 brumaire an XI et 27 vendémiaire dernier. »

178. Mesurer l'aire d'un trapèze. — L'aire du trapèze est égale à la moitié du produit de la somme des deux côtés parallèles par la hauteur du trapèze; on a pour le trapèze ABCD (fig. 90) :

$$S = \tfrac{1}{2} \, (AB + CD) \, CP.$$

179. Mesurer l'aire d'un quadrilatère. — On peut toujours décomposer un quadrilatère en deux triangles; l'aire de ces triangles sera celle du quadrilatère. On démontre facilement que l'aire d'un quadrilatère est encore égale à la moitié du produit des deux diagonales par le sinus de l'angle qu'elles font entre elles.

Ainsi l'aire du quadrilatère ABCD (fig. 91) sera exprimée par la formule :

$$S = \tfrac{1}{2} \, AD. \, CB \, \sin \, AIC.$$

180. Mesurer l'aire d'un polygone quelconque. — 1° On peut toujours décomposer un polygone en triangles dont on mesure séparément les surfaces; la somme de ces surfaces sera l'aire du polygone.

On peut décomposer un polygone en triangles de plusieurs manières; il faut faire en sorte que les triangles ne présentent des angles ni trop aigus ni trop obtus.

2° On peut mener dans l'intérieur du polygone une droite que l'on nomme base ou directrice (fig. 92). De tous les sommets du périmètre on abaisse des perpendiculaires sur cette base.

L'aire du polygone est évidemment exprimée par :

$$S = ABb + BCbc + CDcd, \text{ etc.} - (EDcd + FEe + GFg).$$

3° S'il n'est pas possible de pénétrer dans l'intérieur du terrain, on commence par envelopper le polygone à mesurer dans un rectangle (fig. 93) ou dans un trapèze (fig. 94); on détermine ensuite la surface de cette figure auxiliaire, et l'on en retranche les triangles et les trapèzes extérieurs au polygone dont on veut trouver la surface.

181. Mesurer l'aire d'un terrain limité par une ligne courbe en totalité ou en partie. — On choisit sur la courbe des points assez rapprochés pour que l'arc de courbe compris entre deux points consécutifs puisse être substitué, sans erreur sensible, à la droite qui les joint. On trace le polygone ABCDE (fig. 95) le plus avantageusement possible ; puis, des points choisis sur la courbe, on abaisse des perpendiculaires sur chacun des côtés pris successivement pour directrices. L'aire du terrain proposé est évidemment égale à l'aire du polygone ABCDE augmentée de la surface des triangles et des trapèzes rectangles qui sont dans l'intérieur du terrain et diminuée de celle des triangles et des trapèzes rectangles qui sont à l'extérieur.

2° Si l'intérieur du terrain est inaccessible, on lui circonscrit un rectangle (fig. 93 et 94) ou un trapèze, dont on détermine facilement la surface, puis on retranche de cette surface celle des triangles et des trapèzes rectangles extérieurs au terrain.

182. Mesurer l'aire d'un cercle. — Si l'on connaît le rayon R, on a, d'après la géométrie élémentaire :

$$S = \pi R^2 ;$$

π représentant le rapport de la circonférence au diamètre, la valeur approchée de ce rapport est :

$$\pi = 3,141592653, \text{ etc.}$$

Dans la pratique, on se borne généralement à 4 décimales en forçant la dernière :

$$\pi = 3,1416.$$

La connaissance du nombre π permet d'évaluer la longueur d'une circonférence dont le rayon est connu, et réciproquement de trouver le rayon quand la circonférence est donnée.

On peut obtenir directement la surface d'un cercle en fonction de la circonférence C et de π.

On sait, en effet, que la surface d'un cercle est égale au produit de la circonférence par la moitié du rayon. Or $C = 2R\pi$, d'où $\frac{1}{2} R = \dfrac{C}{4\pi}$, et le produit $\frac{1}{2} CR = \dfrac{C^2}{4\pi}$.

183. Mesurer l'aire d'un secteur de cercle et d'un segment de cercle. — L'espace renfermé entre deux rayons OA (fig. 96) et OB formant un angle quelconque et l'arc de cercle compris entre ces deux rayons se nomme *secteur de cercle*. La partie du secteur comprise entre l'arc AMB et la corde AB qui le sous-tend est un *segment de cercle*.

L'aire du secteur est égale à la moitié du produit de l'arc par le rayon.

L'aire du segment est égale à l'aire du secteur diminuée de celle du triangle AOB.

184. Mesurer l'aire d'une ellipse. — On démontre que l'ellipse n'est autre chose que le cercle décrit sur le diamètre AA' (fig. 117) dont on aurait raccourci les cordes perpendiculaires à ce même diamètre dans le rapport de a à b, en faisant $AA' = 2\,a$, et $BB' = 2\,b$. Il est évident que les aires sont dans le même rapport et que, l'aire du cercle étant $\pi\,a^2$, celle de l'ellipse est $\pi\,ab$.

CHAPITRE III.

Partage des terrains. — Bornage.

185. Les conditions de partage et la forme même du terrain à diviser peuvent varier d'une infinité de manières ; il est donc impossible de traiter sous une forme générale la question qui fait l'objet de ce chapitre.

Nous nous bornerons à donner quelques exemples qui mettront sur la voie pour résoudre les problèmes de ce genre.

186. Partager un triangle en deux parties qui soient entre elles comme un rapport donné.

1° Par une ligne partant d'un sommet.

Partageons la base AB (fig. 97) de manière que les segments Am, mB, soient entre eux dans le rapport donné. Joignons le sommet C au point de division m ; les triangles ACm et CBm, ayant même hauteur, sont entre eux comme leurs bases, qui elles-mêmes sont entre elles comme le rapport donné.

2° Par une ligne partant d'un point donné sur l'un des côtés.

Soit le triangle ABC (fig. 98). Représentons la surface totale par 1 et par p la portion DBm à couper. Supposons que Dm remplisse la condition énoncée ; les triangles ABC et DBm, ayant l'angle B commun et par conséquent égal, donnent d'après la géométrie élémentaire

$$\frac{BD.Bm}{AB.BC} = \frac{p}{1}, \text{ d'où } Bm = p.\frac{AB.BC}{BD}.$$

Si l'on trouve Bm plus grand que AB, c'est une preuve que la division ne peut avoir lieu par une droite aboutissant sur AB, mais par une droite, telle que Dn, aboutissant sur AC. On suivra la même marche que ci-dessus pour déterminer Cn, en remarquant que le triangle CDn serait égal à $1 - p$.

3° Par une droite parallèle à la base.

Soit le triangle ABC (fig. 99). Représentons la surface totale par 1 et par p la portion à couper par la parallèle mn. Les deux triangles semblables ABC et Cmn donnent

$$\frac{\overline{Cm}^2}{\overline{AC}^2} = \frac{p}{1}, \text{ d'où } Cm = AC\sqrt{p}.$$

187. D'un point O (fig. 100) donné dans l'intérieur d'un triangle, mener des droites qui partagent le triangle en trois parties de grandeurs données.

Menons la droite AD passant par le point O. Dans le triangle ADC, nous pourrons séparer la portion AOm d'après le procédé indiqué (186 — 2°). Menons ensuite la droite CE par le point O. Si la seconde portion est plus petite que COm, on opère sur ce triangle en séparant à gauche la portion demandée par une ligne menée du sommet O (186 — 1°). Dans le cas contraire, on opère sur le triangle CEB en séparant à gauche la partie COn égale à l'excès de la portion demandée sur le petit triangle COm.

188. Couper une partie p d'un parallélogramme.

1° Par une parallèle à l'un des côtés.

Prenons sur AB (fig. 101) la distance Am qui soit à la longueur totale AB comme p est à la surface totale ; puis menons mn parallèle à AC ; le parallélogramme $ACmn$ représente évidemment la partie demandée.

2° Par une droite menée de l'un des angles (fig. 102).

Le parallélogramme pouvant se décomposer en deux triangles équi-

valents, il n'y a qu'à suivre la marche indiquée plus haut (186 — 1°)
en remarquant que la surface de l'un des triangles est la moitié du
parallélogramme.

On a donc :

$$\frac{\mathrm{B}m}{\mathrm{B}\mathrm{D}} = \frac{p}{\frac{1}{2}}, \text{ d'où } \mathrm{B}m = 2p.\ \mathrm{BD}.$$

3° Par une droite menée d'un point pris sur le périmètre.

Si la partie à détacher p est plus petite que le triangle BOD (fig. 103),
il suffit d'appliquer la solution indiquée (186 — 1°) en tenant compte
du rapport de la portion p à la surface du triangle BOD.

Si p est plus grand que le triangle BOD, on sépare dans le triangle
COD la portion nOD égale à l'excès de p sur DOB.

189. Prendre une partie p d'un trapèze :

1° Par une droite menée de l'un des angles ;

2° Par une droite menée d'un point pris sur le périmètre.

Ces deux questions se résolvent comme les deux précédentes.
Les figures 104 et 105 suffisent pour indiquer la marche des opérations.

**190. Diviser un trapèze en deux parties proportionnelles
à des nombres donnés par une parallèle aux bases.**

Soit le rapport $\frac{m}{n}$. Supposons que le problème est résolu par la
droite EF (fig. 106), et imaginons les côtés parallèles prolongés
jusqu'à l'intersection I.

Désignons le triangle IAB par T, le triangle IEF par t, et le triangle ICD par t'.

Le trapèze AEFB $=$ T $-$ t ; et le trapèze CDFE est égal à $t - t'$;
et nous devons avoir :

$$(1) \qquad \frac{t - t'}{\mathrm{T} - t} = \frac{m}{n}$$

Les triangles semblables $\mathbf{T}$, t, t' donnent :

$$\frac{\mathrm{T}}{\overline{\mathrm{AB}}^2} = \frac{t}{\overline{\mathrm{EF}}^2} = \frac{t'}{\overline{\mathrm{CD}}^2} = r,$$

r désignant un rapport quelconque ;

d'où $\mathrm{T} = \overline{\mathrm{AB}}^2 \times r$; $t = \overline{\mathrm{EF}}^2 \times r$; $t' = \overline{\mathrm{CD}}^2 \times r$;

En substituant ces valeurs dans (1) et en opérant les réductions on obtient :

$$\frac{\overline{\mathrm{EF}}^2 - \overline{\mathrm{CD}}^2}{\overline{\mathrm{AB}}^2 - \overline{\mathrm{EF}}^2} = \frac{m}{n}$$

d'où il vient $n\,.\,\overline{\mathrm{EF}}^2 - n\,.\,\overline{\mathrm{CD}}^2 = m\,.\,\overline{\mathrm{AB}}^2 - m\,.\,\overline{\mathrm{EF}}^2$

$$\text{et}\quad \mathrm{EF} = \sqrt{\frac{m\,.\,\overline{\mathrm{AB}}^2 + n\,.\,\overline{\mathrm{CD}}^2}{m + n}}$$

La longueur de EF étant ainsi obtenue, il suffit de la porter sur AB à partir d'une extrémité A. On mène OF parallèle à AC et EF parallèle à AB.

191. Prendre sur un terrain une portion de grandeur donnée :

1° Par une droite menée d'un point donné sur le périmètre.

Soit le polygone ABCDEF (fig. 107), o le point donné, et p la portion à détacher.

On calcule d'abord les contenances des triangles OFA, OAB, etc. En additionnant ces contenances, on finit par obtenir deux contenances consécutives telles que OFA et OFAB, dont l'une est plus petite et l'autre plus grande que la portion à détacher. Il n'y a plus qu'à partager le triangle AOB en deux parties AOm et BOm proportionnelles, l'une au déficit de OFA sur p, et l'autre à l'excès de OFAB sur p.

2° Par une droite ayant une direction donnée (fig. 108).

On mène les droites Gm, Bn, op, parallèlement à la direction donnée. On mesure le triangle AGm ainsi que les trapèzes $GmBn$, Bnpo; puis on ajoute successivement les contenances obtenues jusqu'à ce qu'on en trouve deux entre lesquelles est comprise la contenance de la portion demandée. Si cette contenance est comprise, par exemple, entre ABnG et ABopG, il ne reste plus qu'à partager le trapèze Bopn, par une droite MN parallèle aux bases, dans le rapport du déficit BMNn à l'excès MopN, opération que nous savons exécuter (190).

3° Par une droite menée d'un point intérieur ou extérieur.

Du point donné, on mène des droites à tous les angles du périmètre du terrain; on arrive ainsi à tracer deux droites entre lesquelles doit se trouver nécessairement celle qui satisfait aux conditions du problème, et l'on détermine enfin cette dernière par les procédés déjà connus ou par des essais successifs que la pratique apprend à abréger.

192. Partage d'un terrain à contour irrégulier. — On peut toujours ramener une ligne courbe à une ligne polygonale, en choisissant sur cette courbe des points assez rapprochés pour que la portion de courbe comprise entre deux points consécutifs puisse être substituée à la droite qui les joint. On rentre donc, pour les problèmes de partage, dans les solutions que nous avons développées plus haut.

193. Rectifier la limite sinueuse de deux propriétés par une ligne droite, sans changer la surface de chaque propriété. — Menez la perpendiculaire Cx (fig. 119) sur AB; calculez la surface formée par cette perpendiculaire et la ligne tortueuse, tant à droite qu'à gauche. Si la surface laissée à droite est égale à la surface laissée à gauche, cette perpendiculaire satisfait à la question. Mais, s'il y a une différence, divisez le double de cette différence par la longueur de la perpendiculaire Cx, et, suivant le cas, portez le quotient à droite ou à gauche de la perpendiculaire, à partir du point x; vous déterminerez ainsi la ligne CD qui résoudra le problème.

Si Cx n'était pas perpendiculaire sur AB, on trouverait facilement la longueur P de la perpendiculaire baissée de C sur AB par la formule :

$$P = xC \times \sin AxC.$$

Cette perpendiculaire serait la hauteur du triangle à former à droite ou à gauche de la première ligne d'essai, et l'on opérerait comme précédemment.

194. Notions pratiques. — Pour procéder à la mesure ou à la division d'un terrain, on en marque le périmètre par un nombre suffisant de jalons et on en fait le croquis, sur lequel on inscrit le résultat des opérations exécutées. Mais, lorsqu'il s'agit d'un terrain d'une vaste étendue, il est bon d'en lever préalablement le plan. On se procure par là d'immenses avantages : la longueur des droites s'obtient très-facilement à l'aide de l'échelle, et l'on se rend beaucoup mieux compte des opérations géométriques nécessaires soit pour déterminer la surface, soit pour opérer le partage du terrain.

Lorsqu'on a effectué un partage sur le plan, il n'y a plus qu'à tracer sur le terrain, d'après le plan, les lignes qui doivent séparer les diverses portions.

Quand il s'agit de partager une grande propriété, on évalue d'abord le tout en superficie et en argent, puis on calcule la part qui doit revenir à chacun des co-partageants suivant ses droits ; on compose ensuite les lots de telle sorte qu'ils satisfassent le mieux possible aux conditions posées.

Les experts ont souvent entre les mains une grande partie de la fortune des familles. Aussi doivent-ils s'appliquer à se rendre dignes de la confiance qui leur est accordée.

Il doivent connaître les différentes natures de terre, leurs qualités productives, et la manière d'établir le revenu net des diverses propriétés. Les anciens cultivateurs du pays peuvent donner d'utiles renseignements sur la valeur d'un bien, et sur le prix qu'on pourrait l'affermer.

Les propriétaires sont à même, mieux que personne, de faire connaître le revenu net de chaque pièce ; et, comme les lots doivent être tirés au sort, ils n'ont aucun intérêt à déguiser la vérité.

Le prix des baux et les documents du Cadastre fourniront le plus souvent une ressource précieuse.

Enfin, nous engageons les lecteurs à consulter le *Recueil méthodique du Cadastre*, art. 318 et suivants, on y trouvera tous les détails dans lesquels il faut entrer pour obtenir des évaluations aussi justes que possible (¹).

Un partage est une opération souvent difficile et toujours très-délicate. L'expert qui en est chargé doit avoir présents à l'esprit les principes

---

(¹) *Recueil méthodique :*

Art. 318. Le revenu net des terres est ce qui reste au propriétaire, déduction faite, sur le produit brut, des frais de culture, semences, récoltes, entretien et transport des denrées au marché.

Art. 324. Les frais de culture sont très-multipliés et peu faciles à calculer en détail ; on peut seulement dire qu'il faut y comprendre les objets suivants :

L'intérêt de toutes les avances premières nécessaires pour l'exploitation, telles que les bestiaux et les autres dépenses qu'on est obligé de faire avant d'arriver au moment où l'on peut vendre ou consommer les produits ; l'entretien des instruments aratoires, tels que les charrues, voitures, etc., les salaires des ouvriers, les salaires ou bénéfices du cultivateur qui partage et dirige leurs travaux ; l'entretien et l'équipement des animaux qui servent à la culture, et les renouvellements d'engrais lorsqu'il est nécessaire d'en acheter.

Art. 325. Il faut encore déduire la quantité de grains employée à l'ensemencement, en évaluant les grains d'après le tarif du prix des denrées.

Art. 326. Les frais de récolte sont aussi très-variables, suivant les méthodes usitées dans chaque pays, pour chaque espèce de production ; ils consistent, par exemple pour les blés, dans le paiement, en grains ou en argent, des moissonneurs qui les coupent, de ceux qui les lient, les charrient à la grange ou à l'aire, de ceux qui les y battent, les transportent au grenier, soit peu de jours après, soit en d'autres temps de l'année, enfin jusqu'à l'époque ou le blé peut être porté au marché ou au moulin.

Art. 327. Les frais d'entretien d'une propriété sont ceux nécessaires à sa conservation, tels que les digues, les écluses, les fossés, et autres ouvrages sans lesquels les eaux de la mer, des rivières, des torrents, pourraient détériorer et même détruire des propriétés que des travaux utiles conservent.

16

du droit civil et notamment en ce qui touche la propriété, le voisinage, les servitudes ou services fonciers et la prescription. Il doit combiner les exigences de la loi, les coutumes locales et l'équité avec la nécessité de conserver à chacun l'abord de sa propriété, les passages nécessaires, la configuration la plus favorable au labourage, etc. Enfin, il doit chercher non-seulement à faire en sorte que la portion ou le lot de chaque copartageant soit l'expression bien réelle des stipulations écrites qui lui en transfèrent la propriété, mais encore à prévenir les procès dont les actes d'un opérateur inhabile renferment trop souvent le germe (¹).

195. Bornage (²). — On appelle bornage l'ensemble des opéra-

(¹) *Code civil :*

Art. 832. Dans la formation et composition des lots, on doit éviter autant que possible, de morceler les héritages et de diviser les exploitations ; et il convient de faire entrer dans chaque lot, s'il se peut, la même quantité de meubles, d'immeubles, de droits ou de créances de même nature et valeur.

(²) Art. 646. Tout propriétaire *peut obliger* son voisin au bornage de leurs propriétés contiguës. Le bornage se fait à frais communs.

Art. 653. *Dans les villes et les campagnes*, tout mur servant de séparation entre bâtiments jusqu'à *l'héberge*, ou entre cours et jardins, et même entre enclos, dans les champs, *est présumé mitoyen*, s'il n'y a titre ou marque du contraire.

Art. 654. Il y a marque de non mitoyenneté lorsque la sommité du mur est droite et à plomb de son parement d'un côté, et présente de l'autre un plan incliné.

Lors encore qu'il n'y a que d'un côté ou un chaperon ou des filets et corbeaux de pierre qui y auraient été mis en bâtissant le mur.

Dans ces cas, le mur est censé appartenir exclusivement au propriétaire du côté duquel sont l'égout ou les corbeaux et filets de pierre.

Art. 666. Tous fossés entre deux héritages sont présumés mitoyens s'il n'y a titre ou marque du contraire.

Art. 667. Il y a marque de non mitoyenneté lorsque la levée ou le rejet de la terre se trouve *d'un côté seulement* du fossé.

Art. 668. Le fossé est censé appartenir exclusivement à celui du côté duquel le rejet se trouve.

Art. 670. Toute haie qui sépare des héritages est réputée mitoyenne, à moins qu'il n'y ait qu'un seul des héritages en état de clôture, ou s'il n'y a titre ou possession suffisante du contraire.

tions qui ont pour but de déterminer les limites des propriétés par des points isolés, marqués sur le sol au moyen de pierres qu'on appelle *bornes*. Pour pouvoir reconnaître facilement une borne, et au besoin son emplacement, il est bon d'avoir la précaution de placer par-dessous du charbon, parce qu'il jouit de la propriété d'être incorruptible. L'abornement général d'un territoire est toujours précédé de la vérification des titres et de leur comparaison avec les propriétés auxquelles ils s'appliquent.

Rien n'est plus propre à assurer la paisible possession de la propriété que les abornements généraux, et il est à espérer qu'ils seront mis en pratique au renouvellement du cadastre général de la France ([1]).

([1]) Quelques personnes auraient voulu qu'il fût procédé à un abornement général et forcé des propriétés. Une telle opération ferait naître des discussions dont les tribunaux seuls pourraient être juges, et dont il serait difficile de prévoir le terme; le gouvernement ne saurait la proposer. Si, dans un petit nombre de communes, des abornements ont été exécutés sur la provocation des propriétaires et en vertu de conventions spéciales, on ne pourrait pas espérer de trouver partout un semblable accord, et la contrainte légale ne le procurerait jamais. Tout ce qu'il est possible de faire administrativement, c'est d'appeler les propriétaires pour reconnaître ou contester sur le terrain, les lignes de démarcation assignées par le plan, à toutes les parcelles de leurs propriétés confrontant à des propriétaires différents; de dresser un procès-verbal authentique de leur adhésion ou de leurs observations ; de concilier, autant que possible, les parties en cas de non-conciliation, de ne tenir compte que du fait, jusqu'à ce que les tribunaux aient réglé le droit. (*Projet de loi sur le renouvellement et la conservation du cadastre. — Note explicative. — Paris, le 29 juin 1846.*)

M. Edouard Gillet, géomètre-forestier, à Joinville (Haute-Marne), a publié, en 1867, une *Nouvelle Méthode pour procéder aux Abornements généraux.*

CHAPITRE IV.

Calcul des contenances sur les plans.

1° PROCÉDÉS ORDINAIRES.

196. Le calcul des contenances sur les plans peut s'effectuer par divers procédés.

Le plus naturel est de diviser chaque parcelle ou figure du plan en triangles par des lignes tracées légèrement au crayon, et d'appliquer à chaque triangle, pour le désigner, une lettre de l'alphabet.

Cette division en triangles doit être exécutée de telle sorte que la base et la hauteur de chaque triangle diffèrent le moins possible l'une de l'autre.

On prend avec le compas la longueur de la base du triangle ; on la mesure sur l'échelle et on l'inscrit sur le cahier des calculs.

Pour obtenir la hauteur d'un triangle, on place une des pointes du compas sur le sommet, et, modifiant l'ouverture du compas de manière à la ramener au rayon d'un arc auquel la base du triangle serait tangente, on a la longueur de la perpendiculaire abaissée du sommet sur la base. Un peu de pratique suffit pour déterminer la hauteur d'un triangle par ce procédé sans être obligé de tracer la perpendiculaire. On mesure sur l'échelle la hauteur du triangle et on l'inscrit sur le cahier.

On multiplie la base par la hauteur, et on inscrit dans la colonne à ce destinée le produit des facteurs.

Les produits étant inscrits dans l'ordre des triangles de la parcelle, on en fait l'addition qui, si l'échelle du calcul est la même que celle du plan, donne le double de la contenance.

Il ne s'agit donc que de prendre la moitié pour avoir la contenance de la parcelle. Il existe des tables de multiplication qui abrégent les calculs.

La contenance des chemins, rues, places, rivières, ruisseaux, etc., peut, en général, être calculée sans opérer leur réduction en triangles; il suffit de multiplier la longueur par la largeur, en ayant égard aux sinuosités.

On inscrit ordinairement les résultats du calcul des contenances de toutes les parcelles du plan dans un tableau de la forme ci-après :

L'échelle du plan est celle de 1 à 2,000.

NUMÉROS du plan.	Lettres indicatives des portions de parcelles.		FACTEURS.	PRODUITS.	CONTENANCES des NUMÉROS.		
	Triangles.	Trapèze.			h.	a.	c.
	a		15.4×10.2	157.08			
	b		26.8×21.6	578.88			
105		c	$(28.7 + 24.5) \times 7.8$	414.96			
				1150.92			
				575.46		5	75

197. Vérification du calcul des contenances. — On vérifie ordinairement le calcul des contenances en considérant chacun des cantons ou triages comme une grande parcelle, dont on calcule la contenance de la même manière que pour les véritables parcelles. On compare ensuite la somme totale des contenances de ces grandes masses avec celle des contenances des parcelles; et, si les deux sommes sont les mêmes, les calculs sont justes.

« Plusieurs triages peuvent être compris dans le même article de masses, de manière cependant que chaque polygone du cahier de calculs présente une contenance qui ne soit pas ordinairement au-dessous de 15 hectares ni au-dessus de 30 hectares. » *(Circulaire du 24 juin 1828)*.

Si la comparaison entre la contenance des polygones de masses et celle des parcelles qui y sont renfermées fait ressortir une différence qui n'excède pas le *trois centième,* cette différence est tolérée.

Dans le cas contraire, il faut rechercher l'erreur en recommençant ses opérations, et proscrire impitoyablement tous les essais qui se rapprochent plus ou moins de ce qu'on appelle le *coup de pouce.*

198. Vérificateur. — Le vérificateur est un instrument qui présente un quadrillage formé soit de fils très-fins tendus sur un cadre, soit de lignes tracées sur une glace ou encore sur une corne transparente. Chaque carré représente un are à l'échelle du plan ; parmi les fils ou les traits, il s'en trouve de plus apparents qui indiquent, les uns, des carrés d'un hectare, d'autres, des carrés de 25 ares.

On applique l'instrument sur la figure à mesurer et l'on compte immédiatement les carrés pleins ; on évalue ensuite par estime la contenance des portions de carrés coupés par le périmètre et laissés dans l'intérieur de la figure, et l'on ajoute la valeur de ces portions de carrés à celle des carrés pleins.

Cet instrument ne peut donner que des approximations suffisantes pour préparer la solution des problèmes relatifs à la division des terrains, ou pour vérifier rapidement l'exactitude de certaines évaluations.

Pour opérer ces vérifications, quelques arpenteurs transforment les figures en triangles équivalents.

2° INSTRUMENTS POUR CALCULER LES CONTENANCES.

199. Il existe des instruments à l'aide desquels on peut calculer mécaniquement les contenances de toutes les parcelles d'un plan.

L'*instrument de M. Hamsler* (¹) occupe le premier rang. Il est tellement construit qu'il suffit de parcourir avec une pointe le périmètre d'une figure pour obtenir la contenance de cette figure. M. Pestel, géomètre en chef du département de la Haute-Savoie, a expérimenté cet appareil dans ses bureaux et a obtenu de bons résultats.

La direction du département de la Haute-Savoie en fait usage pour calculer les masses (²).

200. Le *planimètre de M. Beuvière* (³) est très-commode pour calculer les contenances des parcelles irrégulières de peu d'étendue. Lorsque la parcelle à calculer présente un vaste polygone, on divise ordinairement l'intérieur de la figure en triangles que l'on calcule au compas; quant aux portions de la figure qui sont terminées par des lignes courbes ou sinueuses, on les calcule au planimètre.

Nous ne pensons pas qu'il soit nécessaire d'entrer dans de plus longs détails sur les divers appareils destinés au calcul des contenances, attendu que chaque instrument est toujours accompagné d'une notice qui ne laisse rien à désirer, tant sur la théorie que sur l'emploi pratique de l'instrument (⁴).

(¹). On trouve cet instrument chez M. Pouzet, opticien, rue du Mont-Blanc, 8, à Genève; prix : de 50 fr. à 100 fr.

(²) L'Académie des sciences de Paris a décerné, dans sa séance du 21 août 1837, un prix à M. Ernst pour un instrument analogue.

(³) On trouve cet instrument chez M. Richer, rue Saint-Claude, 4, à Paris; prix : 300 fr.

(⁴) On pourra, du reste, consulter :

1° La notice de M. Arthur Morin sur les divers appareils dynamométriques, Paris, 1841;

2° Dans les annales des ponts et chaussées, année 1840, 2° semestre, un mémoire de M. Léon Lalanne sur la théorie et les divers usages d'un instrument appelé *arithmoplanimètre*; année 1854, 2° semestre, les extraits d'un rapport de M. Bellanger sur le planimètre de M. Beuvière.

CHAPITRE V.

Nivellement.

201. Niveau vrai ; niveau apparent. — Nous avons déjà dit (5) qu'on entend par surface de niveau toute surface que l'on peut parcourir sans descendre ni monter, c'est-à-dire une surface qui soit, en chacun de ses points, perpendiculaire à la direction de la verticale.

Le niveau tel que nous venons de le définir est le *niveau vrai.*

Dans les opérations de l'arpentage, on peut considérer le niveau comme un plan horizontal ; ce niveau s'appelle *niveau apparent.* Ainsi, deux points sont dits de niveau lorsqu'ils sont situés dans un même plan horizontal, ou également distants de ce plan.

On appelle *plan de comparaison* un plan horizontal que l'on choisit ordinairement de manière qu'il soit inférieur ou supérieur à tous les points du sol, et sur lequel on abaisse de ces points des perpendiculaires. Les longueurs de ces perpendiculaires sont donc les distances des points considérés au plan de comparaison, et s'appellent *cotes.*

202. Niveau d'eau — Le niveau d'eau, représenté dans la figure 120, se compose d'un tube cylindrique de métal, recourbé à angles droits à ses deux extrémités ; deux fioles sans fonds, en verre transparent, ayant exactement le même diamètre, sont adaptées au tube de part et d'autre. Le tube est supporté en son milieu par une douille qui peut être emmanchée sur la tige d'un pied à trois branches ; cette douille s'articule quelquefois au tube par le moyen d'un genou à coquilles.

Pour se servir de cet instrument, on dispose le trépied de manière à rendre la tige sensiblement verticale ; on rend le tube horizontal à vue d'œil, puis on verse de l'eau par l'une des ouvertures jusqu'à ce qu'elle monte dans les deux fioles à peu près aux deux tiers de la hauteur. En vertu d'une propriété connue des liquides, lorsque le balancement de l'eau est calmé, les plans qui terminent les colonnes liquides des deux fioles appartiennent à une même surface de niveau : cette surface s'appelle *plan de niveau.*

Les surfaces libres de l'eau sont terminées supérieurement par deux cercles qui se dessinent nettement en noir sur les fioles ; de sorte que, en dirigeant une tangente commune intérieure aux deux cercles, on a la direction de la ligne horizontale ou de la ligne de niveau MN.

203. Mire. — Cet instrument (fig. 121) se compose d'une règle graduée, de 2 à 4 mètres de haut, le long de laquelle on peut faire glisser à volonté une plaque mobile nommée *voyant*, et portant une ligne horizontale appelée *ligne de foi.*

La règle est divisée sur l'une des faces en décimètres et en centimètres ; le voyant est une plaque métallique, de forme rectangulaire, et partagée en quatre rectangles égaux par une ligne verticale et une ligne horizontale ; deux des rectangles situés en diagonale sont peints deux à deux de couleurs tranchantes.

Le voyant est maintenu sur la règle par une vis de pression. Il existe, du reste, plusieurs formes de mire dont le mécanisme se comprend à première vue.

204. Nivellement simple. — Le nivellement simple s'obtient par une seule station du niveau.

Soit à déterminer la différence de niveau des deux points A et B (fig. 126). Etablissez le niveau en un point M intermédiaire situé dans le plan vertical AB, ou en dehors, peu importe, et choisi de manière que le plan du niveau soit supérieur aux deux points A et B. Pendant qu'un aide tient la mire verticalement au point A, placez-vous à une petite distance du niveau ; dirigez un rayon visuel tangent aux deux cercles formés par l'eau, et faites signe de descendre ou de monter le voyant jusqu'à ce que ce rayon visuel passe exactement par le point de mire. Prenez sur la règle la hauteur du voyant, et faites transporter la mire au point B ; mesurez de même la hauteur du voyant en B. La différence de niveau des deux points A et B est évidemment la différence de leurs hauteurs de mire ; et le plus élevé des deux points est celui pour lequel la hauteur de mire est la plus petite.

La différence est *descendante* en allant du point A vers B, et *montante* en allant du point B vers A.

Pour obtenir la différence de niveau par mètre, il suffirait de diviser la différence de niveau A'B par la distance AA' du point A au point B.

205. Nivellement composé. — Le nivellement composé est une suite de nivellements simples exécutés entre deux points à niveler.

On a recours à ce nivellement lorsque la distance entre les deux points à niveler est très-grande, ou que le plan du niveau surpasse la hauteur totale de la mire placée à l'un des points.

Soit à déterminer la différence de niveau entre deux points éloignés A et E (fig. 127). Choisissez entre les deux points à niveler un certain nombre de points intermédiaires B, C. D, ... disposés de telle sorte que, par un nivellement simple, vous puissiez déterminer la différence de niveau de A et de B, de B et de C, et ainsi de suite : les points intermédiaires sont généralement choisis à tous les changements de pente, pourvu qu'ils ne soient pas trop éloignés. A une première station fixée à peu près à égale distance de A et de B, déterminez comme il a été dit précédemment la différence de niveau de ces deux points ; à une seconde station, déterminez la différence de niveau des deux points B et C, et ainsi de suite. De cette manière, l'opérateur donne deux coups de niveau sur les points intermédiaires : l'un, dans le sens A — E, appelé *coup d'avant*, l'autre, dans le sens E — A, appelé *coup d'arrière*, et obtient pour chacun de ces points deux hauteurs de mire différentes.

On peut inscrire les résultats dans un tableau de la forme suivante :

POINTS nivelés	COUPS DE NIVEAU.		DIFFÉRENCES		COTES.
	en avant.	en arrière.	montantes.	descendantes	
	m	m	m	m	m
A	»	1.32	0.58	»	21.42
B	0.74	0.89	»	0.52	22.00
C	1.41	0.38	»	1.30	21.48
D	1.68	0.90	»	».55	20.18
E	1.45	»	»	»	19.63
	5.28	3.49	0.58	2.37	
Différences : 1.79			1.79		1.79

La différence de niveau entre A et B est la différence entre les hauteurs de mire 1^{m}32 et 0^{m}74, le point B étant plus élevé, cette différence est *montante ;* la différence de niveau entre B et C est la différence entre les hauteurs de mire 1^{m}41 et 0^{m}89 ; le point C étant plus bas que le point B, la différence est *descendante.*

Pour obtenir la différence de niveau des points extrêmes A et E, on fait la somme des coups d'avant, et la somme des coups d'arrière ; si la somme des coups d'avant est inférieure à la somme des coups d'arrière, la différence est *montante ;* dans le cas contraire, elle est *descendante.*

Soit 21^{m}42 la *cote* du point A, c'est-à-dire sa hauteur au-dessus d'un plan général de comparaison, la différence de niveau entre A et B est montante : la cote de B surpasse donc celle de A de 0^{m}58 ; elle est, par conséquent, de 21^{m}42 + 0^{m}58 = 22^m. La différence de niveau entre B et C est descendante ; la cote de C est donc inférieure à celle de B de 0^{m}52 ; elle est, par conséquent, de 22^m — 0^{m}52 = 21^{m}48.

Ainsi, pour obtenir la cote d'un point quelconque nivelé, on *augmente* ou on *diminue* la cote du point précédent de la différence de niveau de ces points, selon que cette différence est montante ou descendante.

206. Vérification du nivellement. — En recommençant le nivellement en sens inverse, c'est-à-dire en allant de E vers A, on doit retrouver la même différence de niveau entre les points extrêmes que dans le premier cas.

207. Profils de nivellement. — Soient A, B, C, D..... etc. (fig. 125), les points nivelés; A', B', C', D'..... etc., les projections de ces points sur un plan général de comparaison :

On appelle profil de nivellement la figure plane résultant du développement sur un plan des trapèzes rectangles AA'BB', BB'CC'...., etc.

Les profils présentent l'avantage de faire apprécier à première vue les inégalités du terrain. Pour rendre ces inégalités plus frappantes, on emploie ordinairement deux échelles ; l'une pour les cotes verticales AA', BB'...., etc., et l'autre pour les distances horizontales A'B', B'C'..., etc.

Quand on veut connaître la forme de la surface d'un terrain, on lève des profils dans le sens de la longueur, qu'on appelle *profils en long*, et des profils dans le sens de la largeur, qu'on nomme *profils en travers*.

Ainsi, pour étudier un projet de route, de chemin, etc...., on fait un profil en long suivant la ligne polygonale tracée sur le terrain dans le sens de la longueur du chemin ; puis, de distance en distance, on fait des profils en travers suivant une ligne perpendiculaire à la ligne polygonale des profils en long.

Ces notions nous paraissent suffisantes pour guider l'arpenteur dans les opérations de nivellement qu'il peut avoir à exécuter, et qui sont toujours très-simples, vu le peu de distance des points à niveler [1].

---

[1] Consultez l'excellent *Traité du Nivellement* de M. Breton (de Champ), ingénieur des ponts et chaussées.

LIVRE V.

TRIANGULATION.

Opérations qui constituent la Triangulation.

208. La première opération du levé d'un plan qui embrasse une vaste étendue consiste, comme nous l'avons dit (24), à déterminer avec une précision rigoureuse les projections respectives d'un certain nombre de points, qu'on imagine liés entre eux de manière à former une suite ou un réseau de triangles dont ils occupent les sommets.

Ces triangles formés par des lignes fictives et multipliés de telle sorte que l'on ait, sur toutes les parties du terrain, un nombre suffisant de points pour y rattacher, plus tard, les travaux de détail, composent ce qu'on appelle *un canevas trigonométrique* (¹).

(¹) La triangulation est un composé de triangles dont les angles ne doivent pas être trop aigus ni trop obtus, et qui, partant d'une base avantageusement placée, couvrent tout le territoire de la commune et s'étendent aux principaux points les plus rapprochés de son périmètre. (*Cadastre, Recueil méth.*, art. 117.)

Le but de cette opération est de donner au géomètre les moyens de se diriger avec certitude et précision dans le levé du plan; elle a cet avantage qu'elle peut se vérifier par elle-même; et qu'elle fait connaître au géomètre les fautes qu'il a faites et le met à portée de les rectifier. (*Id.*, art. 118.)

La triangulation comprend les opérations suivantes :

1° Choisir, mesurer et repérer une base ;

2° L'orienter ;

3° Choisir sur le terrain les points disposés le plus convenablement pour la formation des triangles : les points qui occupent les sommets des angles prennent le nom de points trigonométriques ;

4° Observer les trois angles de chaque triangle ;

5° Réduire les angles à l'horizon ;

6° Réduire les angles au centre de la station ;

7° Calculer les côtés des triangles ;

8° Calculer la distance des sommets des triangles à la méridienne passant par l'un des points trigonométriques, et à sa perpendiculaire passant par le même point ;

9° Former avec le résultat des opérations précédentes le registre des opérations trigonométriques ;

10° Construire le canevas trigonométrique ;

11° Vérifier la triangulation ;

12° Diviser le canevas en feuilles pour le levé du plan.

1° BASE.

209. Choix d'une base. — Lorsqu'on exécute une triangulation, on ne mesure directement qu'un très-petit nombre de longueurs qui prennent le nom de *bases*; généralement même, on ne mesure qu'une seule base.

Pour l'établir, on choisit, autant que possible, sur un terrain uni et découvert, une ligne des extrémités de laquelle on découvre un grand nombre de points à observer. S'il ne se trouve pas d'emplacement convenable dans l'étendue du terrain à lever, on peut choisir la base en dehors de ce terrain, pourvu toutefois qu'on puisse la rattacher au réseau par un ou deux triangles auxiliaires. A l'aide de cette base et des angles des triangles dont elle forme un côté, on calcule trigonométriquement les autres côtés de ces triangles ; ces côtés calculés peuvent être considérés comme de nouvelles bases, et servir à calculer les autres côtés des triangles auxquels ils appartiennent ; et ainsi de suite, en procédant de proche en proche, on parvient à déterminer les longueurs de tous les côtés des triangles composant le canevas trigonométrique.

210. Mesure d'une base. — On doit prendre la base d'une longueur convenable relativement à la grandeur des triangles que l'on veut construire et, de plus, la mesurer avec les précautions les plus minutieuses. En effet, la plus légère erreur dans cette dernière opération aurait pour effet de réagir d'une manière toujours croissante sur les positions respectives des divers points trigonométriques du réseau tout entier.

On se contente souvent du chaînage exécuté un certain nombre de fois. Ordinairement, on commence par mesurer la base deux fois en sens contraire. Si les deux mesures obtenues ne présentent qu'une faible différence, on prend la moyenne des résultats pour la longueur absolue de la base. Dans le cas où la différence des deux premiers chaînages excéderait l'erreur qu'on sait ne pouvoir éviter, eu égard aux circonstances dans lesquelles on opère, il faudrait recommencer l'opération, inscrire les nouveaux résultats à la suite des premiers, mettre de côté celui qui s'écarterait le plus des trois autres, et prendre la *moyenne* de ceux-ci. Si l'on a opéré avec soin, il ne doit pas exister une différence excédant $\frac{1}{8,000}$ entre les trois chaînages conservés.

211. Emploi du décamètre à ruban d'acier. — Ce décamètre peut fournir de bons résultats, surtout si l'on a soin de tenir compte de la dilatation du métal par la chaleur. Le décamètre à ruban d'acier peut s'allonger d'environ 0 ^{m} 0001 pour un degré du thermomètre centigrade, et il arrive souvent qu'en opérant au soleil, on voit prendre au ruban une température de 30 à 40 degrés et, par conséquent, éprouver un allongement de 3 à 4 millimètres. On ajoutera donc à chaque décamètre obtenu l'allongement dû à l'excès de la température à laquelle on opère sur la température à laquelle on a reconnu, par expérience, que le décamètre a exactement 10 mètres de longueur. On ajoutera encore quelques millimètres pour l'allongement produit par l'effort de traction exercé sur le ruban afin de le tendre convenablement.

En opérant avec soin, on arrive à mesurer une base de 1,000 à 1,200 mètres à 0 ^{m} 04 ou 0 ^{m} 05 près.

212. Procédé des règles. — Quand il s'agit de vastes opérations géodésiques, on a recours à des procédés encore plus précis. Parmi ces procédés, nous ne parlerons que du suivant, dont le principe est très-simple et qui peut, du reste, fournir toute l'exactitude désirable pour les opérations dont nous nous occupons.

On emploie deux règles métalliques dont la longueur a été préalablement déterminée à une température connue. On place ces règles sur des madriers parfaitement dressés et supportés par des trépieds à vis. Après avoir placé une règle de manière que son axe soit horizontal et dans la direction de la base, on dispose les supports destinés à établir la règle suivante qu'on place à la suite de la précédente au même niveau et dans le même alignement. Toutefois, on ne met pas en contact les deux règles bout à bout, de peur qu'un léger choc dérange celle qui est déjà installée. Une petite languette, que l'on fait avancer lentement à l'aide d'une vis de rappel dans une rainure pratiquée à l'extrémité antérieure de chaque règle, permet de mesurer l'intervalle qui sépare les deux extrémités consécutives des deux règles. La réglette est divisée en millimètres ; un vernier tracé sur la règle sert à apprécier les dixièmes de millimètres. Après la lecture, on note la température des règles.

Si le terrain est à peu près horizontal, on réussit facilement à placer les règles horizontalement; on peut d'ailleurs ne pas s'astreindre à remplir cette condition; mais alors il faut mesurer la petite inclinaison qui reste à l'aide d'un clisimètre à perpendicule et réduire à l'horizon la longueur de la règle.

Lorsqu'on n'a pas placé les deux règles de niveau, on mesure la distance qui les sépare à l'aide d'un fil-à-plomb tombant librement à l'extrémité de la règle supérieure, et plongeant dans un vase d'eau pour arrêter les oscillations : on tient compte, dans ce cas, du diamètre du fil-à-plomb.

213. **Simplification du procédé des règles.** — L'exposé qui précède suffit pour donner une idée des difficultés que présente la mesure rigoureuse d'une base. C'est toujours une opération très-longue et très-délicate. Mais, pour les travaux du levé des plans, il n'est pas toujours nécessaire d'obtenir la dernière précision, et, si le chaînage paraît insuffisant, on peut recourir au procédé suivant :

Après avoir planté des piquets de 40 à 50 mètres de distance dans l'alignement de la base, et les avoir fait arraser à peu près au niveau du sol, on tend fortement un fil de fer entre les deux premiers piquets servant de points d'appui ; puis on prend deux règles de 4 ou 5 mètres de longueur ; en les plaçant successivement bout à bout, on obtient la distance du premier intervalle ; on continue de même pour les autres intervalles. Si l'on n'a pas des règles de métal à sa disposition, on prend des règles de bois bien sec et recouvertes d'un vernis : ces règles se dilatent très-peu sous l'influence de la chaleur et l'on peut négliger les différences dues à l'action de cet agent physique.

214. **Mesure d'une base sur un terrain uniformément incliné.** — Si l'on n'a pu trouver un terrain qui permette d'opérer avec précision la mesure horizontale d'une base, on établit cette base sur un terrain uniformément incliné. On mesure, comme à l'ordinaire, cette base inclinée et l'on a soin de la réduire ensuite à l'horizon (45).

215. Repèrement des extrémités de la base. — La base une fois choisie et mesurée, on arrête ses deux extrémités par deux piquets solidement plantés dans la terre, afin que ces extrémités puissent se retrouver à volonté pendant le cours des opérations et servir à toute vérification ultérieure. De plus, comme ces piquets pourraient être enlevés fortuitement ou cachés par les herbes, les pierres, etc., il faut avoir soin de les *repèrer*, c'est-à-dire de déterminer géométriquement la position de chacun d'eux par rapport à des points fixes du sol. On peut repèrer un point soit en mesurant ses distances à deux points fixes, tels qu'un angle de mur et un arbre, un poteau et une borne quelconque, soit en mesurant sa distance à un point fixe dans une direction déterminée, par exemple, sa distance à un arbre comptée sur la ligne qui va de cet arbre à un poteau, un paratonnerre, etc. Quelle que soit la manière employée, on note sur un carnet ou sur le croquis les résultats des opérations effectuées.

2° ORIENTATION DE LA BASE.

216. Orientation par l'aiguille aimantée. — On est généralement dans l'usage d'orienter par rapport à la *méridienne,* et par conséquent de tracer cette ligne sur les plans.

A l'aide d'une boussole, on commence par relever l'azimut magnétique de la base ; ensuite, en tenant compte de la déclinaison, on obtiendra facilement l'angle formé par la base avec le méridien vrai ; cet angle prend le nom d'angle *azimutal.* La déclinaison varie, comme on le sait, suivant les temps et les lieux : on ne peut du reste la connaître exactement qu'à Paris ou dans les villes qui ont des observatoires ; les indications de l'aiguille aimantée ne fournissent donc que très-approximativement la direction du méridien.

217. Orientation par l'étoile polaire. — Il existe plusieurs manières de faire servir l'étoile polaire à la détermination de la méridienne ; nous n'indiquerons que le procédé suivant, dont la pratique est très-facile. Il consiste à observer l'étoile polaire pendant la nuit au moment de son passage au méridien ; ce moment est à très-peu de chose près celui où elle se trouve dans le même plan vertical que la première étoile de la queue de la grande ourse. On suspend un fil-à-plomb à un point fixe, puis on se place à quelque distance du fil de manière qu'il occulte l'une des deux étoiles. Si l'on se déplace successivement pour voir toujours cette condition remplie, il arrivera un moment où les deux étoiles seront occultées simultanément. Il suffit à cet instant de suspendre un autre fil-à-plomb se projetant exactement sur le premier, pendant que celui-ci occulte les deux étoiles : l'alignement donné par les fils-à-plomb est sensiblement dans la direction de la méridienne.

Au lieu d'établir le second fil-à-plomb, on peut se servir d'une lunette plongeante qu'on dirige sur l'étoile polaire ; lorsqu'il fait jour, on ramène l'axe optique de la lunette à l'horizon ; la direction donnée par l'instrument coïncide à très-peu de chose près avec la méridienne.

218. Méthode des hauteurs correspondantes du soleil. — Quand on est sur un terrain dont l'horizon est très-découvert, on plante un premier jalon, puis un second qu'on aligne sur le premier et sur le soleil levant, enfin un troisième qu'on aligne sur le premier et sur le soleil couchant ; la bissectrice de l'angle formé par les deux droites ainsi obtenues appartient à très-peu près à la trace du méridien.

L'horizon du lieu ne permet pas toujours d'employer cette méthode ; on lui substitue alors celle-ci.

Sur la table d'une planchette disposée horizontalement on élève un style vertical terminé par une plaque de fer noircie, que l'on perce d'un petit trou et que l'on incline de manière à recevoir à peu près perpendiculairement les rayons du soleil à midi.

Au moyen d'un fil-à-plomb, on projette l'ouverture m (fig. 109) en m' ; puis, du point m' comme centre, on décrit plusieurs circon-

férences *ab, cd, ef,* etc., du côté où le style doit porter ombre ;
on observe la marche du soleil un peu avant et un peu après midi ;
on marque chaque point où la courbe produite par le spectre solaire
rencontre les circonférences tracées ; enfin on divise en deux parties
égales les portions de circonférences interceptées par le centre lumineux ; les points milieux *o, o', o''*, appartiennent à la méridienne.

Si l'opération est faite avec soin, ces points seront exactement en
ligne droite ; sinon on prend pour la trace du méridien la droite
qui passe le mieux possible par ces points.

Cette méthode est fondée sur ce que le soleil décrit sensiblement
un parallèle à l'équateur pendant le temps de l'observation.

Soient en effet *m'* (fig. 110) le point de station, P, P', P'', P''', les
positions correspondantes du soleil avant et après midi ; les rayons
P*d* et P'''*c*, P'*b* et P''*a* font des angles respectivement égaux avec la
méridienne ; par conséquent l'arc *co'* égale l'arc *do'*, l'arc *ao* égale
l'arc *bo*. Les points milieux des arcs interceptés par le spectre lumineux avant et après midi sont donc sensiblement sur la méridienne.
C'est lorsque la variation en déclinaison est la plus petite que cette
méthode fournit les résultats les plus exacts, c'est-à-dire vers l'époque des solstices.

219. Orientation au moyen du soleil à midi vrai. — Si l'on a
un chronomètre bien réglé sur le midi vrai, on observe à la fois et à
l'instant de midi précis le bord du soleil à droite et à gauche. Pour
faire cette observation, on interpose un verre noirci entre l'œil et
l'oculaire de la lunette, afin de pouvoir fixer le soleil, et on place le
fil vertical de manière qu'il soit tangent au disque de cet astre. En
faisant placer un jalon dans la direction de la moitié de l'angle
observé, on aura la méridienne.

Pour observer au même instant à droite et à gauche le bord du
soleil, le concours de deux observateurs est nécessaire ; mais deux
observations rapides et successives donnent une approximation
suffisante.

220. L'une ou l'autre de ces trois méthodes ne donne pas la direction du méridien avec une très-grande précision, mais elle présente des résultats satisfaisants pour le géomètre qui, en définitive, n'a pas besoin, pour opérer, de connaître la direction absolue du méridien. Une détermination plus rigoureuse ne serait nécessaire que dans le cas où l'on aurait à coordonner ensemble plusieurs réseaux éloignés les uns des autres. On serait alors obligé, pour fixer leurs positions respectives sur le globe terrestre, de déterminer la latitude et la longitude d'un point ainsi que l'azimut d'un côté dans chacun des réseaux à coordonner.

3° FORMATION DES TRIANGLES.

221. **Reconnaissance du terrain pour l'établissement du canevas provisoire.** — En procédant au parcours général du territoire pour chercher l'emplacement d'une base, l'opérateur étudie soigneusement la configuration du terrain et choisit les stations les plus apparentes, les plus favorables à la formation du canevas trigonométrique.

Il faut une grande habitude et beaucoup de sagacité pour savoir apprécier, à vue d'œil, quels sont les points les plus avantageusement placés pour y relier les opérations de détail et y rattacher les lignes de construction de manière à assurer l'exactitude des travaux d'arpentage.

On se munit généralement d'un instrument qui permet de relever rapidement les angles compris entre les objets remarquables qui paraissent pouvoir servir de stations. Il faut avoir soin, lorsqu'on rayonne sur des objets non signalés, tels que cheminées, arbres, flèches de clochers, etc., de les dessiner légèrement sur le croquis à l'extrémité des lignes en dehors du cadre, afin de soulager la mémoire. A l'aide des renseignements qu'il a recueillis pendant cette reconnaissance, le triangulateur est à même d'établir un canevas provisoire et d'étudier le réseau de triangles auquel il devra appliquer les observations définitives.

« La triangulation sera appuyée, partout où on le pourra, sur les opérations géodésiques de la carte de France ; les points trigonométriques seront plus nombreux et disposés de telle sorte, que l'on puisse s'en servir en tout temps pour retrouver une limite qui aurait disparu ou qui aurait été déplacée. Ces points seront marqués par des bornes, toutes les fois que les signaux ne seront pas immuables de leur nature. » . . . .

(Projet de loi sur le renouvellement et la conservation du Cadastre. — Note explicative. — Paris, le 29 juin 1846.)

222. Forme préférable des triangles. — On comprend aisément que la forme des triangles n'est pas une chose indifférente ; en effet, s'il y a dans un triangle un angle très-aigu C (fig. 111), une légère erreur dans la mesure de l'angle B produira une erreur *cc'* très-sensible sur le côté opposé AC. Il suit de là que la forme équilatérale est préférable à toute autre, car la meilleure intersection est celle de deux lignes qui se coupent à angle droit, et, dans un triangle, le sommet d'un angle ne peut satisfaire à cette condition qu'au détriment des deux autres sommets. Dans la pratique, on est souvent obligé de se contenter qu'aucun angle ne soit inférieur à 40° ni supérieur à 140°.

223 Longueur à donner aux côtés des triangles. — Quant à la longueur à donner aux côtés des triangles, elle dépend de l'étendue du plan à lever, de l'échelle employée et de la précision de l'instrument avec lequel on mesure les angles.

Il est clair que, pour lever le plan de quelques centaines d'hectares, il ne serait pas nécessaire de donner aux côtés de la triangulation la même longueur que celle des côtés des triangles qui formeraient le canevas trigonométrique d'un canton ou d'un département.

L'article 12 du règlement du 15 mars 1827, sur les opérations cadastrales, impose au triangulateur les obligations suivantes :

« Il sera observé par cent hectares au moins deux points access

« bles et pouvant servir de station au géomètre chargé du levé du
« plan ; néanmoins, dans les communes couvertes de bois, le préfet,
« sur la proposition du géomètre en chef et le rapport du directeur,
« pourra autoriser le triangulateur à n'observer qu'un point par
« cent hectares. »

Nous avouons que l'exception renfermée dans cet article nous
paraît peu rationnelle : ce n'est pas lorsque les difficultés d'arpentage augmentent qu'il faut diminuer les moyens pratiques
d'exécution.

Conformément aux prescriptions de la première partie de l'article précité, il faudra embrasser une surface de 200 hectares, par
exemple, dans deux ou trois triangles dont les côtés devront, pour
que les angles de ces triangles ne soient ni trop aigus ni trop obtus,
présenter une longueur moyenne de 800 à 1,200 mètres.

De cette manière, on aura toujours, comme le prescrit encore
l'article 12 du règlement du 15 mars 1827, au moins trois points
sur chaque feuille.

« La triangulation aura lieu conformément au règlement du
15 mars 1827 : seulement, les points trigonométriques devront
être plus nombreux ; en général, les côtés des triangles ne devront
pas avoir au-delà de quatre à cinq cents mètres, et les points seront
disposés de manière qu'il s'en trouve au moins quatre sur chaque
feuille de plan construit à l'échelle de un à mille. Toutes les fois
que les signaux ne seront pas immuables de leur nature, on indi-
quera sur le registre, par croquis coté, leur position par rapport
à des points fixes environnants, et on posera des bornes trigonométriques en pierre de taille ou en bois dur portant les lettres B. C.
(Borne Cadastrale.) » *(Instruction pour l'exécution de travaux
d'essai concernant le renouvellement et la conservation du Cadastre.
— Paris, le 29 juin 1846.)*

Afin de bien nous rendre compte de l'influence que peut avoir,
sur la longueur des côtés, la précision de l'instrument servant à
mesurer les angles, désignons par E l'erreur cc' (fig. 111) produite,

sur le côté AC, par l'erreur angulaire a commise dans l'estimation de l'angle B, et par x le côté BC. On voit que E est fonction de a et de x.

Pour déterminer la relation qui existe entre ces trois quantités, abaissons la perpendiculaire CD sur BC′ prolongé, nous avons dans le triangle rectangle BDC :

$$CD = x \ \text{tang} \ a \ ;$$

mais cc', oblique par rapport à CD, est plus grande que cette ligne, on peut donc poser :

$$E > x \ \text{tang} \ a, \ \text{ou} \ x < \frac{E}{\text{tang} \ a}.$$

Par conséquent, si E représente la limite des erreurs qui, eu égard à l'échelle, sont sans importance sur la projection, on voit que x doit toujours rester plus petit que

$$\frac{E}{\text{tang} \ a}.$$

Si la longueur moyenne x était obligatoire, on déterminerait l'erreur a; on saurait dès lors au-dessous de quelle quantité angulaire doit rester l'erreur a et, par suite, quel instrument il faudrait employer.

Nous avons dit, en outre, que la longueur des côtés dépend de l'échelle adoptée. En effet, admettons que la cinquième partie d'un millimètre puisse être considérée comme la limite des longueurs appréciables sur le papier; nous devrons alors faire en sorte que l'erreur E réduite à l'échelle soit plus petite que $\frac{1^m}{5000}$ ou $0^m 0002$. Cette condition sera remplie quand nous aurons l'égalité $E = \frac{D^m}{5000}$, D représentant le dénominateur de la fraction qui exprime l'échelle. En effet, pour réduire l'erreur E ou $\frac{D^m}{5000}$ à l'échelle, il faut la multiplier par $\frac{1}{D}$; D étant facteur commun aux deux termes de la fraction, nous aurons précisément $\frac{1}{5000}$.

Examinons quelles valeurs prendront E et x,

pour l'échelle de $\dfrac{1}{1000}$:

$$E = \frac{1000^m}{5000} = \frac{1^m}{5}, \text{ et } x < \frac{1^m}{5 \tan g\, a};$$

pour l'échelle de $\dfrac{1}{10000}$:

$$E = \frac{10000^m}{5000} = 2^m;\; x < \frac{2^m}{\tan g\, a}.$$

Dans les grandes triangulations, on commence d'abord par recouvrir la surface du terrain d'un réseau de triangles aussi grands que le permettent la force et la précision des instruments d'une part, et la nature du pays de l'autre. Ces triangles sont appelés triangles de 1er ordre.

En s'appuyant ensuite sur les côtés de ces grands triangles comme bases, on les divise en plus petits que l'on nomme triangles de second ordre.

Puis enfin, on subdivise ceux-ci en triangles plus petits encore que l'on nomme triangles de troisième ordre ([1]).

([1]) La triangulation cadastrale doit être appuyée sur les opérations géodésiques de la carte de France ; les grands triangles de cette nouvelle carte formeraient donc la base fondamentale de l'ensemble du travail. Ensuite, on pourrait trianguler tout un canton en le couvrant d'un réseau de grands triangles d'environ 3,000 mètres de côtés, et en calculant ce réseau de triangles à l'aide d'une seule base choisie dans l'endroit le plus favorable du canton.

Il n'y aurait plus qu'à ajouter à ce grand réseau de triangles, et en prenant leurs côtés pour bases, les points intermédiaires nécessaires dans chaque commune, sauf à y mesurer immédiatement un de ces côtés pour servir de contrôle aux résultats déduits de la base principale.

Pour conduire les travaux dans un département, il serait bon de construire pour ce département, sur un tableau d'assemblage, le canevas des grands triangles dont les points seraient marqués en *rouge*. Les points de la triangulation

224. Signaux. — On emploie de préférence, lorsqu'il y a lieu, les monuments, tels que : tours, clochers, etc., tant à cause de leur solidité que par raison d'économie [1].

Il est prescrit au triangulateur du cadastre : « De fixer par de « forts piquets ou de toute autre manière invariable, les points de la « triangulation, afin que le géomètre chargé des détails puisse les « reconnaître avec facilité. »

On fera donc planter ou ériger les signaux nécessaires d'après les indications fournies par l'étude du projet de canevas.

Le peu de longueur des côtés des triangles dans les opérations cadastrales permet toujours de distinguer très-facilement, à l'aide d'un bon instrument, les objets formant signaux.

Cependant il serait bon, dans certains cas, de les faire peindre en *blanc* ou en *noir*, suivant qu'ils se projettent sur le *terrain* ou sur le *ciel*; ils sont plus constamment favorables dans ce dernier cas.

Le célèbre Gauss a réalisé une ingénieuse conception dans l'appareil qui porte le nom de *signal héliotrope*. C'est un assemblage de deux miroirs renvoyant des faisceaux de rayons solaires qui permettent de pointer très-sûrement à des distances considérables. Nous ne donnerons pas la description de ce signal qui n'est guère employé que dans les grands travaux de géodésie proprement dite.

Un arbre bien droit et dépouillé de ses branches sur une partie de sa longueur permet de pointer assez sûrement.

---

par cantons seraient indiqués en *bleu ;* et à mesure que l'on recueillerait les triangulations particulières d'un certain nombre de communes contiguës, on les rapporterait sur le tableau d'assemblage où elles formeraient insensiblement un réseau de triangles, lequel couvrirait en définitive le territoire du département, en aboutissant à chaque pas aux grands triangles qui lui serviraient de vérification.

[1] La position des clochers et des monuments principaux est déterminée dans le canevas et dans le registre des opérations trigonométriques (Art. 12 du règlement du 15 mars 1827).

On construit un bon signal avec un disque de tôle percé d'une ouverture circulaire pour laisser passer la lumière du jour. On pointe en faisant couper l'ouverture centrale en quatre portions égales par les fils du réticule. Le support du signal doit être *centré*, c'est-à-dire disposé de telle sorte qu'en présentant la surface du disque dans diverses directions, le centre de l'ouverture reste toujours au même point sur la même verticale.

L'emploi de ce signal sur un grand nombre de points étant très-dispendieux, on emploie de préférence un autre signal formé simplement d'une botte de paille emmanchée à l'extrémité d'une longue perche; ce signal doit être planté solidement pour ne pas être renversé par le vent.

4° OBSERVATION DES ANGLES.

225. Dispositions préparatoires. — Après avoir tout prévu, autant que possible, dans l'étude du canevas provisoire, il s'agit de passer à l'observation définitive des angles. Mais, avant de procéder à cette opération, il faut encore se rendre familière, par des exercices répétés, la manœuvre de l'instrument que l'on emploiera, se rendre compte du degré de précision dont sera susceptible chaque observation simple, et enfin déterminer la limite de la précision que l'on peut atteindre, soit par la répétition, soit par la réitération.

Nous avons vu que, lorsqu'on prend une moyenne entre plusieurs observations, la précision probable s'évalue en divisant la précision d'une observation simple par la racine carrée du nombre des observations (95).

Ainsi, par exemple, si la précision d'une observation simple est de 30″ et que l'on fasse vingt observations, la racine carrée de 20 étant comprise entre 4 et 5, la moyenne donnera une précision de 6″ à 7″.

Le théodolite est le type des instruments de triangulation. Avec un cercle de 0 m. 15 à 0 m. 20 de diamètre et de construction soignée, on obtient facilement la mesure directe d'un angle à 30″ près ; avec un cercle de 0 m. 25 à 0 m. 35 de diamètre, on peut l'obtenir à 5″ près ; pour franchir cette limite, il faut avoir recours à la répétition ou à la réitération.

Le géomètre triangulateur du cadastre doit effectuer la mesure des angles avec un théodolite donnant directement la demi-minute, ou, à défaut, avec un cercle entier à double lunette, réunissant les mêmes conditions (¹).

226. **Installation de l'instrument.** — Le pied destiné à soutenir l'instrument doit être fortement charpenté, de manière qu'une fois l'instrument en station, il puisse supporter un poids qui rende l'appareil plus stable. Autant que possible, il faut appuyer le pied sur le sol. Dans les clochers, sur les tours élevées, les moindres trépidations peuvent gêner considérablement l'observateur. Les platesformes des grands édifices sont préférables ; mais le meilleur point d'appui est un massif de maçonnerie.

227. **Modes d'observation des angles horizontaux.** — Parmi les divers modes d'observation, on distingue l'*observation simple*, qui consiste à amener successivement l'appareil visuel suivant les deux côtés de l'angle, et à lire l'arc parcouru par l'index.

L'*observation compensée*, dans laquelle on fait deux observations simples en mettant, pour chacune, dans une position *inverse*, l'axe du pivot autour duquel la lunette bascule. Cette méthode a pour but

---

(¹) Il faut généralement chercher à faire les observations aux heures où la température du jour est le plus uniforme. Lorsqu'on opère au soleil, il faut avoir soin de mettre l'instrument à l'abri des rayons du soleil au moyen d'un grand parapluie.

M. Petit, géomètre à Orléans, a remarqué que cette simple précaution était très-favorable à l'exactitude des résultats.

d'éliminer l'erreur due au défaut d'horizontalité de cet axe et à l'excentricité de la lunette.

Enfin l'*observation réitérée* et l'*observation répétée*, qui s'exécutent d'après les procédés que nous connaissons (87 à 92).

Tous les angles de chaque triangle doivent être mesurés avec soin, à moins que les obstacles locaux ne forcent à conclure le dernier.

Nous donnerons, un peu plus loin (235), la forme d'un tableau pouvant servir à l'inscription des résultats de l'observation des angles ([1]).

([1]) M. L. Lefebvre, maire de Sucy (Seine-et-Oise), et M. Derivry, le premier l'un des experts géomètres du Tribunal de la Seine, et le second, du Tribunal de Compiègne, ont présenté au Sénat, le 30 décembre 1868, une pétition sollicitant un avis favorable au renouvellement du Cadastre, et proposé un projet de loi de dix-sept articles.

L'article 5 est ainsi conçu :

« Le levé du plan sera précédé d'une triangulation dont tous les points seront rapportés à la méridienne et à la perpendiculaire de Paris et d'un nivellement constatant leur altitude au-dessus du niveau moyen de la mer. »

Les renseignements qui suivent sont donnés par le Ministère de l'Agriculture, du Commerce et des Travaux publics.

« Le nivellement général de la France est destiné à procurer une connaissance du relief du terrain, assez détaillée pour faciliter et simplifier toutes les études qui ont pour objet l'établissement de voies de communication ou l'amélioration du sol. Une opération aussi vaste doit nécessairement comprendre :

1° L'établissement d'un réseau principal de lignes de *base,* tracées de manière à pénétrer dans tous les départements et à procurer, pour les nivellements ultérieurs, des repères rapportés à une même surface de niveau ;

2° L'établissement de réseaux secondaires dans les grands compartiments formés par les lignes de base ;

3° Enfin, les nivellements de détail.

La première partie de ce travail vient d'être terminée ; l'Administration en a ordonné la publication pour la mettre à la disposition des Ingénieurs.

Les lignes de base ont ensemble un développement de 14,980 kilomètres

5° RÉDUCTION DES ANGLES A L'HORIZON.

228. Le théodolite et le cercle répétiteur à lunette plongeante donnent les angles réduits à l'horizon. Mais il est des instruments dans lesquels l'axe optique de la lunette est toujours parallèle au plan du limbe, qui dès lors peut être incliné à volonté dans tous les sens, pour permettre de mesurer les angles situés dans un plan quelconque.

Lorsqu'on mesure les angles dans des plans inclinés, c'est ordinairement pour les réduire ensuite à l'horizon.

---

en nombre rond. Elles suivent les principaux fleuves, les canaux navigables, les grandes lignes de chemin de fer, etc. Elles relient entre eux tous les chefs-lieux de département de la France continentale.

Leur tracé est indiqué par des repères immuables dont le plus grand nombre portent inscrite leur altitude. La distance entre deux repères consécutifs est, en moyenne, d'environ 1 kilomètre.

Le nivellement de ce réseau a été confié à M. Bourdaloue. . . . .

. . . .

Les altitudes fournies par ce travail ont été rapportées au *niveau moyen de la mer*. . . . .

. . . .

On a choisi pour niveau moyen celui de la Méditerranée, à Marseille (la surface de niveau passant à $0^m 40$ au-dessus du zéro de l'échelle des marées.)

On comprend qu'à l'aide des points de repère fournis par ce nivellement général, il serait facile de procéder au nivellement particulier des points trigonométriques. Le triangulateur, tout en observant les angles horizontaux compris entre les lignes qui unissent ces différents points, observerait également la distance zénithale de chaque point, et pourrait ainsi déterminer, par une simple résolution de triangles, les différences de hauteur des points les uns par rapport aux autres ; puis, partant des repères dont les cotes sont exactement déterminées, on obtiendrait immédiatement les cotes ou les altitudes de tous les points de la triangulation.

Nous renvoyons de nouveau, pour le nivellement trigonométrique, à l'excellent traité de M. Breton, ingénieur.

A cet effet, après avoir mesuré l'angle proposé AOB (fig. 112), on prend les distances zénithales COA, COB. Désignons respectivement les angles COA, COB, AOB par les lettres a, b, c; faisons $a + b + c = 2p$, et représentons par C l'angle réduit à l'horizon, nous aurons :

$$\tan \tfrac{1}{2}\ C = \sqrt{\frac{\sin (p - a).\sin (p - b)}{\sin p.\sin (p - c)}};$$

Nous ne donnerons pas la démonstration de cette formule qui repose sur les principes de la trigonométrie sphérique et dont l'application n'offre, du reste, aucune difficulté.

Il y a aussi deux autres formules donnant les valeurs du sinus et du cosinus, mais celle que nous indiquons est généralement préférable.

229. On pourrait encore commencer par calculer la longueur des côtés du triangle AOB (fig. 128) situé dans un plan incliné, à l'aide des angles mesurés dans ce plan. Si, maintenant, nous considérons le côté OA, nous voyons qu'il forme avec sa projection un triangle rectangle AOA' dont nous connaissons l'hypoténuse OA et l'angle aigu AOA', qui est le complément de la distance zénithale du point A. Nous pourrons dès lors calculer la longueur OA', projection du côté OA, et de même les longueurs des projections des autres côtés du triangle AOB. Connaissant les trois côtés du triangle A'OB', il sera facile de déterminer la valeur de ses angles.

6° RÉDUCTION DES ANGLES AU CENTRE DE LA STATION.

230. Il est important que le pivot central de l'instrument soit toujours placé sur la verticale du sommet de l'angle; cette verticale est le centre de la station.

Mais il arrive fréquemment que l'on a choisi pour former les points trigonométriques quelques édifices tels que tours, clochers, etc..., ou tout autre signal où l'on ne peut pas faire une station. On prend alors un point auxiliaire, on mesure l'angle qui a ce nouveau point pour sommet, et l'on fait subir à cet angle une correction pour le ramener à ce qu'il serait s'il avait été relevé du point trigonométrique même. Il arrive souvent qu'on est obligé de changer plusieurs fois de station autour d'un même sommet pour pouvoir observer différents signaux. Il faut alors *réduire au centre de la station tous les angles ainsi observés.*

Soit l'angle AOB (fig. 130) que l'on ne peut pas mesurer en se plaçant au point O ; plaçons-nous au point O' et mesurons l'angle AO'B.

Dans les triangles AIO' et BIO les angles AIO' et BIO opposés par le sommet étant égaux, la somme des deux autres angles est égale dans chaque triangle.

Désignons les angles OAO', OBO', BOA BO'A par les lettres a, b, c, d ; nous aurons :

$$b + c = a + d$$

d'où $\qquad c = a + d - b$, ou bien $c - d = a - b$.

Dans le triangle AOO' on a

$$\frac{\sin a}{\sin (d + y)} = \frac{OO'}{AO}, \quad \text{d'où} \quad \sin a = \frac{OO' \sin (d + y)}{AO}.$$

Dans le triangle BOO' on a

$$\frac{\sin b}{\sin y} = \frac{OO'}{OB}, \quad \text{d'où} \quad \sin b = \frac{OO' \sin y}{OB}.$$

Les valeurs sin a et sin b sont de très-petites quantités, puisque le numérateur commun OO' est divisé par des quantités AO et OB infiniment plus grandes, et qu'en outre ces fractions sont multipliées par des sinus toujours plus petits que l'unité, maximum de grandeur du sinus.

Or nous avons vu (23) que le sinus d'un arc très-petit ne diffère de l'arc que d'une quantité très-petite. Nous pouvons donc substituer les sinus aux angles ou aux arcs qui leur servent de mesure dans la valeur de $c - d$ qui devient :

$$c - d = \frac{OO' \sin (d + y)}{AO} - \frac{OO' \sin y}{OB}$$

Cette équation donne la longueur de l'arc qui mesure l'angle $c - d$.

En divisant cet arc par la longueur de l'arc d'une seconde, ou par le sinus de l'arc d'une seconde (23), nous aurons l'expression de $c - d$ en secondes :

$$c - d = \frac{OO' \sin (d + y)}{AO \sin 1''} - \frac{OO' \sin y}{OB \sin 1''}$$

Il suffira d'ajouter cette différence à l'angle observé pour avoir l'angle réduit au centre de la station.

L'angle y n'a pas besoin d'être connu très-exactement ; mais la distance OO' doit être mesurée avec le plus grand soin.

Quant aux longueurs OA et OB, il semble de prime abord que l'on se trouve dans un cercle vicieux ; en effet, pour trouver l'angle AOB, il faut connaître les côtés OA, OB, et, pour déterminer la longueur des côtés OA, OB, il faut savoir la valeur de l'angle AOB. Mais nous ferons observer que les longueurs OA et OB s'obtiennent avec une exactitude suffisante par le calcul des triangles provisoires (221).

D'autre part deux angles au moins du triangle AOB ont été mesurés en plaçant le cercle à une petite distance des sommets ; si l'on adopte provisoirement ces angles non corrigés pour résoudre le triangle, on obtiendra la détermination approximative des côtés des triangles qui entrent comme données indispensables dans la formule de réduction au centre.

Au reste cette réduction pourrait servir à calculer avec plus d'exactitude les longueurs OA et OB, qui, à leur tour, fourniraient les éléments nécessaires pour déterminer avec plus de précision la réduction au centre de la station.

A l'aide des angles corrigés, on calculera de nouveau les côtés du triangle; il y aura ainsi l'avantage d'une vérification.

La réduction au centre serait nulle dans le cas particulier où les quatre points A, O', O, B, se trouveraient situés sur une même circonférence, parce qu'alors les angles O et O' seraient égaux comme ayant leurs sommets sur une même circonférence et embrassant entre leurs côtés une portion commune de cette circonférence.

231. Si, autour d'une station auxiliaire, on observe plusieurs angles formant un tour d'horizon, la correction à faire à l'un quelconque de ces angles doit être égale à la *somme* de toutes les autres corrections et de *signe contraire*; soient c, c' c'', c''', c^{iv} les corrections à appliquer aux angles formant le tour d'horizon, nous aurons pour l'une quelconque d'entre elles pour c, par exemple :

$$c = -(c' + c'' + c''' + c^{iv}).$$

232. **Détermination des éléments de réduction au centre de la station dans le cas d'une tour ronde.** — Si par exemple on s'est placé en O' (fig. 129) extérieurement à une tour ronde, et que l'axe soit visible on mesure directement l'angle BO'O. Si l'axe n'est pas visible on dirige deux rayons visuels O'T et O'T' tangentiellement à la tour, la demi-somme des angles observés BO'T et BO'T' donnera l'angle cherché.

On peut encore, à partir du point O', prendre deux longueurs égales O't, O't', sur les deux tangentes, et, joignant t à t', diviser la ligne qui les unit en deux portions égales au point m, qui appartient à la direction passant par le centre.

Pour avoir la distance OO', on peut mesurer directement O'D et ajouter le rayon de la tour, que l'on détermine au moyen de la circonférence, ou que l'on mesure immédiatement quand l'intérieur de la tour est accessible.

On peut aussi résoudre le triangle rectangle OO'T, dont on connaît le côté O'T, mesuré directement, et l'angle OO'T.

233. Tour carrée. — Si de O' (fig. 131) les extrémités H et D d'une diagonale sont visibles, on mesure O'H et O'D, puis l'angle HO'D, par suite on pourra résoudre le triangle HO'D ; dans le triangle DO'O, on connaîtra les côtés DO', DO et l'angle compris ; la résolution de ce triangle donnera l'angle DO'O, qui retranché de l'angle BO'D, mesuré directement, fournira l'angle BO O.

Quant à la longueur O'O, nous l'avons obtenue dans la résolution du triangle DO'O.

On pourrait suivre la même marche lorsque la base de la tour serait un rectangle.

Si le point O' (fig. 132) se trouvait sur la diagonale CF, il n'y aurait qu'à résoudre le triangle rectangle DO'O.

Si du point O' (fig. 135) on n'aperçoit que le côté CD, on prend, sur les droites O'C et O'D, des longueurs O'c et O'd respectivement proportionnelles à ces lignes, puis on mène cd qui est parallèle à CD, et l'on achève le carré $cdhf$; le point o milieu de la diagonale hd permettra d'observer l'angle BO'O ; la longueur OO' s'obtiendra par cette proportion :

$$\frac{OO'}{O'o} = \frac{O'D}{O'd} .$$

234. Quand la base sera un polygone irrégulier, on emploiera tous les procédés que peuvent fournir la géométrie et la trigonométrie ; mais, si la recherche des éléments de réduction devenait difficile ou incertaine, il faudrait abandonner le point de station pour en choisir un autre.

Les exemples qui précèdent suffisent pour montrer que la réduction au centre de la station est une opération très-délicate, et que, malgré toutes les précautions, on n'obtient pas toujours des résultats parfaitement exacts. En effet on pointe souvent sur une flèche placée sur le centre de la partie supérieure : mais il arrive souvent que la projection de ce centre n'est pas sur le centre de la base de l'édifice, soit par suite d'un tassement inégal dans l'ensemble de l'édifice, soit à cause de l'imperfection de la forme géométrique que l'on a voulu lui donner.

235. **Tableau destiné à l'inscription des résultats de l'observation des angles et de la recherche des éléments de réduction.** — Supposons qu'on observe les angles avec un théodolite muni de quatre verniers, et qu'on ait recours au procédé de la répétition, on pourra inscrire les résultats obtenus sur un registre dans la forme suivante :

				OBSERVATION DES ANGLES.			ÉLÉMENTS DE RÉDUCTION.	
STATIONS.	ANGLES	DÉPART des verniers.	MULTIPLES.	ANGLES multiples.	QUOTIENTS.		DISTANCE 0 0'	ANGLES y
1	2	3	4	5	6		7	8
		1°	2					
		2°	4					
		3°	6					
		4°	8					
		etc.						

On recueille, dans ce premier tableau, les angles multiples et les divers éléments de réduction au centre, il serait facile d'ajouter les colonnes nécessaires pour l'inscription des éléments de réduction à l'horizon, si l'instrument employé nécessitait cette correction.

Dans la colonne 3, on écrit le départ des quatre verniers.

Les multiples pairs des angles (88) se placent dans la colonne 5 à côté des chiffres 2, 4, 6, etc., les quotients par ces mêmes chiffres s'écrivent dans la colonne 6, et la comparaison des différents résultats indique la marche de la série. C'est le dernier quotient, corrigé du départ des verniers et de la réduction au centre, s'il y a lieu, qui doit servir dans le calcul des triangles.

Il suffit de se reporter au paragraphe de la réduction au centre de la station (230), pour voir ce que nous appelons *distance* OO' et *angle* y.

Lorsqu'on a terminé les observations autour d'une même station, on soumet les résultats obtenus à *la vérification par le tour d'horizon*. Puis, au fur et à mesure que les trois angles des triangles sont observés, on procède à une nouvelle *vérification* par la somme des trois angles de chaque triangle.

Nous allons inscrire, dans le tableau ci-après, les angles d'une triangulation dont nous calculerons tous les éléments (fig. 136).

| INDICATION | | VALEUR | | | VÉRIFICATION | | |
des stations	des angles	des ANGLES.			par le tour d'HORIZON.		
		o	′	″	o	′	″
A	BAE	79	30	16			
	BAD	71	27	27			
	DAH	87	21	00	360	00	00
	HAF	59	43	54			
	FAE	61	57	23			
	CAB	43	22	01			
	DAI	56	42	57			
B	ABC	71	03	18			
	ABD	53	25	13	360	00	00
	DBL	43	32	01			
	(CBL)	191	59	28			
	ABE	39	44	51			
D	LDB	64	15	31			
	BDA	55	07	20	360	00	00
	ADI	78	15	01			
	(LDI)	165	22	08			
	ADH	44	42	06			
H	DHA	50	56	54			
	AHF	70	16	54	360	00	00
	FHG	72	03	14			
	(GHD)	166	42	58			
F	GFH	55	15	06			
	HFA	49	59	12	»		
	AFE	43	18	43			
E	AEF	74	43	54	»		
	AEB	60	44	53			
C	ACB	65	34	41	»		
G	FGH	52	41	40	»		
I	AID	45	02	02	»		
L	BLD	75	12	28	»		

| INDICATION | | de la valeur | | | SOMME | | |
des triangles	des angles	des angles.			des trois angles de chaque triangle.		
		o	′	″	o	′	″
ABC	A	43	22	01			
	B	71	03	18	180	00	00
	C	65	34	41			
ABD	A	71	27	27			
	B	53	25	13	180	00	00
	D	55	07	20			
ABE	A	79	30	16			
	B	39	44	51	180	00	00
	E	60	44	53			
AFE	A	61	57	23			
	F	43	18	43	180	00	00
	E	74	43	54			
AFH	A	59	43	54			
	F	49	59	12	180	00	00
	H	70	16	54			
AHD	A	87	21	00			
	H	50	56	54	180	00	00
	D	44	42	06			
ADI	A	56	42	57			
	D	78	15	01	180	00	00
	I	45	02	02			
BDL	B	43	32	01			
	D	64	15	31	180	00	00
	L	75	12	28			
FGH	F	55	15	06			
	G	52	41	40	180	00	00
	H	72	03	14			

7° CALCUL DES CÔTÉS DES TRIANGLES.

236. Après avoir obtenu les angles définitifs dans le tableau qui précède, on passe au calcul des côtés des triangles; cette opération est très-simple; il suffit d'appliquer le deuxième cas de la résolution des triangles.

Le géomètre triangulateur se sert, pour les calculs trigonométriques, de tables de logarithmes et de tables de sinus et de tangentes, au moins aussi étendues que celles de Callet (Règl. du 15 mars 1827, art. 9).

Il est très-important, pour faciliter les vérifications, de disposer les opérations le plus simplement possible et de laisser subsister tous les éléments du calcul. Nous avons déjà donné plusieurs exemples dans l'introduction, mais nous allons encore calculer le triangle ABC.

CALCUL DES CÔTÉS B C, A C.

Données :

$$AB = 953, 10$$
$$A = 43° \ 22' \ 01''$$
$$B = 71° \ 03' \ 18''$$
$$C = 65° \ 34' \ 41''$$

Résultats :

$$AC = 990,06$$
$$BC = 718,77$$

$$\log AB = 2,9791385$$
$$\log \sin A = \overline{1},8367469 \dots\dots\dots\dots\dots\dots\dots\dots\dots 7447$$
$$- \log \sin C = 0,0407080 \dots \log \sin C = \overline{1},9592920 \dots\dots 2911 \qquad 223$$
$$96$$
$$\log BC = 2,8565934 = \log 718,775$$
$$5899$$
$$35$$

$$\log AB = 2,9791385$$
$$\log \sin B = \overline{1},9758134 \dots\dots\dots\dots\dots 8076 \dots\dots 72$$
$$- \log \sin C = 0,0407080 \qquad\qquad 58 \qquad 8$$
$$576$$
$$\log AC = 2,9956599 = \log 990,056$$
$$6571$$
$$28$$

Ensuite, on peut passer à l'un quelconque des triangles ayant un côté commun avec ABC.

Mais il faut avoir soin de suivre, pour la résolution des triangles, un ordre qui conduise à des vérifications. Ainsi, en partant de la base AB, on calculera d'abord la série des triangles ABD, ADH, AHF, AFE, AEB ; et dans le calcul du triangle AEB, la détermination finale du côté AB, à l'aide du côté AE calculé dans le triangle AFE, devra donner sensiblement la longueur primitive de départ de la base AB. Voici les résultats du calcul :

Triangles.	Angles.	Valeur.			Côtés.	Longueur.		OBSERVATIONS.
		°	′	″				
ABD	A	71	27	27	BD	1101^m	47	
	B	53	25	13	AD	932	94	
	D	55	07	20	AB	953	10	Base mesurée.
AHD	A	87	21	00	DH	1200	06	
	H	50	56	54	AD	932	94	
	D	41	42	06	AH	799	20	
AFH	A	59	43	54	HF	901	23	
	F	49	59	12	AH	799	20	
	H	70	16	54	AF	982	30	
AFE	A	61	57	23	FE	898	69	
	F	43	18	43	AE	698	48	
	E	74	43	34	AF	982	30	
ABE	A	79	30	16	BE	1074	11	
	B	39	44	51	AE	698	48	
	E	60	44	53	AB	953	09	Longueur primitive à 1 centimètre près.

Nous réunissons dans le tableau suivant les résultats du calcul des autres triangles qui ne peuvent pas, comme les précédents, fournir une vérification.

Triangles.	Angles.	Valeur.			Côtés.	Longueur.		OBSERVATIONS.
		o	′	″				
ABC	A	43	22	01	BC	718^m	77	
	B	74	03	18	AC	990	06	
	C	65	34	41	AB	953	10	
BDL	B	43	32	01	DL	784	68	
	D	61	15	31	BL	998	87	
	L	75	12	28	BD	1101	47	
ADI	A	56	42	57	DI	1102	30	
	D	78	15	01	AI	1290	97	
	I	45	02	02	AD	932	94	
FGH	F	55	15	06	GH	930	97	
	G	52	41	40	FH	901	23	
	H	72	03	14	FG	1077	90	

237. Discordances qui peuvent se produire dans les calculs d'une triangulation de quelque étendue. — Dans la première série de triangles, nous avons trouvé, par le calcul du triangle AEB, la longueur primitive de la base AB à un centimètre près. Cette légère discordance ne doit pas surprendre ; elle peut provenir soit de l'imperfection inhérente aux observations sur le terrain, soit des fractions de secondes dont on n'a pas tenu compte dans l'estimation de la valeur des angles, soit enfin des petites quantités que l'on a négligées dans le calcul même des triangles.

Si, autour du point D, nous avions eu à calculer la série de triangles BDL, LDK, KDI, IDA, il est probable que, dans le calcul du triangle IDA, la détermination finale du côté AD aurait différé quelque peu du résultat obtenu en calculant le côté AD au moyen de la base AB.

La production de tels désaccords, dans les résultats fournis par le calcul d'une triangulation de quelque étendue, est à peu près inévitable. L'illustre Gauss a donné, pour rétablir l'accord, une méthode qui repose sur des principes d'un ordre trop élevé pour être développés ici. Au reste, il nous semble qu'il est complètement superflu de chercher à établir une concordance mathématique entre les résultats d'une triangulation, toutes les fois que l'on se sera assuré que les désaccords ne proviennent pas de fautes de calcul, qu'ils sont dans la limite de ceux qu'on sait ne pouvoir éviter eu égard aux conditions dans lesquelles on opère, et qu'enfin ces désaccords ne peuvent avoir aucune influence appréciable sur les travaux auxquels la triangulation doit servir de base.

L'expérience a prouvé que les erreurs, au lieu de s'accumuler, se compensent en partie. On peut d'ailleurs mesurer de temps à autre, sur le terrain, le côté d'un triangle favorablement situé, les résultats obtenus par le calcul de l'enchaînement des triangles devront concorder avec ceux que donneront les opérations directes ; ce côté vérifié pourra dès lors servir de base aux calculs suivants.

8° CALCUL DE LA DISTANCE DES SOMMETS DES TRIANGLES
A LA MÉRIDIENNE PASSANT PAR L'UN DES POINTS TRIGONOMÉTRIQUES,
ET A SA PERPENDICULAIRE PASSANT PAR LE MÊME POINT.

238. Le système des coordonnées auquel on a recours pour fixer sur le plan les positions des différents points trigonométriques, est le système des *coordonnées rectangulaires*.

Les deux droites rectangulaires, prises pour *axes*, sont la *méridienne* et la *perpendiculaire* à la méridienne.

Chaque point se trouve finalement déterminé par sa distance à la méridienne ou son *ordonnée*, et par sa distance à la perpendiculaire ou son *abscisse*.

Nous avons vu qu'on affecte les ordonnées et les abscisses de signes différents suivant qu'à partir de leur axe respectif elles sont portées dans *un sens* ou dans *l'autre*.

Ainsi pour les ordonnées, nous les admettons *positives* lorsqu'elles seront prises à *droite* de la méridienne ou à *l'est*, et *négatives*, lorsqu'elles seront prises à *gauche* ou à *l'ouest*.

Les abscisses seront *positives* au *nord* de la perpendiculaire et *négatives* au *sud*.

On pourrait se dispenser d'affecter les coordonnées de signes différents en ayant soin de les faire suivre, selon les cas, des mots : *à l'est, à l'ouest, au nord, etc.*; mais nous pensons qu'il est plus simple et plus commode d'employer les signes $+$ et $-$, dont l'application n'offre pas la moindre difficulté.

239. Pour calculer les coordonnées de la triangulation **proposée** (fig. 136), prenons pour axes la méridienne et la perpendiculaire passant par le point A. Ce point devient l'origine des coordonnées. Son abscisse et son ordonnée sont égales à zéro.

L'angle formé par la base AB avec la méridienne a été mesuré directement et évalué à $61°\ 56'\ 49''$.

Pour déterminer les coordonnées du point B, abaissons les perpendiculaires Bb et Bb'; dans le triangle rectangle ABb, nous connaissons l'hypoténuse AB et l'angle aigu bAB, on pourra donc calculer la longueur des côtés Bb et Ab ou Bb'.

Dans le triangle ADd, nous connaissons l'hypoténuse AD et l'angle aigu DAd, qui vaut l'angle DAB, moins l'angle MAB;

on pourra donc encore calculer les coordonnées Dd et Ad ou Dd'.

En procédant ainsi de proche en proche, on arrivera à calculer les coordonnées de tous les points trigonométriques.

On pourrait, dans ce calcul, employer la méthode que nous avons indiquée par le calcul des coordonnées des sommets d'un polygone, en suivant, par exemple, la ligne polygonale ABLDHGFEA ; le retour au point A servirait de vérification ; puis on calculerait ensuite les coordonnées du point L, en considérant la déviation du côté BL, par rapport au côté AB, etc.

Voici la disposition à donner au calcul des coordonnées :

CALCUL DES COORDONNÉES DU POINT B.

Données :	Résultats :
$AB = 953^m 10$	$Bb = +\ 841^m 12$
$bAB \quad 61° 56' 49''$	$Bb' = +\ 448\ 23$

CALCUL DE Bb

$$\log AB = 2,9791385$$
$$\log \sin bAB = \overline{1},9457208 \ldots\ldots\ldots 7108 \ldots\ldots\ldots 112$$
$$9$$
$$\log Bb = 2,9248593 = \log 841^m 12 \qquad 100,8$$
$$8580$$

CALCUL DE Bb'

$$\log AB = 2,9791385$$
$$\log \cos bAB = \overline{1},6723647 \ldots\ldots\ldots 3608 \ldots\ldots\ldots 395$$
$$1$$
$$\log Bb' = 2,6515032 = \log 448,23 \qquad 39,5$$
$$5009$$

D'après les conventions posées plus haut, les coordonnées du point B sont toutes deux positives.

Les calculs des coordonnées étant très-faciles, nous nous bornons à donner les résultats pour tous les points trigonométriques de la triangulation dont nous nous occupons.

POINTS trigonométriques.	ORDONNÉES.	ABSCISSES.	OBSERVATIONS.
	m	m	
A	0.00	0.00	Origine des coordonnées.
B	+ 841.12	+ 448.23	
C	+ 954.90	— 261.48	
D	— 154.15	+ 920.12	
E	+ 435.28	— 546.27	
F	— 390.24	— 901.46	
G	— 1457.21	— 748.29	
H	— 793.48	— 95.47	
I	— 1181.43	+ 520.42	
L	+ 481.54	+ 1380.14	

9° FORMATION DU REGISTRE DES OPÉRATIONS TRIGONOMÉTRIQUES.

240. Les tableaux dans lesquels nous avons recommandé de recueillir les résultats des opérations précédentes, sans être d'une nécessité absolue, présentent les moyens de vérifier facilement les calculs; de plus, ils offrent l'avantage de concourir instantanément à la formation du registre des opérations trigonométriques, dont voici la forme telle qu'elle est prescrite aux géomètres triangulateurs du cadastre.

Tableau présentant les résultats des opérations trigonométriques faites pour le levé du plan cadastral de la commune d'   par M.   géomètre-triangulateur.

NOTA. On aura soin, dans l'inscription des angles, de commencer par ceux adjacents à la base du triangle, et de mettre sur la ligne de chacun d'eux le côté qui le joint à l'angle suivant, de manière à parcourir ainsi le périmètre du triangle.

	ANGLES.				LIGNES TRIGONOMÉTRIQUES.		DISTANCES des SOMMETS DES ANGLES.				OBSERVATIONS.
	SOMMETS. (Objets ...)	VALEUR.				Longueur.	À la méridienne du ...		À la perpendiculaire menée sur la méridienne.		
A	Balise.	43	22	01	AC	990.06		0.00		0.00	Origine des coordonnées.
B	Peuplier.	71	03	18	BC	718.77	+	844.12	+	448.23	
C	Moulin à vent.	65	34	41	AB	953.10	+	954.00	−	261.48	
A	Balise.	71	27	27	AD	932.94		0.00		0.00	
B	Genisier.	53	25	13	BD	1101.47	+	844.12	+	448.23	
D	Balise.	55	07	20	AB	953.10	−	154.15	+	920.12	
A	Balise.	79	30	16	AE	698.48		0.00		0.00	
B	Tour (dite vieille).	39	44	51	BE	1074.11	+	844.12	+	448.23	
E	Balise.	60	44	63	AB	953.09	+	195.28	−	546.27	
A	Balise.	64	57	23	AF	989.30		0.00		0.00	
F	Balise.	43	18	43	FE	898.69	−	390.24	−	901.28	
E	Chêne de la motte.	71	43	54	AE	698.48	+	195.28	−	546.27	
A	Balise.	59	43	54	AF	989.30		0.00		0.00	
F	Paratonnerre.	49	59	12	FH	901.23	−	390.24	−	901.46	
H	Balise.	70	16	54	AH	799.20	−	793.48	−	95.47	
A	Balise.	87	24	00	AH	799.20		0.00		0.00	
H	Tour du château.	50	56	54	HD	1200.06	−	793.48	−	95.47	
D	Balise.	41	42	06	AD	932.94	−	154.15	+	920.12	
A	Balise.	56	42	57	AD	932.94		0.00		0.00	
D	Poteau télégraphique	78	15	04	DI	1102.30	−	154.15	+	920.12	
I	Cloche.	45	02	02	AI	1290.97	−	1181.43	+	520.[illegible]	
B	Disque du ch. de fer.	43	32	01	BD	1101.47	+	844.12	+	448.23	
D	Vierge de Molin.	61	15	31	DL	784.68	−	154.15	+	920.12	
L	Balise.	75	12	28	BL	998.87	+	481.54	+	1380.14	
F	Girouette de Viousse.	55	15	06	FG	1077.90	−	390.24	−	901.48	
G	Balise.	52	41	40	GH	930.97	−	1457.21	−	748.[illegible]	
H	Croix de mission.	72	03	11	FH	901.23	−	793.48	−	[illegible].17	

10° CONSTRUCTION DU CANEVAS TRIGONOMÉTRIQUE.

241. Nous avons maintenant tous les éléments nécessaires au rapport sur le papier des points trigonométriques.

Le triangulateur du cadastre doit construire le canevas trigonométrique à l'échelle de un sur le papier à 50,000 sur le terrain ; ce canevas est orienté plein nord.

Lorsque l'échelle n'est pas obligatoire, on la choisit suivant l'étendue qu'embrasse la triangulation, de telle sorte qu'on puisse bien saisir l'ensemble.

242. Pour assurer l'exactitude de l'opération du rapport des points trigonométriques, et pour fournir un moyen de constater plus tard le retrait ou l'extension du papier, on commence par tracer sur la feuille des carrés de 400 mètres de côtés ; le tracé des carrés demande beaucoup de soin et de précision.

Il faut nécessairement être pourvu d'une grande règle parfaitement droite. On préfère ordinairement les règles en métal, beaucoup moins sujettes à se déformer que les règles en bois (¹).

Après avoir tracé très-légèrement au crayon deux lignes indéfinies xx', (fig. 134) yy', et à peu près perpendiculaires entre elles, ou dans le sens des diagonales de la feuille de papier, on prend, à partir du point d'intersection o, des longueurs égales sur les droites ox, oy, ox', oy', et l'on joint les quatre points x, y, x', y' ; la figure ainsi formée est, par construction, un rectangle, puisque, dans tout rectangle, les diagonales se coupent en parties égales.

____

(¹) Chacun sait la **manière** de vérifier une règle. Pour voir si le côté d'une règle est droit, on **trace avec** un crayon très-fin une ligne en suivant exactement ce côté, puis, retournant la règle bout pour bout on la place dans le sens opposé pour présenter ce même côté à la ligne déjà tracée. Si la coïncidence a lieu dans toute l'étendue du trait, la règle est juste.

A partir du point x, sur la ligne xy, fixons les points z, z', z'', etc, à 400 mètres de distance les uns des autres. Pour établir ces points, on peut se servir de l'échelle et du compas ; mais il est à remarquer qu'en opérant ainsi les erreurs sur la position de chaque point vont en s'accumulant. Il vaut beaucoup mieux placer sur la ligne une longue règle présentant sur ses bords taillés en biseau une division en décimètres, et quelquefois des subdivisions en demi-millimètres ; puis, à l'aide d'une pointe très-fine tenue bien perpendiculairement au papier, et, au besoin, avec une loupe, on détermine la position des points z, z', z'', etc.; on fixe de même, sur la ligne $y'x'$, la position des points u, u', u'', etc.; en joignant les points z et u, z' et u', etc., on obtient une première série de parallèles. On établit de la même manière, sur les lignes xy' et $x'y$, une seconde série de parallèles qui coupent les premières à angle droit et forment avec elles des carrés de 400 mètres de côté.

On s'assure de la précision du tracé des carrés en plaçant diagonalement la règle de x en i, par exemple ; elle devra passer exactement par tous les points d'intersection (ou sommets des carrés) qui se trouvent dans cette direction.

243. Il s'agit maintenant de placer le point trigonométrique que l'on a choisi pour l'origine des coordonnées sur le sommet d'un carré, de manière que le canevas puisse tenir tout entier dans la feuille du plan.

Le point A étant placé, les deux axes qui se coupent perpendiculairement en ce point, sont, l'un, la méridienne, l'autre, la perpendiculaire ; toutes les autres lignes sont des parallèles aux axes.

Pour rapporter le point B, nous remarquons qu'il est à 841 m. 12 de la méridienne à l'est ; ainsi, à partir de la seconde parallèle à l'est, qui est à 800 mètres de la méridienne, traçons, à une distance de 41 m. 12, une nouvelle parallèle ; de même, le point B se trouvant à 448 m. 23 au nord de la perpendiculaire, traçons, à partir

de la première parallèle au nord, une nouvelle parallèle à 48 m. 23 ;
le point d'intersection des deux parallèles qu'on vient de tracer détermine la position du sommet B. On rapportera de même tous les
autres points trigonométriques (¹).

11° VÉRIFICATION DE LA TRIANGULATION.

244. Si la mesure directe de quelques côtés des triangles du
canevas a fourni les mêmes résultats que ceux déduits des calculs
de l'enchaînement des triangles, l'opérateur pourra en conclure que
son travail est exact.

Mais, lorsqu'on doit vérifier une triangulation, on choisit et l'on
mesure une base autre que les lignes trigonométriques ; puis, à
l'aide de cette base, on calcule les côtés de plusieurs triangles du
canevas. Les résultats obtenus avec la base de vérification doivent
concorder avec ceux portés au registre trigonométrique.

Pour vérifier la triangulation, le géomètre en chef « fait usage
d'un cercle répétiteur ou d'un théodolite d'une précision au moins
égale à celle de l'instrument dont s'est servi le triangulateur. »

« La vérification du géomètre en chef consiste à calculer dans
chaque commune, au moyen d'une base autre que les lignes portées
au registre trigonométrique, les côtés de deux triangles du canevas.

(¹) *Les plans d'épreuve* exigés dans l'Administration des contributions directes doivent comprendre au moins 50 hectares et 100 parcelles. Deux triangles,
dont les côtés ont de 800 à 1200 mètres, suffisent habituellement pour couvrir
un terrain d'une aussi petite étendue, et pour fournir une base au canevas topographique.

Ainsi la triangulation d'un plan d'épreuve comprendrait par exemple (fig. 136)
les deux triangles ABC et ABD ; on mesurerait la base AB et l'on observerait les
angles aux points A, B, C et D.

En prenant pour axes des coordonnées la méridienne et la perpendiculaire se
croisant au point A, on n'aurait qu'à rapporter les points B, C, D, d'après leurs

Cette base devra être rattachée à la triangulation de la commune, les extrémités en seront fixées par de forts piquets, afin que ces nouveaux points puissent servir au levé des détails. »

« Les opérations trigonométriques ne seront point admises lorsque le géomètre aura reconnu une différence de plus d'un millième entre les côtés des triangles qu'il aura calculés et leurs analogues dans le canevas » *(Régl. du* 15 *mars* 1827, *art.* 14).

On inscrit les résultats de la vérification dans un tableau de la forme ci-après :

DÉSIGNATION des triangles.	INDICATION des côtés.	LONGUEUR DES COTÉS D'APRÈS LES CALCULS		DIFFÉRENCE		OBSERVATIONS.
		du triangulateur.	du vérificateur.	en plus.	en moins	

distances à ces axes. Si la direction de la méridienne se confondait avec l'un des côtés, avec la base AB, par exemple, on n'aurait plus qu'à rapporter les deux points C et D.

Nous avons vu (239) la manière de calculer les coordonnées du point B, en résolvant le triangle rectangle AB*b*. Pour le point C, on résoudrait le triangle

12 DIVISION DU CANEVAS EN FEUILLES POUR LE LEVÉ DU PLAN.

245. Dans l'opération préparatoire ou, au besoin, dans une reconnaissance spéciale, on recueille les données nécessaires à l'établissement sur le canevas d'un certain nombre de points appartenant au périmètre du terrain à lever.

Ce périmètre une fois connu et suffisamment indiqué sur le canevas, s'il n'était pas nécessaire de comprendre sur chaque feuille une certaine portion de l'ensemble du plan, rien ne serait plus facile que de tracer à l'échelle du canevas les lignes de la division en feuilles, en tenant compte de la grandeur d'une feuille, et de rapporter ensuite, sur chaque feuille, à l'échelle du plan, les points trigonométriques compris dans leur encadrement.

Mais nous avons dit que chaque feuille du plan devait contenir autant que possible une section, à moins que son trop grand développement n'ait obligé à la répartir en deux ou plusieurs feuilles.

---

rectangle ACc' dans lequel on connaît l'hypoténuse AC et l'angle aigu CAc', qui vaut MAB + BAC — 90°.

De même pour le point D, on résoudrait le triangle rectangle ADd, dans lequel on connaît l'hypoténuse AD et l'angle aigu DAd, qui vaut DAB — MAB.

Les terrains choisis pour les plans d'épreuve sont généralement très-favorables, et il arrive souvent qu'au lieu de ne mesurer qu'une base, on mesure toutes les lignes trigonométriques pour en déduire la valeur des angles; mais cette manière d'opérer est défectueuse, bien qu'on puisse néanmoins obtenir des résultats satisfaisants lorsqu'on opère le mesurage des lignes avec des précautions extrêmes, et dans des conditions exceptionnellement avantageuses.

A l'aide d'une base et des angles, on obtient par les calculs trigonométriques des résultats d'une exactitude incomparablement supérieure à celle résultant du chaînage, quelles que soient d'ailleurs l'habileté et l'expérience qu'on apporte à cette dernière opération.

On sera donc souvent obligé de disposer à vue les feuilles d'après les exigences du périmètre de la section ou des périmètres des portions de sections.

Outre les points trigonométriques, il faut établir également sur les feuilles la direction des lignes qui aboutissent aux points situés dans les feuilles contiguës. La direction de ces lignes peut être déterminée très-exactement par le calcul trigonométrique des longueurs qu'elles interceptent sur les côtés du cadre de la feuille tracé légèrement au crayon. On aura dès lors les points et les grandes directions nécessaires au levé de la portion de terrain que devra comprendre chaque feuille de plan.

APPENDICE.

APPLICATION DES OPÉRATIONS TRIGONOMÉTRIQUES AU LEVÉ DU PLAN
DANS CERTAINS CAS PARTICULIERS.

Procédé des goniomètres. — Il peut arriver que l'on ne puisse
pas se mettre en station à l'un des points donnés par la triangulation ;
il est donc nécessaire dans ce cas de savoir y rattacher ses opérations.

1° *Deux points étant donnés sur le plan, déterminer deux autres
points de station.* On choisit sur le terrain deux points *x* (fig. 138)
et *y*, tels que de chacun d'eux on puisse apercevoir les trois autres ;
on mesure successivement les angles formés autour des points *x*
et *y*. En donnant à la ligne *xy* une longueur arbitraire, on peut
résoudre les triangles A*xy*, B*xy* et A*y*B. La résolution de ce dernier
triangle donnera pour AB une certaine longueur, qui ne sera pas
généralement la vraie longueur connue de AB, puisqu'on sera parti
d'une supposition arbitraire sur la longueur *xy*. Mais, si l'on multiplie cette longueur arbitraire *xy* par le rapport de la longueur
connue de AB à la fausse longueur trouvée de AB, on obtiendra la
vraie longueur de *xy*. On obtiendra pareillement les vraies longueurs de A*x*, B*x*, A*y*, B*y*, en multipliant par le même rapport les
fausses longueurs trouvées pour ces lignes. A l'aide de ces éléments,
on pourra rapporter sur le plan les points *x* et *y*.

2° *Trois points étant donnés sur le plan, déterminer un quatrième point de station duquel on aperçoit les trois autres.* Au point de station x (fig. 137), on observe les angles AxB, AxC et BxC ; en opérant ensuite à l'aide du plan, on décrit sur AB, BC et AC, comme cordes, des arcs de cercles respectivement capables des angles observés ; ces arcs se coupent au point x cherché [1].

Procédé de la planchette. — *Trois points étant donnés sur le plan, déterminer un quatrième point de station duquel on aperçoit les trois autres.* Après avoir établi la planchette au point de station o (fig. 139), de manière qu'elle soit parfaitement orientée, on pose l'alidade sur le point a, par exemple, autour duquel on la fait mouvoir jusqu'à ce que le rayon visuel dirigé à travers les pinnules coupe le point A du terrain ; on trace l'indéfinie Ax.

Par le même procédé, on dirige un autre rayon de b en B, et l'on obtient une nouvelle indéfinie By qui coupe la première au point o. Ce point d'intersection est sur la planchette le même que celui où est placé l'instrument sur le terrain.

Pour vérifier l'exactitude du point obtenu, on place l'alidade sur ce point et sur le troisième point c : le rayon visuel dirigé à travers les pinnules doit tomber sur le point C du terrain.

---

[1] Les calculs trigonométriques, au moyen desquels on peut encore résoudre ce problème, sont trop longs pour être employés dans des opérations de détail.

FIN.

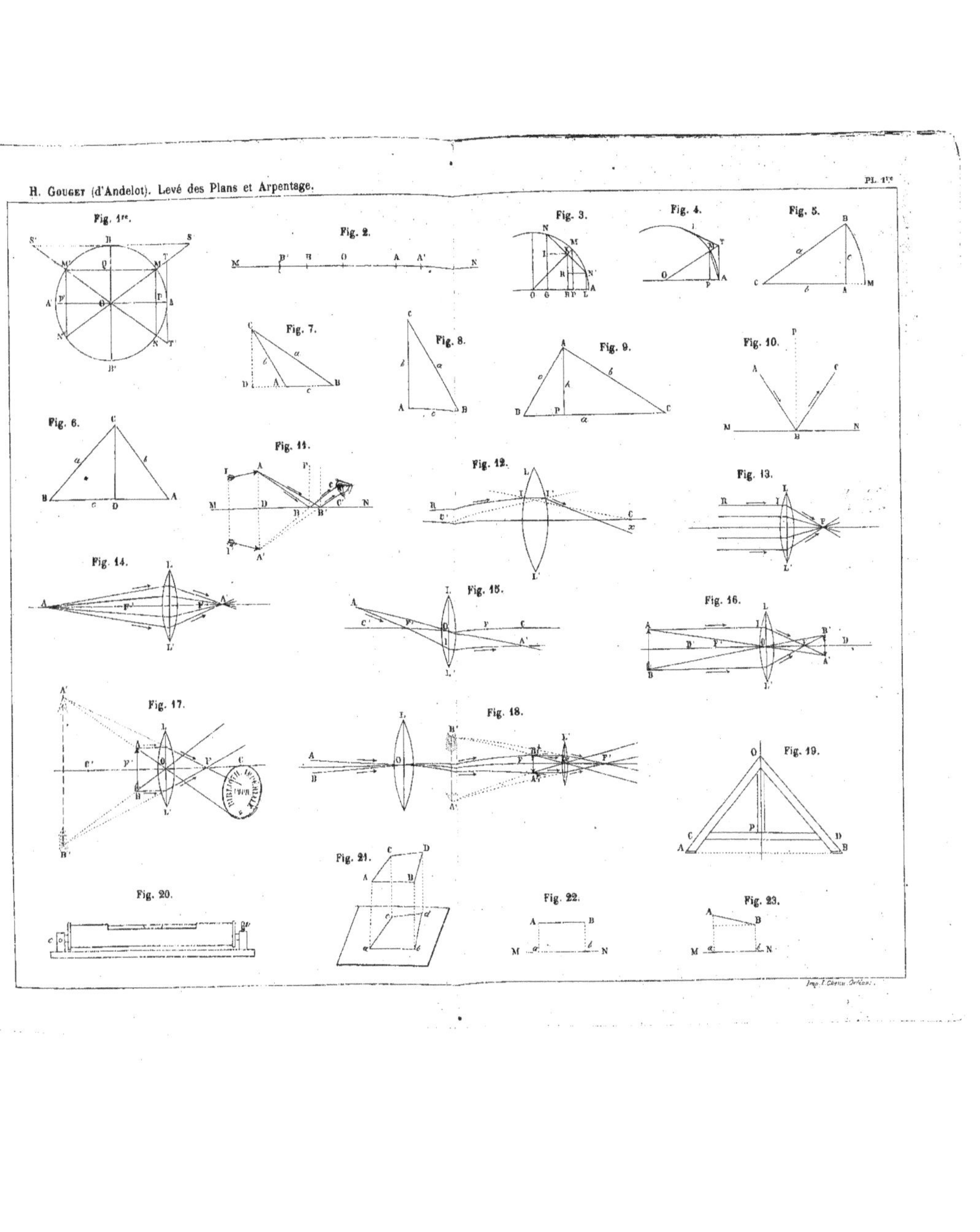

Fig. 1re.
Fig. 2.
Fig. 3.
Fig. 4.
Fig. 5.
Fig. 6.
Fig. 7.
Fig. 8.
Fig. 9.
Fig. 10.
Fig. 11.
Fig. 12.
Fig. 13.
Fig. 14.
Fig. 15.
Fig. 16.
Fig. 17.
Fig. 18.
Fig. 19.
Fig. 20.
Fig. 21.
Fig. 22.
Fig. 23.

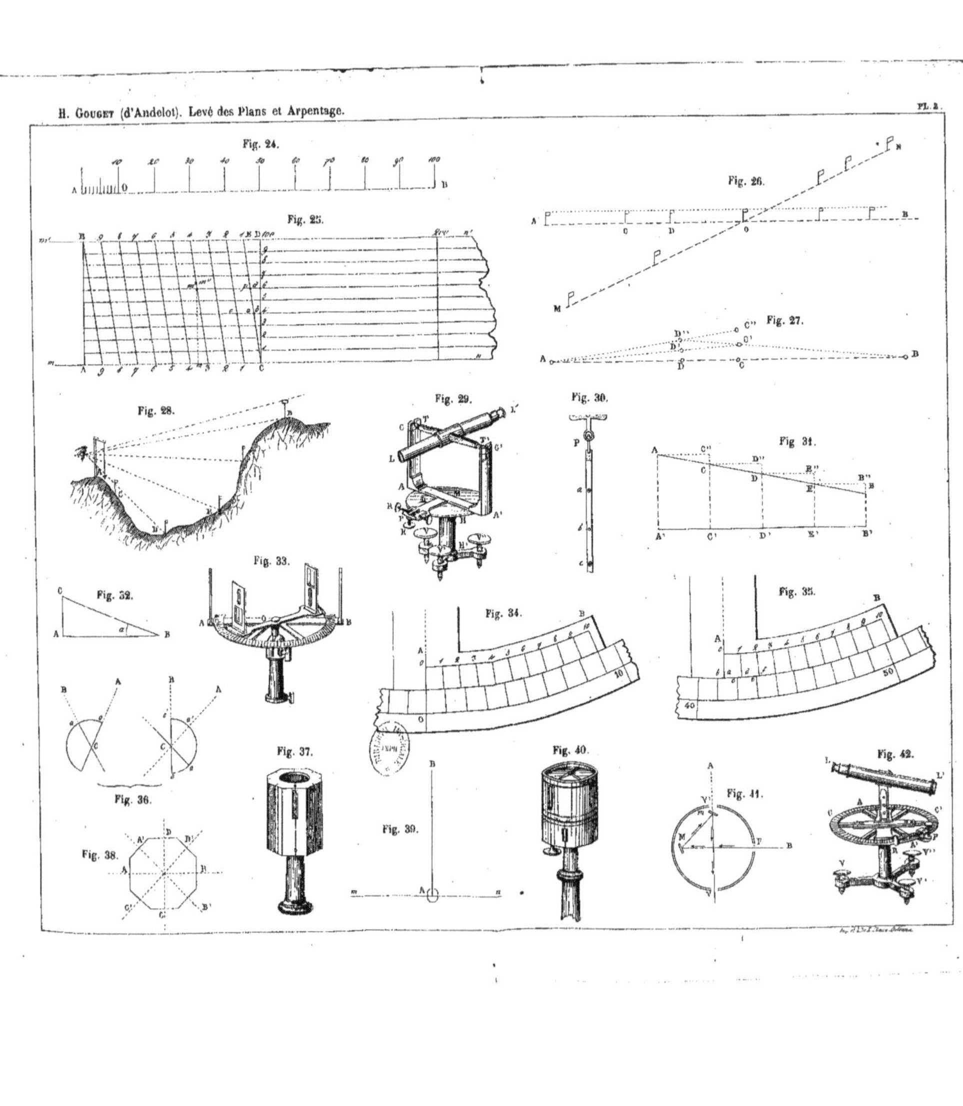
Fig. 24.
Fig. 25.
Fig. 26.
Fig. 27.
Fig. 28.
Fig. 29.
Fig. 30.
Fig. 31.
Fig. 32.
Fig. 33.
Fig. 34.
Fig. 35.
Fig. 36.
Fig. 37.
Fig. 38.
Fig. 39.
Fig. 40.
Fig. 41.
Fig. 42.

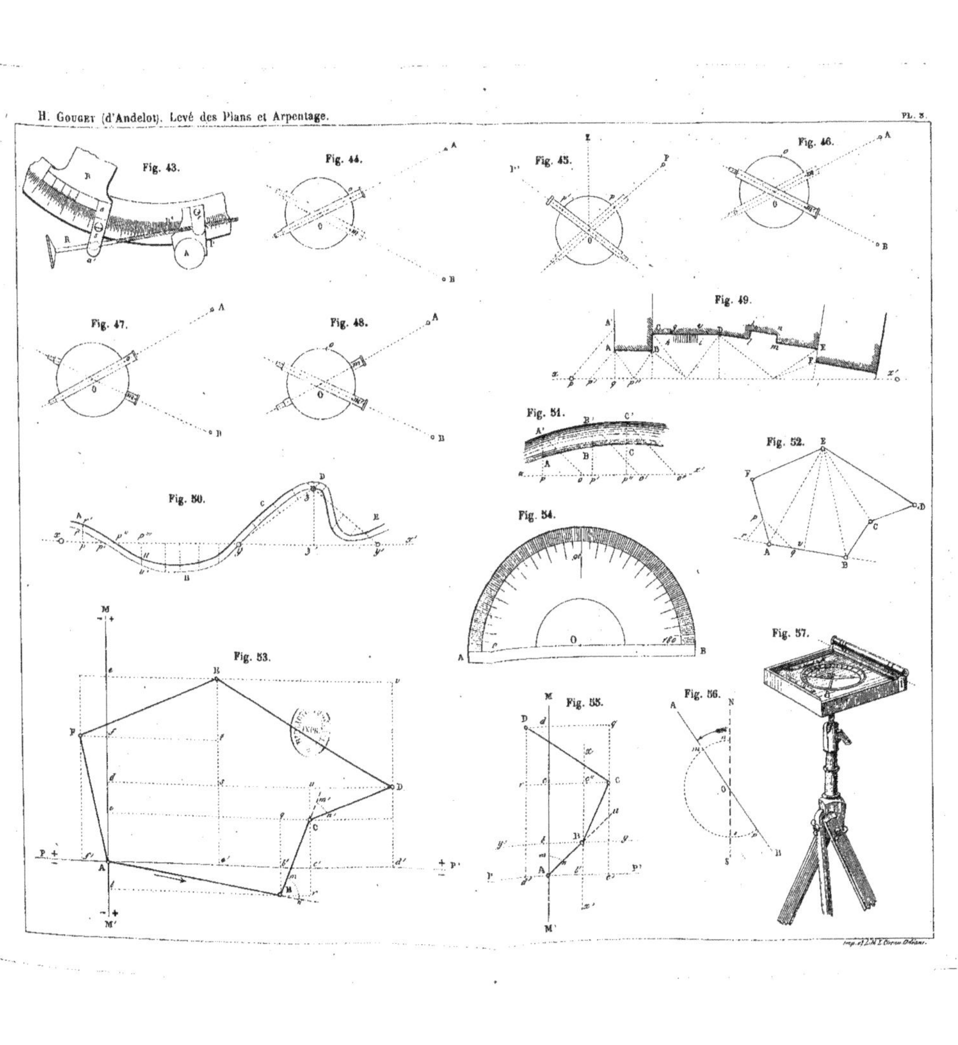

Fig. 43.
Fig. 44.
Fig. 45.
Fig. 46.
Fig. 47.
Fig. 48.
Fig. 49.
Fig. 50.
Fig. 51.
Fig. 52.
Fig. 53.
Fig. 54.
Fig. 55.
Fig. 56.
Fig. 57.

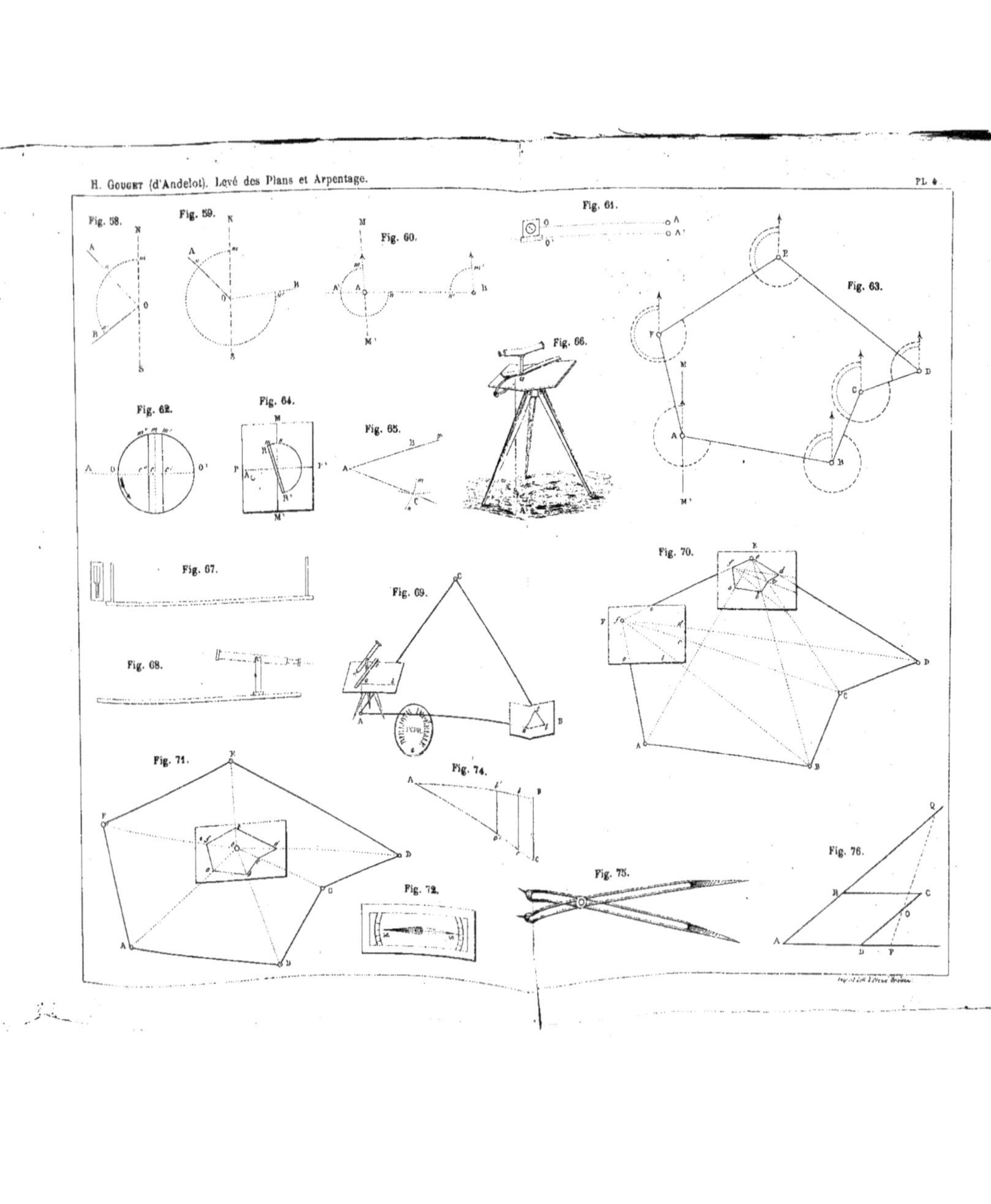

Fig. 58.
Fig. 59.
Fig. 60.
Fig. 61.
Fig. 62.
Fig. 63.
Fig. 64.
Fig. 65.
Fig. 66.
Fig. 67.
Fig. 68.
Fig. 69.
Fig. 70.
Fig. 71.
Fig. 72.
Fig. 74.
Fig. 75.
Fig. 76.

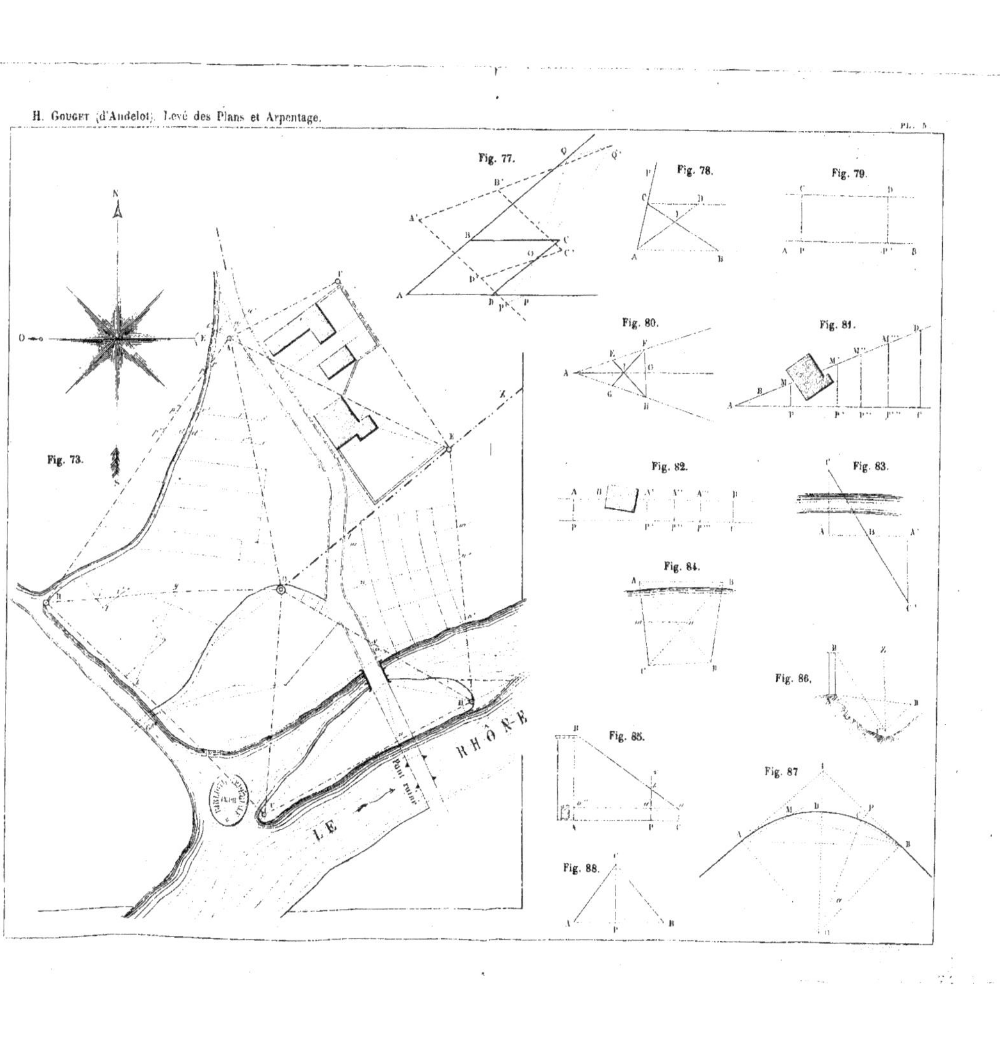
N
S
O
E
LE RHÔNE
Fig. 73.
Fig. 77.
Fig. 78.
Fig. 79.
Fig. 80.
Fig. 81.
Fig. 82.
Fig. 83.
Fig. 84.
Fig. 85.
Fig. 86.
Fig. 87.
Fig. 88.

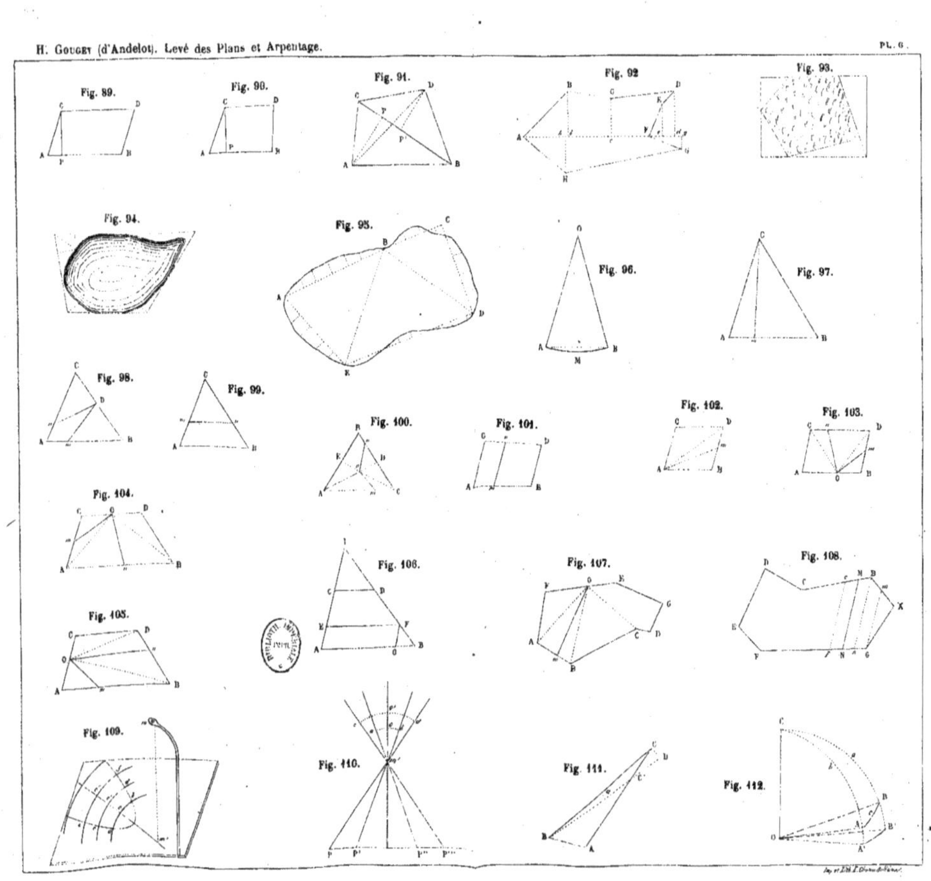
Fig. 89.
Fig. 90.
Fig. 91.
Fig. 92.
Fig. 93.
Fig. 94.
Fig. 95.
Fig. 96.
Fig. 97.
Fig. 98.
Fig. 99.
Fig. 100.
Fig. 101.
Fig. 102.
Fig. 103.
Fig. 104.
Fig. 105.
Fig. 106.
Fig. 107.
Fig. 108.
Fig. 109.
Fig. 110.
Fig. 111.
Fig. 112.

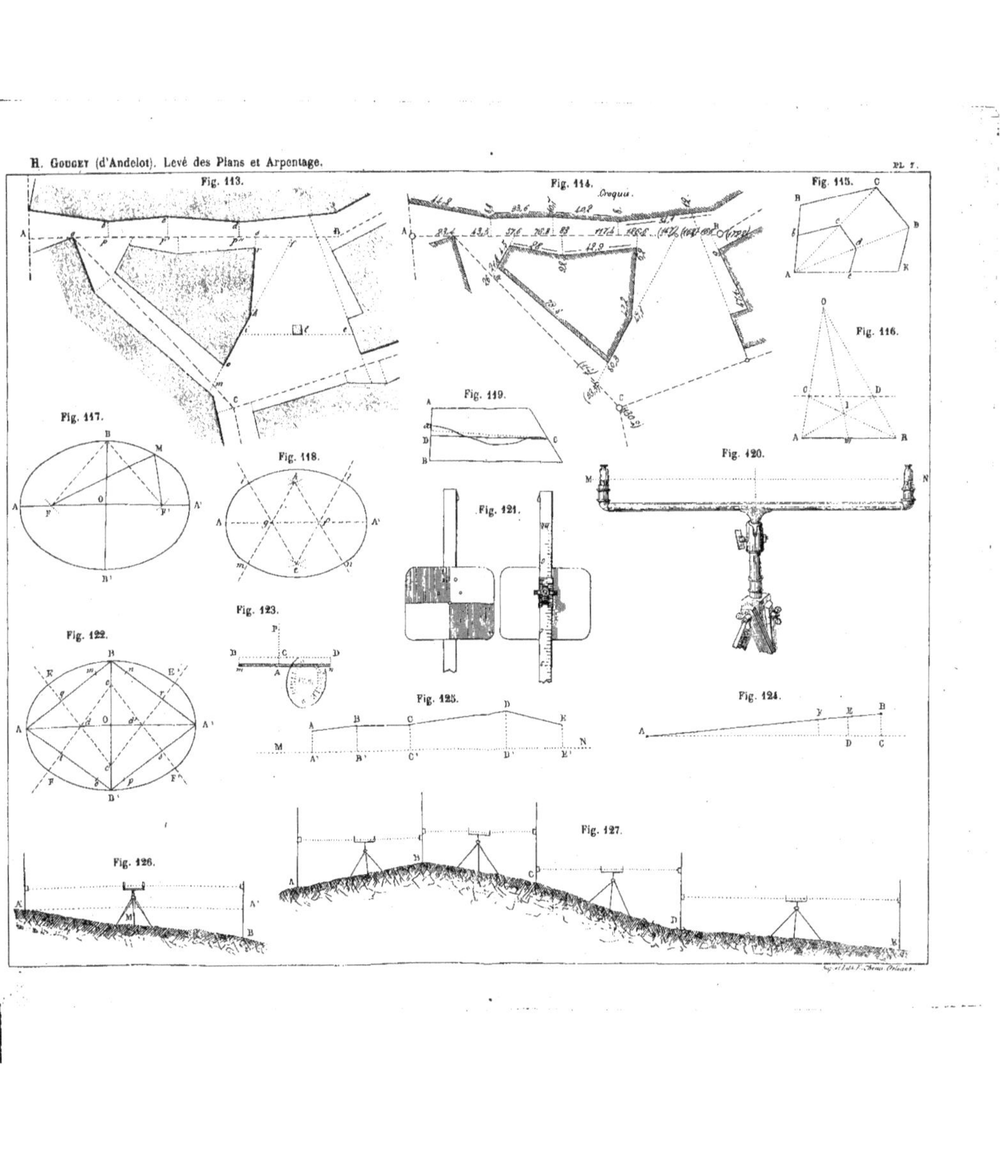

Fig. 113.
Fig. 114.
Croquis.
Fig. 115.
Fig. 116.
Fig. 117.
Fig. 118.
Fig. 119.
Fig. 120.
Fig. 121.
Fig. 122.
Fig. 123.
Fig. 124.
Fig. 125.
Fig. 126.
Fig. 127.

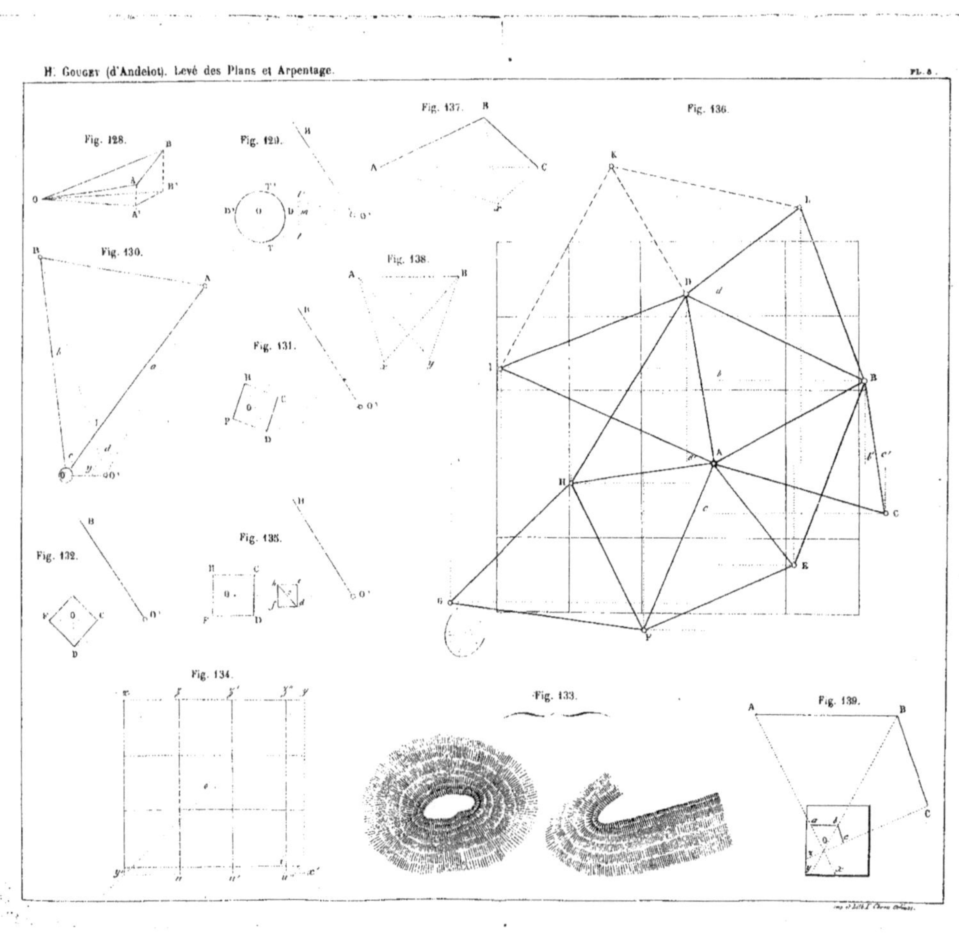

Fig. 128.
Fig. 129.
Fig. 130.
Fig. 131.
Fig. 132.
Fig. 133.
Fig. 134.
Fig. 135.
Fig. 136.
Fig. 137.
Fig. 138.
Fig. 139.